WALDGÄNGE

Schuppenschürzenkiefer   *Beringte Rotbuche*

Hans Halla

WALDGÄNGE
EINES PASSIONIERTEN FORSTMANNES

Wissenswertes,
Persönliches
und Hintergründiges   über Bäume
und Sträucher
unserer Heimat

2. Auflage
      überarbeitet
und erweitert

DRW-VERLAG

Umschlagbild:
Zuckerahornbäume im Herbst, Foto von J. Farges.

Frontispiz:
Schuppenschürzenkiefer (Foto H. Kuhbier) und Beringte Rotbuche
werden in diesem Buch nach Kenntnis des Autors erstmalig botanisch
spezifiziert und beschrieben.

Die Neuauflage wurde gefördert von

S.K.H. Carl Herzog von Württemberg
und der Stiftung für Umwelt Bietigheim-Bissingen

Impressum

ISBN 3-87181-480-6
© 2001 2., überarbeitete und erweiterte Auflage
© 1998 by DRW-Verlag Weinbrenner GmbH & Co.,
Leinfelden-Echterdingen

Alle Bilder, soweit nicht anders gekennzeichnet, stammen vom
Autor.
Produktion: Verlagsbüro Wais und Partner, Stuttgart
Gesamtherstellung:
Karl Weinbrenner & Söhne GmbH & Co.,
Leinfelden-Echterdingen

Bestellnummer: 480

Grußwort zur ersten Auflage

Mit Blick auf die Entwicklung unserer Arbeitsgesellschaft über die Jahrhunderte – weg von der Landwirtschaft, über die Industriegesellschaft hin zur Dienstleistung und weiter zur Informationsgesellschaft – könnte man meinen, daß die Natur eine immer stärker untergeordnete Rolle spielt. Nicht nur in unserem Arbeitsleben, sondern generell.

Dem ist nicht so, dem sollte aber auch nicht so sein. Denn auch wenn es der Menschheit möglich ist, in virtuelle Welten abzuschweifen oder ins All abzuheben, so bleibt sie doch – nicht nur im wörtlichsten Sinne, aufgrund der Schwerkraft – der Erde verbunden. Der Erde verbunden, irdisch eben, ist die Menschheit. Und als solche sollte sie unseren Globus als Mutter Erde respektieren, als Inbegriff der Schöpfung und des Schöpferischen. Und es ist kein Fehler, sich immer wieder vor Augen zu führen, daß, bei allem Fortschritt, bei aller technischen Entwicklung und damit auch bei all den negativen Einflüssen auf Erde, Umwelt und Natur, bei all dem destruktiven Potential, das die Menschheit als Ganzes und das Individuum Mensch birgt und an den Tag legt, wir ein Teil der Schöpfung sind. Wir sind ein Teil des Ganzen – und als Teil gilt dem Ganzen unser Respekt.

Sinnbild der Schöpfung bezüglich der Natur ist in unseren Breitengraden, neben der Fauna, die Flora, und hier in besonderem Maße der Wald. Ungezählt die Gedichte und Lieder, die seine Schönheit widerspiegeln. Ungezählt auch die Menschen, die im Wald Ruhe und Erholung, Entspannung und innere Einkehr suchen. Nicht geringer ist der Zuspruch, den die Parks und Stadtwälder in Kommunen und Ballungszentren erfahren. Jene Anlagen und Bereiche, die nicht umsonst „grüne Lungen" genannt werden; die Existenz von Pflanzen, von Wald, sorgt für Sauerstoff, eine unserer Lebensgrundlagen. Das sollten wir nie vergessen. In Vergessenheit gerät aber allzu leicht, welch Vielfalt und Artenreichtum unsere Pflanzenwelt, unser Grün birgt. Im umgekehrten sprichwörtlichen Sinne sehen wir oft vor lauter Wald das Individuum Baum nicht.

Das vorliegende Werk kann da Abhilfe schaffen. Ich freue mich über das von Herrn Dr. Hans Halla verfaßte Buch. Diese Freude ist besonders nachhaltig, weil ich mich bei der Beschäftigung mit dieser Veröffentlichung sehr gerne auch des Wirkens von Herrn Dr. Halla in meinem Forst und meiner Forstverwaltung erinnert habe.

Dem Autor gilt mein Dank und meine Anerkennung, der Leserschaft wünsche ich aufschlußreiche und interessante Begegnungen mit unserer Mutter Natur, bei der Lektüre wie draußen im Grünen.

Carl Herzog von Württemberg
Im Herbst 1998

In memoriam
Geleitwort zur zweiten Auflage

Am 10. September diesen Jahres telefonierte Herr Dr. Hans Halla mit mir, um mich über die Resonanz auf sein Buch zu informieren. Er erzählte, daß die erste Auflage inzwischen vergriffen sei, daß er in den zurückliegenden drei Jahren seit dem Erscheinen großen Zuspruch erfahren habe und daß er in den vergangenen Monaten dabei war, das Buch zu überarbeiten, zu ergänzen und in einer erweiterten Ausgabe nochmals aufzulegen.

Dieses Telefonat beschäftigte mich sehr, da ich über seinen Gesundheitszustand informiert war. Da war die Freude über den Anruf eines früheren, lang gedienten Mitarbeiters. Da war die positive Nachricht, daß seine Publikation eine interessierte Leserschaft gefunden hatte. Da war der Wunsch, daß er unbedingt und zeitnah die überarbeitete Auflage publizieren wolle. Und da war ein Gefühl… – am 16. September 2001 verstarb Herr Dr. Hans Halla.

Kurze Zeit vor seinem Tod hatte er die Überarbeitung abgeschlossen. Es ist mir ein persönliches Anliegen, mit diesem Geleitwort meine innige Verbundenheit zu meinem früheren leitenden Mitarbeiter und vor allem auch zum Menschen Hans Halla zu unterstreichen.

Wie es sein Wunsch war, erscheint das nun vorliegende überarbeitete Buch in dem Monat, in dem er sein 80. Lebensjahr vollendet hätte. Sein Werk, ob als Forstmann in Diensten des Hauses Württemberg oder als Fachautor, wirkt fort.

Carl Herzog von Württemberg

Im November 2001

Inhalt

Vorwort

Wir Menschen an der Schwelle zum dritten Jahrtausend können lebendigen Bäumen begegnen, die zur Zeit Christi schon 2000 Jahre alt waren. Sie blühten auch schon und trugen Früchte, als die Pyramiden gebaut wurden. Doch jetzt scheint ihr Ende gekommen – nicht weil sie zu alt wären, um weiter zu leben, sondern weil sie die Giftstoffe nicht mehr aushalten, die wir für ein goldenes Jetzt auf Kosten unserer Enkel in die Luft blasen, sowie Wasser und Boden damit befrachten.

Allen Lesern, die nicht nur Spezialwissen suchen, sondern sich für die vielfältige Verknüpfung von Natur und Botanik mit Kultur und Geschichte interessieren, möchte ich dieses Buch widmen. „Alles hängt mit allem zusammen", erkannte schon vor etwa 2500 Jahren der griechische Philosoph Heraklit. In diesem Sinne ging es mir weniger um systematische Botanik oder systematische Geschichte, sondern eher um vielschichtige Anmerkungen zu den einzelnen Pflanzen. Auf diese anregende Weise will das Buch den vielen Laien, die das Leben unserer Baum- und Straucharten in ihren Zusammenhängen kennenlernen möchten, dieses Neuland erschließen. Mögen diese Marginalien zu 45 Baum- und Straucharten den Holzgewächsen neue Freunde gewinnen und sie inniger mit der Heimat verwurzeln, der nachhaltigen Quelle unserer Kraft.

Es ist kaum möglich, auf diesem weiten Gebiet überall Fachmann zu sein und in eigener Arbeit die Ergebnisse anderer nachzuprüfen. Deshalb wird hier – und im Text dann immer wieder – auf das Literaturverzeichnis im Anhang verwiesen. Spezialistentum hätte wohl auch hier und da gestört. Mir ist die Einheitlichkeit wichtig, ferner der Versuch einer Ganzheitsbetrachtung, das fruchtbare Verknüpfen in dauerndem Hin und Her. In dieser Einstellung hat die Erkenntnis der für einen Forstmann selbstverständlichen Nachhaltigkeit ihre Wurzeln. Ich meine die Notwendigkeit, daß wir von den Zinsen der Natur, nicht von ihrem Kapital leben. Leider scheint unsere Gesellschaft in der Gefahr zu sein, daß die Schwerkraft von Genuß, Besitz und Macht sie in die Tiefe zieht. Ich wurde 1921 in einem Fürstlich Thurn- und Taxis'schen Forsthaus, eine Stunde Fußweg von der nächsten Ortschaft entfernt, mitten im Bayerischen Wald geboren. Dort habe ich in der Freiheit der Natur meine Kindheit verbracht und mit der Hand die ersten Forellen gefangen. Schlief ich beim Herumstöbern in meinem Reich irgendwo ein, etwa auf der Suche nach Hirschabwurfstangen, so brachte mein Vater, seine Wachtelhündin an der Schweißleine, mich problemlos wieder heim. Diese Zeit hat mich geprägt, und so wurde ich selbstverständlich in fünfter Generation Förster.

Nach dem Studium in Freiburg und Tharandt hatte ich das große Glück, 1945 in Otto Neunhoeffer, damals Vorstand des Staatlichen Forstamtes Blaubeuren, einen idealen Lehrherren zu finden. Er war nicht nur Förster, sondern auch eine zutiefst humanistisch geprägte Persönlichkeit und darüber hinaus ein großer Geologe und Botaniker mit ungeheurem Allgemeinwissen. Er verstand allein durch sein Vorbild, viele in mir schlummernde Interessen und Fähigkeiten zu wecken.

Ab November 1947 war es mir dann vergönnt, fast 40 Jahre dem Hause Württemberg als Forstmeister zu dienen, noch dazu in ein und demselben Revier. Zunächst lange Zeit als jüngster Forstamtsvorstand in Württemberg konnte ich mich sehr frei entfalten, und dafür bin ich dankbar. Als Forstamtsleiter in einem Privatforstbetrieb mit patriarchalischer Tradition habe ich dann abwägendes Formulieren und Handeln gelernt. Es ist ja einerseits eine Gewissensentscheidung, seine Meinung auf den Tisch zu legen, andrerseits gilt es so zu formulieren, daß man nicht verletzt und dem Gegenüber eine gangbare Brücke baut.

Zwei neue Baumvarietäten, die mir im Lauf meines Lebens begegneten, konnten in das vorliegende Werk aufgenommen werden: die „Schuppenschürzenkiefer" und die „Beringte Rotbuche". Ihre botanische Beschreibung konnte ich in der Literatur bisher ebenso wenig finden wie eine Benennung.

Für kritische Durchsicht des Manuskripts, viele Gespräche, Hinweise und gemeinsame Wege in die Natur bin ich den Herrn Forstdirektor Sepp Erbacher, Prof. Stefan Ruge (Fachhochschule für Forstwirtschaft Rottenburg) und Dr. med. Wolfgang Weiss† verpflichtet. Mein Dank gilt auch Frau Doris Schmid, die sich durch große Geduld und Mitdenken bei der diffizilen Niederschrift ausgezeichnet hat.

Schließlich seien auch die vielen freundlichen Bildgeber in meinen Dank einbezogen.

Bietigheim-Bissingen im Herbst 1998

Hans Halla

Einführung

Vor etwa 4,5 Milliarden Jahren verdichtete sich eine Art Urnebel zu Massen, aus denen sich Sonne und Planeten entwickelten. Die Temperatur betrug zu diesem Zeitpunkt noch mindestens 1200°C. Später, in der Erdfrühzeit, vor etwa 3 Milliarden Jahren, begann dann die Geschichte der Pflanzenwelt mit der Entwicklung niederer Wasserpflanzen, den sogenannten Algen. Da bei der Photosynthese der Algen Kohlendioxid aufgenommen und Sauerstoff abgegeben wird, entstand ab diesem Zeitpunkt unsere Sauerstoff-Kohlendioxid-Atmosphäre.

Aus dem aufsteigenden Sauerstoff, den die Algen im Meer freisetzten, bildete sich in der oberen Atmosphäre, in 20 bis 30 km Höhe, eine Ozonschicht. Diese schützt die Erde vor der lebensfeindlichen UV-Strahlung aus dem Weltraum. Erst dadurch konnte sich vielfältiges Leben entwickeln. Im Silur, das etwa 435 Millionen Jahre zurückliegt, findet man dann erste Ansätze einer pflanzlichen Landbesiedlung in küstennahen Uferbereichen. Dabei handelt es sich zunächst um Bärlappgewächse sowie Schachtelhalme und Farne.

Ein entscheidender Augenblick in der Geschichte des Lebens trat dann vor etwa 350 Millionen Jahren ein, als die Quastenflosser, einfach gebaute Fische, das Festland eroberten. Alle bis heute auf der Erde lebenden Landwirbeltiere, auch die Wale und Seekühe, deren Vorfahren wieder ins Meer zurückkehrten, sind ihre Nachkommen.

Im Erdaltertum, vor etwa 330 Millionen Jahren, entstanden dann aus den Farnpflanzen der Steinkohlezeit (Karbon) die Nacktsamer (*Gymnospermae*); dies sind Pflanzen, deren Samenanlagen und Samen offen auf einer Schuppe liegen, bisweilen sogar völlig nackt und endständig stehen, wie bei der Eibe und dem Ginkgo-Baum. Die meisten Gruppen davon sind allerdings ausgestorben. Ein besonders alter Überrest – man kann auch sagen, ein lebendes Fossil – ist der Ginkgo, der heilige Tempelbaum der Chinesen. Die Botaniker rechnen ihn zu den Nacktsamern, obwohl seine Laubblätter anderes vermuten ließen. Tatsächlich stellt er auf Grund seiner Fortpflanzung das einzige noch lebende Bindeglied zwischen Farnen und Blütenpflanzen dar. Nach der Bestäubung entwickelt sich beim Ginkgo aus dem Pollenkorn ein Pollenschlauch, wie bei einer Blütenpflanze, aber dann entläßt der Pollenschlauch zwei durch Wimpernschlag auf die Eizelle zuschwimmende freie Zellkerne, die befruchten. Dies gibt es bei den Blütenpflanzen ansonsten nicht mehr.

Eine weitere Klasse der Nacktsamer, die Nadelhölzer (*Coniferae*), lebt noch heute mit etwas geschwächter Formenkraft weiter. Ihre Hauptverbreitung hatten die Koniferen im weiteren Sinn während des Erdmittelalters, also dem Mesozoikum, das sich von der Trias (Beginn vor 223 Millionen Jahren) bis zum Ende der Kreide (vor 65 Millionen Jahren) erstreckte. In diesem Zeitraum waren die Koniferen zusammen mit der zweiten Unterabteilung der Nacktsamer (*Gymnospermen*), den Palmfarnen (Unterabteilung *Cycadophytina* = fiederblättrige Nacktsamer), einigen Farngruppen und Vertretern der Schachtelhalme die dominierende Landpflanzengruppe. Da die baumförmigen Nacktsamer vermutlich die „hauptsächlichen Vegetationsbildner" waren und in diesem Zeitabschnitt ihre größte Artenvielfalt zeigten, wird das Erdmittelalter auch als „Zeitalter der Nacktsamer" bezeichnet.

Fast schlagartig änderte sich das Pflanzenkleid der Erde, als vor ca. 120 Millionen Jahren zum Ausgang des Erdmittelalters, der mittleren Kreidezeit, die bedecktsamigen Blütenpflanzen (*Angiospermae*) auftraten. Durch sie wird die starre Baumform der meisten Nadelbäume durch einen sich oft verzweigenden Stamm der Bedecktsamerbäume, d.h. der Laubbäume, ergänzt. Durch vielfach in der Rinde vorhandene ruhende Knospen sind diese Bäume zu einem neuen Austrieb fähig, wenn etwa der Kronenbereich durch irgendwelche Einwirkungen zerstört wird. Unter tropischen Klimabedingungen, in denen sie entstanden, leben die Laubbäume praktisch in Alleinherrschaft. In gemäßigten Klimazonen, wie bei uns, müssen sie sich noch mit den entwicklungsgeschichtlich älteren Nadelbäumen die Pflanzendecke teilen.

Nachdem die Bäume Blätter entwickelt hatten, die unter ihren damaligen Wuchsbedingungen leistungsfähiger waren als die Nadelbäume, gerieten sie in Schwierigkeiten, als sich das Erdklima abkühlte. Sie änderten nun zum Teil ihre Blätter, indem sie ihnen eine festere Struktur und eine dickere Haut gaben und sich damit wieder etwas den Nadelhölzern anglichen. Dies sind heute unsere immergrünen Laubgehölze, z.B. Efeu, Stechpalme usw. Andere wurden einfach krautig und verkrochen sich, wie z.B. der Zwergholunder, im Winter unter die Erdoberfläche. Dies geschah durch Wegfall der Sekundärholzbildung und die Verkürzung des Lebenszyklus. Solche einjährigen Kräuter, zu deren Vorfahren einst alle tropischen Bäume gehörten, machten die Eroberung des Landes durch die Pflanzenwelt erst vollständig. Viele Laubbäume wählten aber einen dritten Weg: Sie wurden laubabwerfend. So konnten sie mit großen, empfindlichen und leistungsfähigen Blättern die sonnige Jahreszeit am besten nutzen und eine maximale Photosynthese erzielen. Im Winter aber, wenn es ohnehin nicht viel Licht und Wärme gab, konnten die Blätter keinen Schaden erleiden, da sie abgeworfen wurden.

Bei der Anpassung an Winterfröste in gemäßigten Klimazonen hatten die Bäume unterschiedliche Erfolge. Nur einer Minderheit der Arten ist es gelungen, als Bäume weiterzubestehen. Dies heißt, daß die heutigen Baumarten der mitteleuropäischen Wälder nur ein kleiner Rest eines einst viel größeren Artenreichtums sind, den uns die Eiszeiten nach ihrem Beginn vor 700 000 Jahren übriggelassen haben. Verstärkend in der Ausmerzung von Pflanzen wirkte in Europa die nach Süden hin abriegelnde Ost-West-Stellung der Gebirgszüge, wodurch uns nur noch etwa 80 Baumarten, gegenüber 250 in Amerika verblieben sind. Dort verlaufen die Gebirge in Nord-Süd-Richtung, und somit war ein Ausweichen der Pflanzen beim Vorstoß der Gletscher aus den Bergen und eine Wiederausbreitung aus südlichen Refugien nach den Eiszeiten wesentlich leichter möglich.

Hinsichtlich der Blüten gab es einen großen Schritt nach vorne durch den Übergang von der Wind- zur Insektenbestäubung. Der große Vorteil der Insektenbestäubung besteht darin, daß eine hinreichende Erfolgschance nicht mehr eine große Ansammlung von Bäumen derselben Art voraussetzt. Auch wird die Protein-, d.h. die Eiweißversorgung des Baumes weniger strapaziert, weil weniger Pollen gebraucht werden. Der verschwenderische Umgang von Nadelbäumen mit Blütenstaub zeigt sich deutlich durch den sogenannten Schwefelregen, wenn die Waldwege und Pfützen in Jahren, in denen die Fichten bzw. die Kiefern blühen, gelb werden. Als weiterer Vorteil ist zu erwähnen, daß der die Bienen und Insekten anlockende Nektar nicht aus Eiweiß-Protein wie beim Blütenstaub, sondern lediglich aus Zucker bereitet wird.

Die andere, überaus bedeutsame Weiterentwicklung war die Bildung eines Fruchtknotens zum Schutz der Samenanlagen und die daraus resultierende Bildung von Früchten.

Dies ist einer der Hauptunterschiede unserer bedecktsamigen Laubbäume gegenüber den nacktsamigen Nadelbäumen, wo sich Samen noch unbedeckt auf einer Samenschuppe entwickeln.

Die stammesgeschichtliche Entwicklung der Pflanzen wird weitergehen und hoffentlich vom erst jüngst – vor einer Million Jahren – auf die Erde gekommenen Menschen nicht allzu negativ beeinflußt.

Verlockung seit Adam und Eva

Apfel, Holzapfel
Málus sylvéstris L.
Familie Rosengewächse

Die Gattung Malus ist bereits für die Kreidezeit – Beginn vor etwa 140 Millionen Jahren – belegt. Heute soll es auf der Erde mindestens 6000 Apfelsorten geben.

Die Frucht des Apfelbaumes ist wohl das älteste heimische Obst und läßt sich, wie Funde aus den Pfahlbauten Oberschwabens zeigen, in Europa bis in die Jungsteinzeit, etwa 2 500 v. Chr., nachweisen.

Als die Römer veredelte Apfelsorten in die Gebiete nördlich der Alpen brachten, war dies für die Germanen nichts vollkommen Neues. Sie übertrugen daher die Bezeichnung für ihren wild

Die Apfelblüte ist im Frühjahr eine Augenweide. Hier vor einem vom Löwenzahn gelb gefärb-ten Weinberg und dem romantischen Kirchlein auf dem Michaelsberg bei Cleebronn.

wachsenden Apfel (althochdeutsch *apful*) auf die veredelte Frucht, während sie sonst die lateinischen Namen der für sie neuen Früchte von den Römern übernahmen.

„Im Gegensatz zu den Griechen, die nur wenige Apfelsorten kannten, war die römische Apfelkultur, ungefähr 29 Sorten, bereits sehr reich. Aber auch das Pfropfen und die Herstellung von Obstwein war unseren südlichen Nachbarn nicht unbekannt" (Godet 1987, S. 38).

Das Erkennen von Wildobst bei Apfel und Birne bereitet erhebliche Probleme. Der frühe Züchtungsbeginn, die leichte Bastardierung, auch mit Kultursorten, sowie die Verwilderung von Kultursorten haben zu vielfältigen Kombinationen des genetischen Materials geführt. Möglicherweise gibt es aus den genannten Gründen kaum mehr echte Wildäpfel und Wildbirnen, sondern nur noch relativ wildnahe Vertreter. Als Forstmann hat man großes Interesse an der Erhaltung der genetischen Mannigfaltigkeit unserer Waldbaumpopulationen. Ich bin daher Frau Wagner (1996, S. 87ff.) sehr dankbar für die hilfreiche „Zusammenstellung morphologischer Merkmale und ihrer Ausprägungen zur Unterscheidung von Wild- und Kulturformen des Apfel- (*Malus*) und des Birnbaumes (*Pyrus*)".

Geschichte und Geschichten

Im Deutschen Wörterbuch der Gebrüder Grimm (1984/I, Sp. 532) gilt Apfel als ein für die europäische Sprachgeschichte bedeutsames Wort unserer Urzeit. Erweist es doch einen Zusammenhang zwischen Kelten, Deutschen, Litauern und Slawen.

Im übertragenen Gebrauch bezeichnet Apfel im Deutschen Dinge, die mit der Form eines Apfels Ähnlichkeit haben, z.B. Augapfel, Reichsapfel, Adams-Apfel – Adam soll an dieser Halsstelle der Apfelbissen steckengeblieben sein –, Gallapfel bei der Eiche oder auch Apfelschimmel, nach den apfelförmigen Flecken auf dem Fell.

Vom Jahr 384 an hat Hieronymus, theologischer Berater von Papst Damasus I., das in Altlatein geschriebene Alte und Neue Testament, die Vulgata (die damals Verbreitete) überarbeitet. Eindeutig kommt darin zum Ausdruck, daß die Schlange Eva verführte, vom Baum der Erkenntnis des Guten und Bösen zu essen: „Sie nahm von seinen Früchten und aß; sie gab auch ihrem Mann, der bei ihr war, und auch er aß" (Gen 3,6). In der Bibel wird somit in diesem Zusammenhang nicht vom Apfel gesprochen, sondern von der „Frucht".

Im Lateinischen gibt es Wörter gleicher Schreibweise, die aber ganz unterschiedlicher Abstammung sind, so z.B. *malum* (mit langem a) = Apfel und *malum* = Böses. Da der Apfel, dank seiner prallen Form und seiner Farbe, an die weibliche Brust erinnert, bot sich die Deutung an, daß der Apfelbaum und seine Frucht den Anlaß zur verhängnisvollen Ursünde geboten hätten. So wurde dann, vor allem im Mittelalter, der Apfel zum Symbol der Sinnenreize und sündigen Sinnlichkeit.

Ursprünglich wurden Apfelbäume als Gartenkultur im Umfeld der Dörfer gepflanzt. Erst als Beipflanzung in Weinbergen erfuhren die Obstbäume eine weitere Verbreitung in der offenen Landschaft. Diese Beipflanzung sollte eine ökonomische Absicherung gewährleisten, d.h. in ungünstigen Jahren mögliche Verluste im Rebbau auffangen. Besonders in Württemberg pflanzte man zusätzlich verschiedene Rebsorten in einen Weinberg in der Hoffnung, daß dann, je nach Wetterlage, wenigstens die eine oder andere einen erntefähigen Behang erbringen würde. Das gemeinsame Keltern dieser Traubensorten aller Farben ergab bzw. ergibt dann den bekömmlichen „Schillerwein" (nicht Rosé-Wein). – Das Gesetz erlaubt heute den Anbau solcher Weine, die ich übrigens schätze, nur noch für Württemberg und die Schweiz.

Im 17. Jahrhundert finden wir den Apfel auch auf einer Münze. Es war der sogenannte Apfelgroschen, ein 1/24 Talerstück mit dem Reichsapfel auf der einen und der Zahl 24 auf der anderen Seite.

Der Deutschen liebstes Obst muß auch oft für Sinnsprüche herhalten: „Der Apfel fällt nicht weit vom Stamm", „Für einen Apfel und ein Ei hat er sein Haus verkauft", „Das Erbe war der große Zankapfel in der Familie", „Die Unterlagen werde ich wie meinen Augapfel hüten!" oder „Ein Wort, geredet zu seiner Zeit, ist wie ein goldener Apfel auf silbernen Schalen" (Spr 25,11). „In den sauren Apfel beißen", was heißt, daß man sich wohl oder übel etwas Unangenehmem unterziehen muß. Die Kugelgestalt des Apfels wird u.a. in der christlichen Symbolik als Sinnbild der Erde verstanden, seiner schönen Farbe und Süßigkeit entsprechend auch als Symbol der Verlockungen dieser Welt. Ein Apfel in der Hand Christi symbolisiert mit Bezug darauf die Erlösung von der durch den Sündenfall entstandenen Erbsünde.

In meiner Familie ist es üblich, daß man den Weihnachtsbaum mit kleinen roten Äpfeln schmückt. Erst in späteren Jahren wurde mir bewußt, daß es sich hier um ein Symbol der durch Christus erwirkten Rückkehr der Menschen in das Paradies handelt. Im selben Sinne ist wohl auch der Apfel als Attribut Marias zu verstehen. Der Reichsapfel, das Sinnbild der Erdkugel, ist ein Symbol der Weltherrschaft. Bei christlichen Herrschern ist der Apfel dann meist noch mit dem Kreuz gekrönt. Es lag so nahe, daß man den ersten Globus (noch ohne Amerika und Australien), den Martin Behaim 1492 in Nürnberg schuf und der dort auch noch zu besichtigen ist, als „Erdapfel" bezeichnete.

Drei goldene Äpfel sind das Attribut des heiligen Bischofs Nikolaus von Myra aus Kleinasien, gestorben um 350. Der Legende nach hat Nikolaus diese goldenen Äpfel drei armen, schlafend im Bett liegenden Mädchen, die ihr Vater in ein Freudenhaus verkaufen wollte, durchs Fenster zugeworfen. Die Gebeine des Heiligen wurden in Myra geraubt und kamen 1087 nach Bari in Süditalien.

Wilhelm Tell, sagenhafter Nationalheld der Schweiz, stammte aus dem Kanton Uri. 1308 erschoß er mit der Armbrust in einer hohlen Gasse bei Küßnacht den tyrannischen Habsburger Landvogt Gessler, weil dieser ihn gezwungen hatte, einen Apfel vom Kopfe seines kleinen Sohnes zu schießen. Der Apfel wird hier zum Symbol der Hoffnung und der Freiheit. Friedrich Schiller hat 1804 im „Wilhelm Tell", seinem letzten Schauspiel, dieses Thema meisterhaft aufbereitet.

Von der Obstkultur zur Lebensqualität

Der Mensch hat auf die Obstkultur erst Einfluß genommen, als er seßhaft wurde. Die ersten Bauern haben wohl als Sammler in den natürlichen Verbreitungsgebieten immer wieder Bäume

Viele Bäume – reinere Luft

Was der Vater Friedrich Schillers vor über 200 Jahren mehr oder minder empfand bzw. beobachtete, hat ein Klimagutachten in meiner Heimatstadt Bietigheim 1979 belegt. Die über die gesamte Markung verteilten, ein Jahr lang betriebenen Meßstationen faßte der Klimatologe, Dr. Seitz, in drei Gruppen zusammen:

• Flächen mit geringstem Staubniederschlag von 4,7 Zentnern pro Jahr und Hektar – vorwiegend dort, wo Streuobstwiesen den Ortsrand bilden bzw. in der Nähe von Waldungen. Die enorme Filterwirkung des Waldes und von Bäumen überhaupt hinsichtlich Staub wird hier sichtbar und damit auch die Wichtigkeit der Durchgrünung (auch Flachdachbegrünung) unserer Städte und Gemeinden. Dazu einige Zahlen: Ein Hektar Wald kann mit seiner großen Laub- und Nadeloberfläche pro Jahr 68 t Staub ausfiltern. Filterfläche pro qm Boden: Wald 1000 qm, Rasen 10 qm, Acker 5 qm. Die Reduktion der Staubteilchen pro Liter Luft liegt bei 0,5 Millionen Teilchen.

• Flächen mit mittlerem Staubniederschlag von 6,6 Zentnern pro Jahr und Hektar.

• Flächen mit dem größten Staubniederschlag von 10,2 Zentnern pro Jahr und Hektar. Hier handelt es sich um Randlagen von Neubaugebieten und um Freiflächen. In Bereichen außerhalb der Bebauung werden die höheren Werte durch die Landwirtschaft mit verursacht, da auf den ausgedehnten, vegetationsarmen Flächen im Frühjahr und Herbst auf Grund der Niederschlagsarmut die Staubpartikel leichter verfrachtet werden. Ob so auch anhaftende Spritzmittelrückstände vom Wind transportiert in unsere Atemluft gelangen können, vermag ich nicht zu beurteilen.

Streuobstwiesen als Ortsrandausbildung sind daher kein ökologischer Luxus, sondern unmittelbarer Menschenschutz.

ausgewählt, deren Früchte ihnen besonders wertvoll waren, und sie in die Nähe ihrer Wohnplätze verpflanzt.

Ein besonderer Förderer des Obstbaus war Kaiser Karl der Große (768 bis 814). Er empfahl das seit ältesten Zeiten bekannte und in meinem Elternhaus noch vielfach angewendete Dörren des Obstes. Außerdem regte er an, daß jedes junge Ehepaar sechs Obstbäume pflanzen solle.

Johann Volkmar Sickler, 1742 in Güthersleben geboren, 1820 als Pfarrer in Kleinfahnern bei Gotha gestorben, schuf ein 22 Bände umfassendes Werk „Der Teutsche Obstgärtner". Dies war wohl die erste größere Arbeit, die sich umfassend aller Fragen des Obstbaues, auch hinsichtlich seiner langen Geschichte, annahm.

Schillers Vater, Johann Kaspar Schiller, der Schöpfer und langjährige Leiter der herzoglichen Baumschulen auf der Solitude und dem Gut Einsiedel nordöstlich von Tübingen, schreibt 1767/68 in seinen Betrachtungen über landwirtschaftliche Dinge im Herzogtum Württemberg: „Die Baumzucht verschafft denjenigen, die sich damit bemühen, einen angenehmen Teil ihrer Nahrung. Sie gereichet zur Zierde eines Landes, zur Reinigung der Luft, zum Schutz und Schatten und hat überhaupt in vielen anderen Dingen ihren trefflichen Nutzen, zur Nothdurft, Lust und Bequemlichkeit des Lebens für Menschen und Thiere."

Herzog Karl Eugen von Württemberg hat sich selbst ebenfalls mit großer Leidenschaft des Obstbaues angenommen. Seine Wegeordnung von 1772 hat unsere Landschaft einst unverwechselbar geprägt. Darin wird u.a. ausgeführt: „Nachdem wir auch in gnädigste Erwägung gezogen, daß es dem Wohlstand und der Zierde, wie zugleich dem Nutzen und der Nahrung unserer lieben und getreuen Untertanen sehr angemessen und förmlich wäre, wenn die durch unsere herzoglichen Lande ziehenden Chausseestraßen zu beiden Seiten mit fruchtbaren Bäumen besetzt werden."

Es wäre erfreulich, wenn diese einst Altwürttemberg charakteristisch prägende Wegeordnung von 1772 in manchen Gebieten wieder landschaftsgestaltend wirken könnte.

Etwas sauer, aber gut und gesund

In der mittelalterlichen Küche war der Holzapfel wichtig als Lieferant einer sauren Essenz, mit der man Salate würzte und Speisen konservierte. Seltsam, daß man damals, als es noch keine Flaschen der heutigen Form gab und sehr viel Wein in Fässern verdarb, überhaupt einen Essigersatz brauchte, aber in Kochbüchern des 16. Jahrhunderts wird sehr viel mit Holzäpfeln gesäuert. Heute ist der Obstessig – aus eingeschlagenen Äpfeln, nicht aus Most hergestellt – wohl wegen seines guten Geschmackes wieder sehr beliebt.

Das Angebot an Früchten aus aller Welt ist in der Kolonialzeit, vor allem aber nach dem Zweiten Weltkrieg, dank der Möglichkeiten eines raschen Transports nahezu unübersehbar geworden. Abgesehen davon, daß Obst aus abgelegenen Gegenden unserer Erde niemals so frisch und knackig sein kann, wie

Ein hausgemachter Mostessig, dem meine Frau zur Geschmacksverbesserung gerne einen kleinen Lorbeerzweig zufügt. Auf dem Teller liegt die Essigmutter, Mykoderma aceti, die mit Apfelmost in einem Stein- oder Glasgefäß angesetzt wird; in etwa zwei Monaten oxidieren die Essigbakterien den Alkohol zu Essig.

ein eben vom Baum gepflückter Apfel, besitzt dieser zusätzlich den Heilwert Heimat/Hausmittel, auf den die alten Ärzte immer großen Wert legten und vor allem den keimungshemmenden Stoff, von Köckemann Blastokolin genannt. Während andere Früchte nur kurze Zeit im Jahr frisch zu halten sind, gelagert aber sehr schnell verderben, ist wohl gerade beim Apfel der keimungshemmende Stoff besonders stark entwickelt, da er ihn selbst ja auch vor Fäulnis schützt und ihn viele Monate hindurch frisch und eßbar erhält. Bereits der griechische Arzt Hippokrates (460 bis 375) schreibt in seiner wissenschaftlichen Heilkunde: „Die rohen Äpfel verstopfen, gekocht gegessen führen sie dagegen eher ab." Beim Blastokolin muß es sich also um einen Stoff handeln, der, wie manche Vitamine, durch Kochen zerstört wird.

Unsere Mütter wissen, daß der mit Stumpf und Stiel gegessene Apfel sich als verdauungsförderndes Mittel bewährt hat, weil die unverdauliche Zellulose des Kerngehäuses und der Schale die Darmwand reizt und zu stärkerer Tätigkeit anregt. Der geschälte und auf der Glasreibe geriebene Apfel dagegen ist ein weit verbreitetes wirksames Mittel gegen Durchfall, besonders bei kleinen Kindern. Übrigens entsteht nur das Kernhaus aus dem Fruchtknoten, das eigentliche Fleisch des Apfels ist eine Wucherung des Kelchgrundes.

Weil besonders grüne Apfel viel gelierende Pektine enthalten, hat meine Mutter beim Einkochen schlecht gelierender Marmelade nach Möglichkeit einige grüne Äpfel beigegeben. Heute werden Geliermittel vielfach aus Preßrückständen der Apfelsaftherstellung gewonnen.

Mit im Frühling geernteter Apfelbaumrinde wurden früher rötlichgelbe Töne beim Färben von Wolle und Stoffen erzielt.

Ein Prosit dem Most

Bis zum Dreißigjährigen Krieg führte das Apfelgetränk „Most" in großen Teilen Altwürttembergs ein Schattendasein, welches in der enormen Ausdehnung des Weinbaues begründet war. Das Wort Most geht auf die Römer zurück, die den jungen Wein *vinum mustum* nannten.

In seiner Generalverordnung gegen das Obstmosten verbot Herzog Eberhard III. 1650 seinen Untertanen das Obstmosten sowie die Bierherstellung. Er wollte damit den im Dreißigjährigen Krieg stark zurückgegangenen Weinbau wieder stärken. Vielleicht spielte aber auch eine Rolle, daß damals der Wein dem Großen Zehnten unterlag, der an den Staatssäckel abgeführt werden mußte, während der Most zum Kleinen Zehnten zählte, der dem Klerus zufloß. 1776 hob Herzog Carl Eugen das Most-Verbot auf.

Die im Schwäbischen gebräuchliche Redewendung „wissen, wo der Barthel den Most holt" hat wohl nichts mit unserem Nationalgetränk zu tun. Sie kommt aus der mittelalterlichen Gaunersprache, dem Rotwelsch. Rot bedeutet mittelhochdeutsch soviel wie Bettler, der Barthel oder Barsel ist das Brecheisen und Most leitet sich in diesem Zusammenhang her von Moos, das sind kleinere, hebräische Münzen. Der Gauner weiß also, wo er mit dem Brecheisen zu Geld kommen kann.

Zum Ende des 19. Jahrhunderts erlebte der Obstbau dann einen kräftigen Aufschwung. Nachdem 1860 die Einschleppung der Reblaus aus Nordamerika den Weinbau in eine ernste Krise gestürzt hatte, wurden viele Weinberge zu Obstwiesen umfunktioniert. Erst jetzt avancierte der Most zum schwäbischen Nationalgetränk.

Im Raum Trier ist für Most die Bezeichnung Viez gebräuchlich. Dieses Wort dürfte abgeleitet sein von *vize* oder *vicarius*. Das bedeutet, es steht an der Stelle einer Person oder Sache. Wahrscheinlich haben dort die römischen Soldaten aus Ersparnisgründen Apfelmost, lat. Sidera, anstelle des Weines erhalten. Zur Gesunderhaltung der Truppe hat Cäsar seinen Soldaten im gallischen Krieg befohlen, täglich einen Liter Wein zu trinken. Der Apfelmost oder *cidre*, wie er in der Normandie genannt wird, hilft dem Körper, Fette abzuspalten und

Die Blütenblätter des Apfelbaumes sind außen meist zartrosa. Erst die aufgegangene Blüte zeigt dann das strahlende Weiß.

Das lange und feste Hängen der Früchte am Baum ist ein Charakteristikum des Bittenfelder Apfels. Hier glänzen die Früchte in der Wintersonne mit einem Schneehäubchen.

verdaubar zu machen. Ein Glas Apfelmost zum Vesper macht, im Gegensatz zu Bier, das heute vielfach an seine Stelle getreten ist, nicht müde, sondern munter. Ärzte wie Paracelsus (1493 bis 1541) empfahlen ihren Patienten, monatlich einmal einen Apfeltag zur Reinigung und Auffrischung des Körpers einzulegen. Als Kinder haben wir gerne Mostessigwasser mit Zucker oder Honig getrunken. Meine Mutter sah das nicht gerne, da sie der Meinung war, es würde zu Blutarmut führen. Dies stimmt nicht, Kinder haben zuweilen wenig Magensäure und ein natürliches Bedürfnis, dies auszugleichen.

Mein Vater hat mir noch im Krieg zwei Mostfässer machen lassen, und es war einmal schon Anfang Dezember, als ich mit meiner Familie bei Frost und Schnee auf der Hofkammer-Domäne Liebenstein die lange hängenden Bittenfelder Äpfel zusammengelesen habe. Der abgepresste Most dieser „Spätlese" gab zwar einen hochpozentigen, doch vom Geschmack her sehr herben Most. Bittenfelder Äpfel habe ich deshalb später nur noch beigemischt, obwohl sie wegen des sehr guten Zucker-/Säure-verhältnisses von 9:1 im Schwäbischen als Mostobst sehr gepriesen werden.

Bratapfel – Apfelstrudel – Einkehr

Eine anheimelnde Erinnerung an mein Elternhaus sind die duftenden Bratäpfel aus dem Ofenrohr des grünen Kachelofens, in dem zur Winterzeit ständig auch die Kanne mit dem roten Kernlestee (Hagebuttentee) dahinköchelte.

Meine Eltern hatten, wie damals wohl jede Familie, eine Apfelhurde zur übersichtlichen Lagerung der Früchte. Dieses Holzgestell im Keller war sozusagen die Apotheke des kleinen Mannes. Salat und vieles andere Gemüse konnte man damals, im Gegensatz zu heute, nicht den ganzen Winter über kaufen. Nicht umsonst hieß es: „Ein Apfel täglich macht den Arzt brotlos." Besonders wertvoll sollen die Stoffe sein (Flavonoide), die in der Schale des Boskop-Apfels stecken. Wurden wir Kinder in den Keller geschickt, um Äpfel auszulesen, etwa für den beliebten Apfelstrudel, so geschah dies meist mit dem Hinweis meiner Mutter: „Ein fauler Apfel macht schnell, daß auch faul wird sein Gesell."

Unser Dichter der Spätromantik, Ludwig Uhland (1787 bis 1862), Professor in Tübingen, liberaler Politiker und Mitglied des Frankfurter Parlaments, hat in seiner einfachen, naturnahen Ausdrucksweise dem Apfelbaum eine Hymne gewidmet. Ergreifend wird hier das schöne Verhältnis zwischen Baum und Mensch geschildert, wobei der Mensch der Empfangende, der Apfelbaum der freigebig Spendende ist:

Siamesische Apfelzwillinge, wie diese in meinem Hausgarten, sind ein seltenes Spiel der Natur. Früher glaubte man, daß Jungfrauen, die eine solche Frucht verzehren, Zwillinge bekommen.

Einkehr

Bei einem Wirte wundermild,
da war ich jüngst zu Gaste;
ein goldner Apfel war sein Schild
an einem langen Aste.

Es war der gute Apfelbaum,
bei dem ich eingekehret;
mit süßer Kost und frischem Schaum
hat er mich wohl genähret.

Es kamen in sein grünes Haus
viel leichtbeschwingte Gäste;
sie sprangen frei und hielten Schmaus
und sangen auf das Beste.

Ich fand ein Bett zu süßer Ruh
auf weichen, grünen Matten;
der Wirt, er deckte selbst mich zu
mit seinem kühlen Schatten.

Nun fragt ich nach der Schuldigkeit,
da schüttelt' er den Wipfel.
Gesegnet sei er allezeit
von der Wurzel bis zum Gipfel!

Wenn nichts dahinter ist

Während meiner Referendarzeit, die ich gegen Ende des Krieges und auch noch danach im Forstamt Blaubeuren bei meinem hochverehrten Lehrmeister Otto Neunhoeffer verbringen durfte, hatte ich ein Zimmer bei einem Bauern auf der Steigziegelhütte, die zu Seißen auf der Albhochfläche gehörte. Bei Bedarf arbeitete ich auf dem Felde mit und war gemeinsam mit meiner Gastfamilie Tränkle „Selbstversorger", d.h. ich bekam keine Essensmarken und war trotzdem bestens versorgt. Damals war es auf der Blaubeurer Alb noch üblich, daß die jungen Burschen und Mädchen in den sogenannten Lichtstuben zusammenkamen. Bei Bratäpfeln, Hutzelbrot und hervorragendem, stark moussierendem Most, vor allem aus der dort verbreiteten Champagnerbratbirne, saß man fröhlich singend und spielemachend beisammen, wobei die Mädchen sich auch verschiedenen Handarbeiten widmeten.

Albbauern der älteren Generation trugen noch Tracht, waren stolz auf ihren Hof und die Mütter auf ihre Töchter, deren Aussteuer – vorwiegend in Leinen – fein säuberlich im sogenannten Weißzeugschrank aufgestapelt war. Kam man als Junggeselle öfters zu einem Mädchen ins Haus, so wurde einem irgendwann, auch wenn man lediglich an Bratkartoffeln dachte, von der Mutter die Pracht und der Reichtum im Weißzeugschrank gezeigt. Mußte man aber ein zweites Mal den Schrankinhalt im oberen Stock ansehen, so war für jeden klar, entweder in sehr absehbarer Zeit ja zu sagen oder „Leine zu ziehen".

Erst viel später, mit mehr Lebenserfahrung, wurde mir bewußt, daß auch dies eines der leider immer mehr verschwindenden Rituale war, das den Menschen in kritischen Situationen stabilisiert. Hier wird nicht über das Warum geredet, und es wird auch keine Antwort erwartet. Beide Seiten sind so geschützt vor einem unüberlegten Wort oder Handeln.

In den Weißzeugschränken – ich verheimliche nicht, den einen oder anderen gesehen zu haben – war die Wäsche fein säuberlich an der Vorderkante bündig aufgestapelt. Bei den Töchtern größerer Höfe befand sich dann hinter der ersten Reihe noch ein weiterer Stapel. War der Hof aber klein oder waren viele Töchter da, so befand sich im Schrank nur die vordere Schaureihe. In der Umgegend hieß es dann „bei der ist nichts dahinter". Das Ganze hat also mit der Gehirnmasse hinter der Stirn, wie ich früher glaubte, nichts zu tun. Auch den inhaltsschweren Spruch „Liebe vergeht, Hektar besteht" habe ich erst im Unterland kennengelernt, als ich längst mit einer Frau ohne Hektar verheiratet war.

Die Not der Kriegsjahre und der unmittelbaren Nachkriegszeit bewirkte ein Zusammenwachsen der Menschen, was sich auch an folgendem Erlebnis zeigt: In dieser Zeit trug ich bereits die Grunddaten für meine spätere Doktorarbeit zusammen. Als ich damals, wieder einmal auf dem Hochsträß mit Fahrrad, Holzmeßkluppe, Bandmaß sowie meiner alten Schulmappe unterwegs war und es nacht wurde, klopfte ich etwas schüchtern in einem der dortigen kleinen Orte bei einer Bauernwirtschaft an, um etwas zu Essen zu bekommen. Bereits nach kurzer Zeit stand eine schöne warme Mahlzeit und reichlich Most vor mir. Später erzählte ich dann, daß ich Förster sei und in den naheliegenden Waldungen Aufnahmen mache. Die Unterhaltung wurde lockerer und die Wärme des Kachelofens, die durch meinen immer noch naßkalten Rücken strömte, ermutigte mich zu der Frage, ob ich eventuell auch übernachten könne, da ich am nächsten Morgen nach einem längeren Heimweg über das Blautal bei kaltem Wetter und Schneeregen wieder hier bei den Holzhauern sein müsse. Die Leute bedauerten sehr, daß sie keine Übernachtungsmöglichkeiten hätten. Als ich schließlich Anstalten zum Aufbruch machte und meine nassen Sachen wieder zusammensuchte, kam die Wirtin noch einmal auf mich zu und meinte, daß sie oben unterm Dach noch eine Kammer hätten, in der z.Zt. ihre Tochter, die vor kurzem ein Kind bekommen habe, schliefe. Sie bot mir an, das zweite Bett dort oben zu benützen, wenn ich wollte, sie würden dann zwischen die Ehebetten ein Brett stellen!

Die damalige große Hilfsbereitschaft hatte also im Herzen dieser Bäuerin überwogen und das Brett diente der Absicherung gegenüber der Kirche.

In jüngeren Jahren blickt man überwiegend nach vorne. Später, als ich selbst Familie hatte, habe ich leider trotz verschiedener Nachforschungen nicht mehr herausgebracht, wo dieser Ort auf dem Hochsträß lag. Zu gerne hätte ich mich noch einmal bedankt für diese große Hilfsbereitschaft und das mir damals als jungem Forsteleven entgegengebrachte Vertrauen. Ich empfinde dies heute als Schuld.

Vom Wispern der Aspen

Aspe, Espe, Zitterpappel
Pópulus trémula L.
Familie Weidengewächse

Die Zitterpappel ist ein nektarloser, zweihäusiger Windblütler. Ihre männlichen Kätzchen liefern jedoch im Frühjahr der Honigbiene reichlich den graugelben Pollen. Der Samen ist sehr klein, gelblich, mit weiß-wolligem Haarschopf am Grunde. Er wird wie bei allen Pappelarten durch den Wind weit getragen und breitet sich deshalb leicht und rasch aus; daher gehört sie auf nackten Böden zu den sogenannten Pionierbaumarten. In den Wäldern des nord- und mitteldeutschen Flach- und Hügellandes gewinnt die Aspe von West nach Ost hinsichtlich Verbreitung und Bonität an Bedeutung. Um dem Holz eine größere Festigkeit zu verleihen, wird in Rußland zuweilen der Stamm im Frühjahr entrindet, dann aber erst im nächsten Jahr gefällt.

Die Aspe ist zweihäusig, ihre männlichen, grauen Blütenkätzchen sind hier in voller Entfaltung. Der weibliche Fruchtstand bildet eine vielsamige Kapsel.

28

Dieser Aspenzweig wurde im September aufgenommen. In den klebrigen Knospen sind die männlichen Blüten, die Kätzchen, für das kommende Frühjahr bereits angelegt. Am Blattstiel ist zu erkennen, daß dieser am Blattansatz nicht rund, sondern quer zur Blattfläche etwas zusammengedrückt ist.

Die tanzenden Blätter lassen das Sonnenlicht tiefer und ständig wechselnd in das Blattwerk dringen, damit bewirken sie etwas Erstaunliches: Die Abgabe von Wasserdampf und die Aufnahme von Kohlendioxid pro Blatt wird erheblich verbessert, gleichzeitig kommt der Baum mit weniger Blattmasse aus. Neben der Aspe beherrscht auch die Birke diesen Trick. Beide Bäume wachsen dadurch schneller als andere Arten und sind diesen damit eigentlich einen Evolutionsschritt voraus.

Für die Biber in der freien Wildbahn war die Aspe dank ihrem ausgeprägten Vermögen, Wurzelbrut zu bilden, schon immer ein besonders beliebter Baum. Er lieferte mit seinen Schossen reichlich Futter und Material für die Wasserbauwerke der Nagetiere.

Auch die Spechte schätzen den Baum und klopfen gerne ihre Spechtringel in die Borke der Aspe (siehe auch den Text zur Linde). In Symbiose mit der Aspenwurzel lebt die schmackhafte Espen-Rotkappe (*Leccinum rufum*). Siehe dazu die Ausführungen zu Mykorrhiza-Pilzen bei der Eiche. Auch die Raupe eines unserer größten Tagfalter, des Großen Eisvogels (*Limenitis populi*), lebt von den Blättern der Aspe. Dieser imposante Schmetterling erreicht eine Flügelspannweite von bis zu 8 cm und ist in seiner Grundfarbe schwarzbraun mit gelb-roten Mondflecken an den Hinterflügeln. Man triff ihn in den gemäßigten Zonen von Frankreich bis Japan.

Träumend zu lauschen

Über den Namen des höchsten Berges von Württemberg ist in Schmidlins Aufzeichnungen im Stuttgarter Hauptstaatsarchiv aus dem 18. Jahrhundert zu lesen: „Den Namen Asperg betreffend

wollen etliche wissen, daß er her-
komme von den Aspenbäumen so
häufig um solchen Berg gestanden,
welche aber mit der Zeit ausgerottet
und Weinstöcke an ihre Stelle gesetzt
habe."

An einem drückend schwülen Som-
mertag, wenn sich kaum ein Luftzug
regt, ist es verlockend, unter einer
Zitterpappel zu liegen und ihrem un-
aufhörlichen Flüstern träumend zu
lauschen. Als Pampeln und Schwe-
ben beschrieb Martin Luther dieses
auch ihn beeindruckende Wechsel-
spiel zwischen Luft und Laub.

*Die gelblich-graue Rinde der Aspe bleibt lan-
ge glatt, bevor sie in rhombischen Pusteln, wie
hier am linken Stammrand zu sehen, aufreißt
und eine rissige, dunkle Borke bildet.*

Nach dem Volksmund besah sich der liebe Gott bei der Er-
schaffung der Erde das an einem langen, dünnen Stiel sitzende
Blatt der Aspe noch einmal genau und drückte dabei unvor-
sichtigerweise den Stiel quer zur Blattfläche etwas zusammen,
so daß er dort nicht mehr ganz rund ist. Diese Verflachung bewirkt, daß sich das Blatt bereits beim leichtesten Windhauch bewegt, daher der Ausspruch „Zittern wie Espenlaub".

Wegen der ständig zitternden Blätter gilt die Aspe als Symbol
des Schmerzes und der Klage. Für die alten Griechen war es ein
Baum der Unterwelt und galt als Sinnbild der Totenklage. In
Nord- und Osteuropa besagt eine Legende, das Kreuz Christi sei
aus Aspenholz gefertigt worden, deshalb könnten ihre Blätter
nicht mehr zur Ruhe kommen.

Aspenholz und zündende Ideen

Die Aspe lieferte das beste Holz für die schwedischen Zündhölzer, sozusagen ein Nachfolger von Feuerstein und Zunderschwamm (siehe Rotbuche, Seite 249). Zündhölzer wurden
1832 von Jakob Friedrich Kammerer in Ludwigsburg erfunden,
und zwar im Hinterhaus der Kirchstraße 21 nahe der Stadtkirche. Dort versah Kammerer schwefelhaltige Holzstäbchen mit
Zündköpfen aus einer schleimigen Lösung von 46,5% Kali-

umchlorat, 36,2% Gummiarabikum und 17,3% weißem Phosphor (Hartig 1990, S. 100). Es waren damals die sogenannten Reib-Schwefelzündhölzer, die notfalls sogar am Hosenboden angerissen werden konnten. Der weiße Phosphor war allerdings äußerst gesundheitsschädlich, denn er wirkt innerhalb des menschlichen Körpers ozonbildend, was einen raschen Zerfall des Eiweißes zur Folge hat.

Der freiheitlich gesinnte Kammerer gehörte zu den etwa 30 000 Teilnehmern des Hambacher Festes vom Mai 1832. Dies war die erste deutsche demokratisch-republikanische Massenversammlung, die unter den Farben schwarz-rot-gold ein Bekenntnis für Deutschlands Freiheit und Einheit ablegte. Der Deutsche Bund reagierte auf diese Veranstaltung mit reaktionären Unterdrückungsmaßnahmen. Kammerer kam mit der württembergischen

Der Natur abgeschaut

Oskar Pschorr, ein Münchner Physiker, der für die Deutsche Aerospace schwingungstechnische Untersuchungen durchführt, beobachtete an Pappeln vor seiner Arbeitsstelle:

Die Steifigkeit der Blattflächen ist gegenüber dem Stiel sehr groß. (Mein Vater benutzte wohl wegen dieser Festigkeit während der Rehbrunft zum Blatten Aspenblätter. Um diese frisch zu halten, mußte ich immer einen größeren Zweig mittragen. Nach einem Zuschnitt mit dem Messer auf dem Lederdeckel seines Jagdglases machte mein Vater das Fiepen bzw. das Angstgeschrei der Geiß nach oder auch den Kitzruf, um so den Bock in Sichtnähe zu locken. Eine Kunst, die bereits Parzifal in der Artussage gekannt haben soll.)

Die Stiele sind lang, gekrümmt und von elliptischem Querschnitt.

Die Blätter schwingen sowohl quer zu ihrer Längsachse als auch um die Stielachse.

Die Dämpfung der Schwingungen erfolgt durch die Luftreibung.

Für Pschorr war damit klar, daß das ihn beschäftigende, gefürchtete Flattern von Flugzeugflügeln grundsätzlich derselbe Vorgang ist wie das Zittern des Espenlaubs.

Regierung in Konflikt und ging schließlich nach Zürich-Riesbach in der Schweiz, wo er weiter an seiner Erfindung arbeitete. Erst 1842 wurde ihm das aberkannte Ludwigsburger Gemeindebürgerrecht wieder zuteil.

Heute befindet sich am einstigen Wohnhaus von Kammerer in Ludwigsburg, Heilbronner Straße 32, eine Gedenktafel, die zum hundertjährigen Jubiläum der Zündholzerfindung angebracht wurde.

Im Jahre 1907 verbot dann die deutsche Reichsregierung aus bekanntem Grund die Verwendung des weißen Phosphors für Zündhölzer. Dies war möglich, weil sich etwa Mitte der neunziger Jahre ein verhältnismäßig schneller Übergang von den überall entzündbaren Schwefelhölzern zu den heute bekannten, von dem Schweden Lundström bereits 1845 erfundenen Sicherheitszündhölzern vollzog. Dem damals in der Welt dominierenden schwedischen Kreuger-Konzern gelang es dann im Laufe der Jahre, einen erheblichen Teil der früher selbständigen deutschen Zündholzfabriken zu erwerben.

Der unkluge Friede von Versailles, der Deutschland die alleinige Kriegsschuld zuschob und der jungen Demokratie hohe Reparationszahlungen aufbürdete, trieb Deutschland um die Jahreswende 1929/30 an den Rand eines finanziellen Zusammenbruchs. In dieser kritischen Situation vermittelte der einflußreiche schwedische Zündholzkönig – im Grunde ein etwas dubioser Geschäftsmann, der sich 1932 das Leben nahm – dem Deutschen Reich die sogenannte Ivar-Kreuger-Anleihe in Höhe von 500 Millionen Mark mit einer Laufzeit von fünfzig Jahren. Voraussetzung dazu war das mit Reichsgesetz vom 21.1.1930 geschaffene Zündwarenmonopol einschließlich der Gründung einer zugehörigen Gesellschaft, an der die deutschen und schwedischen Produzenten je zur Hälfte beteiligt wurden. Nach vollständiger Rückzahlung dieser Ivar-Kreuger-Anleihe, das war 1983, konnte das Zündwarenmonopol von 1930 aufgehoben werden. Seither sind die Etiketten unserer Streichholzschachteln wieder vielgestaltiger geworden. Von dem Schweizer Autor Ralph Boller stammt der Satz: „Schulden sind Denkmäler, kein Schuldner gerät in Vergessenheit." Ob unsere Politiker deshalb so großzügig sind im Verschulden kommender Generationen?

Zwei freistehende Aspen, bei denen man annehmen darf, daß sie aus Samen hervorgegangen sind, denn solche Bäume wachsen geradliniger und kräftiger als die aus der Wurzel treibenden.

Pioniere des Nordens

Birke, Sandbirke, Warzenbirke, Hängebirke, Rauhbirke
Bétula péndula ROTH.
Familie Birkengewächse

Die Bezeichnung Birke, althochdeutsch: „bircha", leitet sich von der leuchtend weißen Rinde ab. Bereits im 1. Jahrtausend v. Chr. spielt sie im Sanskrit, der Sprache der klassischen altindischen Literatur, aber auch im Volksglauben der Slawen, eine Rolle. Was anderen Ländern Eiche oder Linde bedeuten, ist den Finnen und den Russen die Birke. Dies mag ein Hinweis auf die gemeinsame Wurzel im Indogermanischen und damit auf das damalige Verbreitungsgebiet sein. Im Griechischen und Römischen dagegen ist die Birke als Baum des Nordens unbekannt. Die Sandbirke zählt aufgrund ihrer Ansprüche an Wasser und Mineralstoffe zu den bescheidensten Baumarten. Ihr gelingt es, sowohl auf den ärmsten und trockensten Böden wie auch in Flachmooren fortzukommen. Im Vergleich zur Moorbirke (*Betula pubescens*) ist die Sandbirke wärmebedürftiger. Dies zeigt auch ihr nach Süden viel weiter reichendes Verbreitungsgebiet. Vermutlich aus demselben Grund, vielleicht aber auch wegen ihrer Windempfindlichkeit, fehlt die Sandbirke im atlantischen Gebiet Schleswig-Holsteins.

Die Birke hat in Baden-Württemberg einen Waldflächenanteil von 0,7%. Ihre Wurzeln leben, wie auch die der Aspe, in Symbiose mit der Birken-Rotkappe (*Leccinum versipelle*). Hier verweise ich auf die Ausführungen bei der Eiche zu Mykorrhiza-Pilzen.

Der durch seine tief dunkelbraune Farbe und den gelben äußeren Flügelrand auffallende Trauermantelfalter (*Nymphalis antiopa*) bewohnt fast ganz Europa. Der Falter saugt im Frühjahr mit Vorliebe den Saft verletzter Birken und Eichen. Die Raupen leben am Frühlingsende und Sommeranfang gruppenweise auf Birken, aber auch auf Weiden und Aspen. Zuweilen fressen sie die Zweige völlig kahl.

Am engsten verwandt sind die Birken mit den Erlen, beides an extreme Bodenverhältnisse angepaßte Waldbäume. Birken sind die winterhärtesten Laubgehölze und deshalb die einzigen auf Island und Grönland heimischen Bäume. „Temperaturen, auch unter −40° C, verträgt sie problemlos, da sie dann in ihren Zweigen Stärke in Öl umwandelt und so einen Wärmespeicher entwickelt, der beim Gefrieren Wärme frei setzt" (Roloff 2000, S. 47).

Die jungen Triebe der einhäusigen Sandbirke sind meist mit quarzigen Haardrüsen besetzt. Daher auch der Name „Warzenbirke".

Die Fruchtnüßchen der Birke sind gute Segelflieger, die dank ihrer breiten, fast rechtwinklig abgespreizten Seitenlappen weithin verweht werden können. Der leicht gedrehte Flügelsaum ermöglicht dem Schraubenflieger einen eleganten und weiten Gleitflug, wodurch sich die Birke rasch ausbreiten kann. Ein Umstand, der ihr nach den Eiszeiten bei den Rückwanderungen in die eisfrei gewordenen Gebiete zustatten kam. In den Innenstädten werden Birken zum Teil als lästig empfunden, da der leichte und kleine Birkensamen vom Wind in alle Hausritzen und Fenster hineingetragen wird. Vor einigen Jahren mußte sogar die Stadt Bietigheim-Bissingen wegen anhaltender Klagen der Anwohner die Birken, ausgerechnet entlang der Birkenstraße, fällen.

Birkenpollen sind das verbreitetste Baumpollenallergen und dazu noch ein sehr aggressives. Bereits im April/Mai kann bei empfindlichen Menschen Pollenallergie bis hin zum Asthma auftreten (siehe auch Kiefer).

Diese Empfindlichkeit der Menschen gegenüber Blütenstaub nimmt immer mehr zu. Das in den Pollenkörnern vorhandene väterliche Erbgut wird geschützt durch eine sogenannte innere Haut (INTINE), die lückenlos, meist zart und chemisch wenig widerstandsfähig ist, sowie durch einen äußeren Schichtkomplex (EXINE). Letzterer ist chemisch widerstandsfähiger und nur durch Oxidation zerlegbar. Diese harte äußere Verpackungsschicht hat im allgemeinen Stellen vorgebildet, durch die die innere Schicht papillenartig auswächst, und bildet dann, nach der Bestäubung, den Pollenschlauch.

Aus der Tatsache, daß heutzutage viele unserer Waldbäume (s. auch Fichte) erkrankt sind, könnte man schließen, daß u.U. geschädigte, d.h. geschwächte Bäume ihren nun in tausendfachen Mengen produzierten Blütenstaub nicht mehr so gut verpacken können – „jeder legt noch schnell ein Ei und dann kommt der Tod herbei" – , was dann beim Menschen zum häufigeren Auftreten von Allergien führt.

Vielfach einsetzbar: Rinde, Holz und Saft

Die sich ständig erneuernde ca. 3 bis 4 mm dicke Rinde der Birke besteht aus etwa 30 dünnen Lamellen aus derbwandigen Korkzellen und dünnwandigen, feine Betulinkörnchen enthaltenden Zellen. Letztere bedingen die auffällige weiße Farbe der Birkenrinde. Betulin ist eine kristalline, in Wasser unlösliche Substanz. An der Grenze zwischen den derbwandigen, braunen Korkzellen und den dünnwandigen, Betulin enthaltenden, also weißen Zellen, lassen sich die Rindenschichten leicht voneinander lösen und in hauchdünne Streifen auseinander ziehen. Durch den Gehalt an kristallinem Betulin ist die Rinde auch fast unverweslich und für Nässe kaum durchlässig.

Nach Hegi (1957/III, S. 151) wurde in Norwegen und Finnland die Rinde in Notzeiten sogar zermahlen und zu Brot verbacken. Die Blätter können im jugendlichen Zustand verfüttert werden. Mit dem Doppelsalz Alaun gekocht, bilden die Blätter eine grüne und mit Kreide eine gelbe Farbe, das sogenannte Schüttgrün bzw. Schüttgelb.

Aus geschälten Birkenwurzeln werden in den nordischen Ländern schöne Schalen gefertigt und Körbe geflochten.

Nur wenige Baumarten haben eine derartige Schälrinde, die sich in feinsten Streifen, die unglaublich zäh und widerstandsfähig sind, abnehmen läßt. In unseren Torfmooren hat man jahrhundertealte Stücke unversehrter Birkenrinde ausgegraben, und in Sibirien fand man sie sogar in ihrem ursprünglichen Zustand am fossilen Holz. Für die Bewohner nördlicher Breiten ist diese Rinde unentbehrlich. Die Lappen machen Umhänge und Gamaschen daraus, und die Norweger decken Dächer mit Birkenrinde und einer Schicht Erde bzw. Torf. Die Indianer brauchen sie für ihre Kanus. Ich selbst habe noch von meinem Großvater eine Pulverflasche, die aus Birkenrinde in überaus feiner Weise gefertigt ist.

Birke mit zahlreichen sogenannten Hexenbesen, stark verästelten Gebilden. Sie entstehen aufgrund einer Schlauchpilzinfektion (Taphrina botulina), die ein Massenaustreiben von schlafenden oder neu gebildeten Knospen während der ganzen Vegetationsperiode auslöst.

Aus in Spiralen gedrehten Bir-
kenrindenstreifen fertigte man
Fackeln, die vor Gebrauch in Öl
getaucht wurden.

„Ötzi", der Mann aus dem Glet-
schereis der Alpen (siehe auch unter Eibe, Seite 60), der vor etwa
7200 Jahren lebte, trug zwei aus
Birkenrinde gefertigte Gefäße bei
sich. Spindler (1992) konnte anhand darin vorgefundener ange-
kohlter Blätter nachweisen, daß
eines der Gefäße zum Transport
von Glut diente, die in grüne Blätter eingewickelt worden war. Eine
ganz ähnliche Art der Gluterhal-
tung kenne ich noch von meiner
Mutter, die am Abend ein Brikett
in Zeitungspapier einwickelte,
dieses zusätzlich befeuchtete und
auf die kleine Restglut im Wohn-
zimmerofen legte. Dadurch war
am nächsten Morgen noch Glut
zum Anheizen vorhanden.

Die weiße Birkenrinde liefert den
Birkenteer und durch Destillation

Herabhängende männliche Blütenkätzchen der Birke, die, wie bei der Haselnuß, ungeschützt überwintern. Nach rechts oben wächst ein weiblicher Blütenstand, der zunächst in einer Knospe verborgen ist und erst beim Austrieb im Frühjahr erscheint. Die Anlage der Blüten erfolgt bereits im Mai für das kommende Jahr.

das Birkenöl. Letzteres wird vor allem in Rußland u.a. zum
Tränken des mit Weidenrinde gegerbten Leders verwendet und
gibt dem Russisch-Leder bzw. Juchten-Leder seinen eigenartigen Modergeruch. Die Rinde diente einst aber auch zum Färben
in Braun- und Grautönen. Sie brennt auch leicht und kann daher wie Papier zum Anfeuern verwendet werden.

Ähnlich wie der Ahorn zeigt die Birke in höherem Grad als andere Bäume die Erscheinung des Blutens. Der an Wunden austretende Saft enthält im Liter 9,4 bis 10,3 g Fruchtzucker, 0,017
bis 0,065 g Eiweiß, 0,29 bis 1,14 g Asche und 0,23 bis 0,6 g Ap-
felsäure (Hegi 1957/III/1, S. 148).

Im Frühjahr, wenn der Saft in den Birken steigt, werden daher
in ihre Stämme etwa 2 bis 4 cm tiefe Löcher gebohrt und Gän-

sefederkiele eingeführt. In daruntergehängten Gefäßen sammeln sich dann ca. sechs Liter Saft pro Tag und Baum. Um starkes Ausbluten der Bäume zu verhindern, müssen am Ende der Saftgewinnung die Bohrlöcher unverzüglich mit Baumwachs wieder gut verschlossen werden. Der Saft ergibt ein erfrischendes und heilkräftiges Getränk, das von der Volksheilkunde im Frühjahr auch als Blutreinigungsmittel empfohlen wird. Läßt man den Saft vergären, so gibt dies Birkenwein, der mit Honig versetzt zum sogenannten Birkenmet wird. Wer seinen Haaren etwas Gutes antun und ihren Wuchs fördern möchte, kann sie mit Birkensaft einreiben. Birkenhaarwasser findet man auch heute noch im Angebot jeder Drogerie. Es soll übrigens auch eine rosige Gesichtsfarbe und reine Haut bewirken.

Krebswucherung einer Birke. An solchen Wucherungen und auch bei alten Bäumen wird die Rinde grobborkig und dunkel. (Foto: W. Halla)

Harn- und schweißtreibend ist Birkenblättertee

Die Birke gehört zu den Splintholzbäumen, deren ganze Holzmasse im Saft bleibt und bei denen weder eine Verkernung noch eine Ausreifung des Holzes beobachtet werden kann. Früher war das Holz vor allem von Wagnern gesucht, wurde aber auch viel für Zwirnspulen, Drechslerarbeiten und in den nordischen Ländern für Möbel verwendet. Der schwedische Autohersteller Volvo hat 1966 sogar einen Personenwagen der gehobenen Klasse mit ansprechender Birkenfurniereinlage auf den Markt gebracht. Als Bauholz ist Birke wegen seiner geringen Tragkraft ungeeignet. Heute verkaufen wir Forstleute das Holz als sogenanntes Wohlstandsholz an Leute, die sich einen Kamin

Zwei landschaftsprägende Birken im Kirbachtal, Kreis Ludwigsburg; links der Baiselsberg, mit 477 m ü.NN die höchste Erhebung des Strombergs. In der Baumgruppe unten links beginnt sich die Herbstfärbung abzuzeichnen. Das Goldgelb der Birkenblätter bringt dann einen neuen Farbtupfer in die dortige Keuperlandschaft.

geleistet haben. Sein Vorteil ist, und diesen haben wir auch schon als Soldaten in Rußland genutzt, daß es dank der im Holz enthaltenen ätherischen Öle auch im nassen Zustand brennt. Es raucht nicht unangenehm und es springt auch selten Glut ab.

Von Hexen, Segen und Lebenskraft

Aus Birkenreisig werden noch heute Schwarzbesen gebunden. Etwa seit dem 16. Jahrhundert wird das deutsche Wort Besen auch übertragen gebraucht, z.B. für ein zänkisches und boshaftes Weib oder in der Redewendung „die sind unter dem Besen getraut", d.h. das Paar lebt in wilder Ehe. Die langen, dünnen, hängenden Zweige der Birke verursachen zuweilen größere Schäden an benachbarten Fichtenkronen, die sie „abpeitschen".

Die Hexen reiten nach einem alten Volksglauben in der Nacht vor dem 1. Mai, der sogenannten Walpurgisnacht, auf Reisigbesen zum Brocken, dem höchsten Berg im Harz, um sich dort zum Tanz zu treffen. Dabei können sie Menschen, Vieh und Äckern Unheil zufügen. Die alten Germanen glaubten, daß die mütterliche Erdgöttin Freya sich am 1. Mai mit dem Himmelsgott Wotan vermählen würde. Deshalb feierten sie in der Nacht vor der Hochzeit ein Fruchtbarkeitsfest. Mit der Verbreitung des Christentums wurde dieses Fest zur Walpurgisnacht umgewandelt. Nunmehr entzündete man Feuer, um sich vor den Einflüssen vermeintlicher Hexen zu schützen; die Nacht wurde sozusagen verteufelt. Die sogenannten Hexen, in der vorchristlichen Zeit noch wegen ihres Wissens um Kräuter und sonstige Heilmittel verehrt, wurden zunehmend verachtet und verfolgt. Der im Jahre 1487 von den päpstlichen Inquisitoren verfaßte Hexenhammer trug alle Zauberdelikte und Strafen zusammen. Die Benediktinerin Walburga (Walpurga), aus adligem, englischem Geschlecht stammend, kam zunächst von Bonifatius gerufen nach Tauberbischofsheim und wurde dann Äbtissin im Kloster Heidenheim (Mittelfranken), wo sie 779 verstarb. Ihre Gebeine wurden am 1. Mai 870 nach Eichstätt gebracht. Dort ruhen sie bis heute als Reliquien verehrt im Kanonissenstift St. Walpurgis. Die Heilige soll auch Wöchnerinnen vor Hexen schützen. Die Birke war der germanischen Göttin Freya geweiht, die Wohlstand und sinnliche Liebe verkörpert. Darauf dürfte wohl auch der heute noch auf dem Land praktizierte Brauch zurückgehen, der Angebeteten in der Nacht zum 1. Mai ein grünes Birkenbäumchen, geschmückt mit bunten Bändern und verschiedenen Geschenken, auf das Dach zu stellen

Der Birkenporling (Piptoporus betulinus) wächst nur an der Birke, ist also einer der wenigen wirtstreuen Parasiten in unseren Waldungen. Seine Fruchtkörper sind nicht völlig hart und starr wie die unserer mehrjährigen, frostharten Porlinge, sondern borkig zäh. In früheren Jahren sollen sie auch als Lederersatz für Streichriemen zum Schärfen von Rasiermessern verwendet worden sein. Die Fruchtkörper erscheinen erst nach dem Absterben der befallenen Stämme oder Stammteile. Im Holz entsteht durch den Befall eine sehr intensive Braunfäule.

(Maibaumstecken). Zuweilen gab es aber auch negativen Schmuck, etwa in Form von getrockneten Saublasen und alten Nachttöpfen.

Das katholische Fronleichnamsfest, am zweiten Donnerstag nach Pfingsten, wurde 1246 erstmals in Lüttich gefeiert. Es ist eine feierliche Prozession zur Huldigung des Leibes Christi, der in der Monstranz in Form von Brot mitgetragen wird. Das Wort Fron ist abgeleitet vom Althochdeutschen Herrenleib, ursprünglich nur auf Gott bezogen, später auch weltlich verwendet, z.B. Frondienste. Entlang des Fronleichnamszuges werden heute noch Birkenbäumchen aufgestellt. Kleine Zweige davon hat man in meinem Elternhaus hinter das Kruzifix gesteckt. Sie sollten Segen bringen. Die Bauern hatten früher mit derartigen Zweigen das Vieh geschlagen. Der Ursprung liegt wohl darin, daß man der Meinung war, die grünen Zweige beinhalten Segen und Lebenskraft. Beides soll beim Schlagen auf den Betroffenen übertragen werden. Auch im Hochzeitsbrauchtum hat sich das Rutenschlagen, freilich mehr symbolisch, eingebürgert. Die Braut wurde mit den Zweigen sanft geschlagen, damit auch auf sie Segen und Fruchtbarkeit übergehe.

Dieser Besen- bzw. Abstreifzauber wird noch in vielen Kulturen zelebriert. Zugrunde liegt dabei sicherlich auch eine physiologische Wirkung, denn durch das Abstreifen des Besens oder Büschels an der Körperoberfläche, durch leichtes Klatschen, Schlagen oder Reiben wird die Blutzirkulation angeregt, der Kreislauf stimuliert und der Stoffwechsel gefördert. Auch Besucher von finnischen Saunen machen sich diesen Effekt zunutze.

Die Birke, aber auch die Kastanie, Robinie, Weide, Fichte, Tanne, Kiefer usw., bietet unseren Bienen Propolis an. Es handelt sich um das Kittharz zum Schließen von undichten Stellen im Bienenstock. Weiter verwenden die Bienen Propolis gegen das Eindringen von Krankheitserregern aller Art, vor allem gegen Bakterien. Größere Tiere wie z.B. Mäuse oder Nachtschmetterlinge, die in den Stock eingedrungen sind, kann der Imker im Frühjahr mit Propolis „mumifiziert" – um Infektionskrankheiten auszuschließen – in den Stöcken finden.

Die Bienen sammeln die Harze an jungen Knospen und Baumverletzungen. Das gewonnene Gut versetzen sie mit ihren Drüsensekreten und Wachsen. Propolis enthält etwa 55% Harz und

Pollenbalsam, 30% Wachs, 10% flüchtige Öle, 5% Pollen und viele Spurenelemente. Die Wirkung der örtlichen Betäubung beruht auf dem Gehalt an Flavonoiden und flüchtigen Ölen. Die heilungsfördernden Eigenschaften des Kittharzes werden zunehmend geschätzt, etwa in der Wundheilung, der Behandlung der oberen Atemwege, der Stärkung der körperlichen Abwehrkräfte usw.

Herrman Löns (1866 bis 1914), der volksnahe Heidedicher und Naturfreund, hat der Birke mit den folgenden Versen ein kleines sprachliches Denkmal gesetzt. Es wurde auch mehrfach vertont, wobei für mich Fritz Jödes Vertonung im „Kleinen Rosengarten" die schönste ist.

Verschütt

Es stehn drei Birken auf der Heide,
valleri und vallera,
An denen hab ich meine Freude,
Juppheidi heida;
Die Lerche sang, die Sonne schien,
da schliefen wir bei Mutter Grün.

Drei Birken sind es und nicht sieben,
valleri und vallera
ein schönes Mädchen tat ich lieben,
juppheidi heida;
Drei Tage lang auf brauner Heid,
dann war sie aus, die schöne Zeit.

Die blaue Pracht

Chinesischer Blauregen, Glycinie
Wistéria sinéncis (SIMS) SWEET.
Familie Schmetterlingsblütler

Die Gattung *Wisteria* wurde zu Ehren des amerikanischen Anatomen und Pflanzenfreundes Caspar Wistar (1761 bis 1818) benannt. *Sinensis* deutet auf das Ursprungsland China. Der bei uns gebräuchliche deutsche Name Glycinie beruht auf der heute nicht mehr gültigen systematischen Zuordnung zur Gattung Glycinie, zu der heute noch die Sojabohne zählt (Buff/von der Dunk 1988, S. 105).

Im Gegensatz zur Robinie öffnen sich hier alle Blüten der sehr großen Traube gleichzeitig. Dies ist mit ein Grund für die fast

Blauregen, der zuweilen auch weiß blüht, hat im ehemaligen Gartenschaugelände von Bietig-heim eine Pergola entlang der Enzpromenade überwachsen.

*Auf dem Gelände des Hermannhofes in Weinheim haben sich die links-
windenden bis zu 20 m hoch werdenden Triebe des Blauregens zu diesem
knorrigen Vorhang entwickelt.*

aufdringliche Wirkung während der Blütezeit im Frühsommer.
Im Frühherbst kommt es zuweilen noch zu einer bescheidene-
ren zweiten Blüte.

Die Natur gibt sich große Mühe und hat zum Teil raffinierte Einrichtungen entwickelt, um die Selbstbestäubung zu vereiteln
und Fremdbestäubung zu begünstigen. Letztere ist im Hinblick
auf die Neukombination der Erbanlagen von großer Bedeutung.
Das wohl radikalste Mittel ist die Selbststerilität, wobei die
Pflanze für ihre eigenen Pollen unempfänglich ist. Diese Methode wendet neben vielen Orchideen der Blauregen an.

Da nicht nur die Blüten Nektar produzieren, sondern auch an
den Nerven auf der Unterseite junger Blättchen Zuckersaft ausgeschieden wird, beschränkt sich der Besuch von Ameisen, Bienen, Wespen und Fliegen nicht nur auf die Blütezeit.

Die mehrsamigen Fruchthülsen des Blauregens sind bis zu
15 cm lang und zwischen den Samen mehr oder minder deutlich verengt. Erst im Spätwinter öffnen sich die Hülsen fast
explosionsartig und schleudern die abgeplatteten, fast kreis-
runden, rotbraunen Samen hinaus. Wer die Pflanze im Fenster-

bereich wachsen läßt, könnte durchaus erschrecken, wenn die hinauskatapultierten Samen am Fenster aufschlagen.

Im chinesischen Blauregen vermutet man ein chemisch noch nicht näher erforschtes Glykosid, dem man den Namen Wistarin gegeben hat. Blätter und Samen sind dadurch giftig. Eine Pflanzung an Orten, wo Kinder unbeaufsichtigt spielen, ist daher nicht empfehlenswert.

Wer die Wahl hat, sollte diese Holzliane, die während des Sommers ein hohes Wasserbedürfnis hat, auf die Ostseite seines Hauses pflanzen. Dort ist sie gegen die Glut der Mittagssonne geschützt und blüht etwas länger.

Der Blauregen friert gelegentlich bei strengem Frost zurück. Es bereitet dann Schwierigkeiten, die sehr eng windenden verholzten Triebe zu entfernen. Auf dem Gelände des Hermannshofes in Weinheim an der Bergstraße ist dies im strengen Winter 1940/41 geschehen, wie mir Herr Walser freundlicherweise mitteilte. Die abgestorbenen oberirdischen Teile wurden damals samt dem Rankgerüst abgesägt, worauf vom Wurzelwerk her neue Triebe entstanden, die heute, nach 56 Jahren, den abgebildeten knorrigen Vorhang bilden.

Ein überlebendes Fossil

Chinesisches Rotholz, Metasequoie, Urwelt-Mammutbaum
Metasequóia glyptostroboídes HU et CHENG
Familie Sumpfzypressengewächse

Diese interessante Baumart, die der Sumpfzypresse sehr ähnlich sieht, galt als ausgestorben. In versteinerter Form kannte man sie etwa aus Ablagerungen der Kreidezeit (Beginn vor ca. 130 Mill. Jahren), also aus Schichten, die sich einst wohl noch über unserer Schwäbischen Alb gebildet haben. Die erste Fossilbeschreibung datiert ins Jahr 1828.

Dieser Urweltmammutbaum gehört zu den Nadelgehölzen (Koniferen), die bereits seit 200 Mill. Jahren auftreten, und war lange Zeit in Eurasien und Nordamerika der weit verbreitetste Nadelbaum. Nachweise für die Existenz von Blütenpflanzen gibt es dagegen erst seit etwa 100 Millionen Jahren.

Ein bereits sich etwas verfärbender Ast der Metasequoie mit zwei Zapfen und den an Schnüren hängenden Blütenstaubkapseln.

Im Spätherbst 1941 fand der chinesische Förster und Botaniker T. Kan
durch einen Zufall im Grenzgebiet
von Sichuan und Hubei heute noch
lebende Exemplare der Urgattung
eines Nadelbaumes (Schneebeli-Graf
1991, S. 110). 1948 wurde die neue
Art von Hu und Cheng als Metasequóia glyptostroboides beschrieben
(Schroeder 1999, S. 52). Die Welt
war begeistert von dem Fund der
lebenden Fossilien und in wenigen
Jahren wurde dieser seltsame Baum
über die ganze Welt verbreitet. Zwei
günstige Umstände fielen dabei zusammen: Die Samen sind zu einem
sehr hohen Prozentsatz fruchtbar,
keimen sehr schnell und die Pflanze
läßt sich, im Gegensatz zu den meisten Koniferen, sehr leicht vegetativ
vermehren. Stecklinge haben aber –
das hat sich auch bei dieser Urform
eines Nadelbaumes gezeigt – leider
den Nachteil, daß sie im Gegensatz
zu Kernwüchsen nicht so wipfel-
schäftig heranwachsen.

*Der Kurztrieb der Metasequoie ist im Sommer
grün, wird im Herbst rotbraun und fällt dann ab.
Die Nadeln stehen in einer Ebene; beim Chinesischen Rotholz sind sie gegenständig und 1 bis
3 cm lang (rechts), bei der Sumpfzypresse dagegen wechselständig und nur 0.8 bis 1,5 cm lang
(links).*

In der Zwischenzeit stellte sich heraus, daß das Chinesische
Rotholz mit einer maximalen Höhe von 35 m in China gar nicht
so selten ist und von den Einheimischen als „Wasserlärche" bezeichnet wird. Die jungen Zweige mit den wunderschönen grünen Nadeln, die mit 2 bis 3 cm länger als die der sehr ähnlich
aussehenden Sumpfzypresse sind, werden in China vielfach als
Viehfutter geschneitelt.

Das Chinesische Rotholz entfaltet seinen Reiz erst dann so richtig, wenn der Fuß unsichtbar bleibt, d.h. wenn die Pyramidenform des gesamten Baumes sozusagen dem Rasen aufsitzt. Gegen Ende November wechselt dann die Farbe fast schlagartig
von dem zarten Grün in ein Rostrot bis Braunrot. Etwa zwei
Wochen später liegt das ganze Herbstkleid als fingerdicker

Im winterkahlen Zustand sieht man, daß am kerzengeraden Stamm der Metasequoie die Äste nicht wie bei den meisten Nadelbäumen waagrecht nach außen wachsen, sondern wie Armleuchter nach oben streben.

Bei diesem Exemplar, eine Metasequoie im Arboretum von Hohenheim, zeigt sich die starke Spannrückigkeit an der Basis, die zu ausgeprägten Längswülsten führt.

Teppich auf dem Boden. Nun wird sichtbar, daß der Stamm seine Zweige nicht seitwärts breitet, wie es Nadelbäume tun, sondern daß die Äste außen, wie Armleuchter, nach oben streben. Auffällig sind bei diesem Baum die Längswülste, d.h. die starke Spannrückigkeit im unteren Bereich der dort verdickten Stämme. Im Stromberggebiet erfolgte 1955 durch das Staatliche Forstamt Güglingen ein erster Anbauversuch, von dem leider nichts mehr übrig ist. Die Rinde der Jungpflanzen stellt anscheinend einen Leckerbissen für unsere Mäuse dar, so daß die Stämmchen von den Nagern restlos geschält wurden. Aus einem zweiten Anbauversuch im Jahre 1981 stehen nach Auskunft des Forstamtes noch ungefähr zehn Chinesische Rotholzbäumchen.

Amerikaner im deutschen Wald

Douglasie, Küstendouglasie
Pseudotsuga menziésii (MIRB) FRANCO
Familie Kieferngewächse

Deutschlands höchster Baum war eine Douglasie, die 1893 im Südschwarzwald in der Nähe des ehemaligen Klosters Tennenbach im Kreis Emmendingen gepflanzt wurde. Sie hatte 1996 in Brusthöhe einen Stammumfang von 3,15 m und entspricht mit ihrer Gesamthöhe von 58,2 m in etwa einem Hochhaus mit 20 Stockwerken. Der Stamm hat einen Festgehalt von 12 Festmetern. Seit Mai 1999 ist dieser Riese entthront. Das staatliche Forstamt Eberbach am Neckar gab bekannt, daß im Stadtwald eine ca. hundertjährige Douglasie mit 60,10 m Höhe steht – amtlich vermessen durch das Vermessungsamt Mosbach. Heimat dieses Baumes ist das westliche Nordamerika. Dort hat sie ein großes Verbreitungsgebiet, das breitengradmäßig etwa dem Gebiet zwischen Stockholm und Neapel entspricht. Der Baum gedeiht also in seiner Heimat unter verschiedensten klimatischen Bedingungen. Nicht alle sind mit den Gegebenheiten bei uns in Deutschland vergleichbar. Das für unser Klima geeignetste Saatgut kommt aus den Staaten Oregon und Washington.

Die Blüten sind einhäusig. Die gelben Staubkätzchen sind viel zahlreicher als die grünen, aufrechtstehenden und endständigen, kleinen Zäpfchen der Fruchtblüten. Unendlich viel von dem massenhaft erzeugten Blütenstaub geht so verloren.

Die ca. 10 cm langen, zimtbraunen Zapfen fallen als Ganzes ab und unterscheiden sich von allen anderen

Die Douglasie verbreitet einen angenehmen Balsamgeruch, der besonders intensiv beim Öffnen, etwa mit dem Fingernagel, der vielen Harzbeulen entströmt, die sich in der Rinde junger Douglasien befinden. Sie sind zunächst rundlich und bekommen infolge des Dickenwachstums des Stammes später eine längliche, querliegende Form. Bei älteren Bäumen trocknet das anfangs sehr dünnflüssige Harz ein.

Nadelbäumen durch ihre tief dreispitzigen, schmalen, weit über die Samenschuppen hervorragenden Deckschuppen.

Etwa 2% der Waldfläche Baden-Württembergs nimmt die Douglasie heute ein. Sie wird oft auch als Douglastanne oder Douglasfichte bezeichnet. Förster und Holzfachleute lehnen diese Bezeichnungen ab, denn sie sind irreführend. Der Baum gehört trotz seiner Erscheinungsform weder zur Gattung der Tannen noch der Fichten.

In Douglasienbeständen, die immer wieder durchforstet werden, findet man nicht selten Wurzelstöcke, die ganz oder zum Teil überwallt sind. Als Kinder haben wir diese Erscheinungen „Gaularsch" genannt. Wurzeln, die sich im Boden berühren und bedrängen, verursachen gegenseitig einen lebenslangen Verschleiß. Eine immer wieder neu aufgeriebene Wunde wäre aber eine willkommene Eingangspforte für Fäulniserreger aller Art. Die Douglasie versteht es, wie wenige unserer einheimischen Baumarten, derartige Wurzelkontakte zu verschweißen. So läßt sich erklären, daß der noch stehende grüne Nachbarbaum den mit ihm verbundenen Nachbarn nach dessen Fällung als Wunde empfindet und den Stock im Laufe der Jahre überwallt.

Auch die zimtbraunen Zapfen sondern klebriges Harz ab. Nach der Samenstreuung fallen die Zapfen als Ganzes vom Baum. Die dreispitzigen Deckschuppen überragen die Fruchtschuppen deutlich und geben dem Zapfen ein ausgefranstes Aussehen.

Nutzholz – widerstandsfähig und hart

In Europa wird das lärchenähnliche Holz als Oregonpine gehandelt. Das spezifische Gewicht des bei uns gewachsenen Holzes beträgt lufttrocken im Mittel 0,49 g/ccm, das in Nordamerika gewachsene ca. 0,55 g/ccm. Bemerkenswert ist, daß man in USA je nach der Schnelligkeit des Wachstums drei Qualitätstypen unterscheidet: grobjähriges, mittelfeines und feinjähriges Holz. Amerikanische Forstleute, die ich vor einigen Jahren zu Gast hatte, äußerten die Sorge, daß wir Deutschen das Holz ihrer

Douglasie schlecht machen würden. Den Grund sahen sie in den weiten Pflanzverbänden, die hier vielfach üblich sind, da nämlich die Vornutzungen (schwaches Douglasienholz), das bei der nach einigen Jahren notwendigen Ausdünnung der Bestände anfällt, in Deutschland von der Papierindustrie nicht abgenommen werden.

Wegen ihrer ungewöhnlichen Raschwüchsigkeit und ihres hochwertigen, rotkernigen Holzes ist die Douglasie in Deutschland der am häufigsten angebaute fremdländische Baum. Das Holz zeichnet sich durch eine große Haltbarkeit aus und wird daher gerne im Außenbereich verwendet. Trocken ist es allerdings so hart, fast glasartig, daß ohne Vorbohren kaum genagelt werden kann. Im Holzhausbau ist sie ideal für eine pflegeleichte Außenverkleidung. Etwa ein Drittel des Stammquerschnitts nimmt das gelb-rötliche Splintholz ein. Unter dem Einfluß des Lichtes dunkelt vor allem der Kern stark nach und bekommt eine schöne rotbraune Farbe, ähnlich dem Lärchenholz.

Das Schicksal eines Pflanzensammlers

Den ersten Douglasiensamen brachte der Schotte David Douglas (1799 bis 1849) nach Europa. Seine sehr gekürzte Lebensbeschreibung, die ich von Koch (1982) übernehme, mag zeigen, unter welchen großen Mühen früher Pflanzen aus aller Welt für Europa gesammelt wurden:

„Es gab damals den Beruf des Pflanzenjägers, das waren mutige, ja verwegene Leute, die von Parkbesitzern, von naturwissenschaftlichen Gesellschaften oder auch Botanischen Gärten ausgesandt wurden, oft mit recht kargen Mitteln. Und das ist die Geschichte von David Douglas, der 1826 die ersten Samen der nach ihm benannten Douglasie nach England brachte.

Geboren in der schottischen Königsstadt Scone bei Perth, mit drei Jahren in die Schule gesteckt, mit sieben Jahren warf ihn sein Lehrer als widerspenstig, unbezähmbar und unbelehrbar hinaus. Der nächste Lehrer, der ihn bis zum 10. Lebensjahr ertrug, versuchte es mit täglichen, kräftigen

Prügeln, ohne Erfolg. Um diese Zeit ließ ein romantischer Graf das alte Königsschloß wieder aufbauen und dabei einen Park anlegen. In der Gärtnerei sollte der junge zehnjährige Tunichtgut Hilfsarbeiter werden. Aber mit einem Schlag hatte der Junge sein Lebensziel erkannt: In siebenjähriger Lehrzeit bildete er sich nicht nur zum perfekten praktischen Gärtnermeister, er beschaffte sich darüber hinaus alle einschlägigen Bücher, die er nur bekommen konnte, und das war für einen unbedeutenden, unbemittelten Buben im schottischen Hochland nicht gerade leicht.

Man wurde auf ihn aufmerksam und erst 18jährig wurde er bereits an den berühmten Park Valleyfield gerufen. Aber Douglas wollte nicht Gärtner bleiben. Er wollte als sammelnder Botaniker in die Welt hinaus. Sein Brotherr in Valleyfield gab ihm seine Privatbibliothek zur Benutzung frei und Douglas wußte sie zu nutzen. Zwei Jahre später bekam er eine Anstellung am Botanischen Garten in Glasgow und von hier wurde er der Londoner Gartenbaugesellschaft empfohlen. Das Sprungbrett war erreicht!

Der erste Auftrag führte den jetzt 24jährigen in den Osten der damals noch recht jungen Vereinigten Staaten von Nordamerika. Zu dieser Zeit dauerte eine Reise von England bis zur Ostküste Amerikas volle 59 Tage, unter engsten Verhältnissen und schwersten Entbehrungen. Douglas hatte den besonderen Auftrag, Obstsorten und Beersträucher zu sammeln. Die erste Fahrt war ein voller Erfolg für seine Auftraggeber. Sie schickten ihn bald wieder nach Amerika, diesmal um Cap Hoorn in den Westen der heutigen USA. Damals gehörten Kalifornien, Utah, Arizona und Nevada, auch Texas noch zu Mexiko. Oregon und Washington waren englische Provinzen, und Alaska war russischer Besitz.

Douglas sammelte in einer fast menschenleeren, aber doch von Indianern durchstreiften Wildnis, immer allein. Nicht nur das Sammeln selbst war mit Schwierigkeiten verbunden. Ebenso schwierig war es, das Sammelgut zur Küste, zum nächsten Hafen zu schaffen und ein Schiff zu finden, das es sicher nach Europa brachte. Sämlinge zu versenden war fast unmöglich, auf den Schiffen war das Süßwasser immer knapp. So konnte nur Herbarmaterial und Samen nach Europa versandt werden. Auf dieser seiner zweiten Amerikareise fand Douglas zahlreiche neue Koniferen, darunter auch einen riesigen Baum, einer Fichte wie einer Tanne ähnlich, eben die Douglasie, die heute seinen Namen trägt. Riesenexemplare standen in den Urwäldern, die noch kein Mensch genutzt, kaum einer betreten hatte. Sein großes Ziel war die Kalifornische Zuckerföhre mit 30 cm langen Zapfen und eßbaren Samen. Unter unsäglichen Mühen erreichte er sein Ziel, er schoß sich zapfentragende Äste herunter. Auf dem Rückweg verlor er viel Sammelgut in den reißenden Wassern eines Flusses. 1500 km hatte er allein in der Wildnis zurückgelegt, selten hatte er ein Tragtier, meistens schleppte er Ausrüstung und Sammelgut selbst. Sein Tagebuch ist ein Roman.

Als 28jähriger kehrte er nach England zurück, ein erfolgreicher und berühmter Sammler. Doch als berühmter Mann in einer großen Stadt zu leben, war nicht seine Sache. Erneut schickte ihn die Gartenbaugesellschaft auf Sammelreise, wieder in den Westen Amerikas. Sein Hauptauftrag war Sammeln in Kalifornien. Von sich aus stieß er bis Alaska vor, seinen Heimweg wollte er über die Sandwich-Inseln, Hawaii und Honolulu nehmen. In Hawaii geriet er in eine Fallgrube, in eine Viehfalle. Er wurde von einem wütenden Stier zerstampft, und niemand weiß, wie die beiden zugleich in die Grube gerieten, ob durch Zufall oder ob der Körper des Toten von Raubmördern in die Grube geworfen wurde. Seine einzige Hinterlassenschaft: etwa ein halber Zentner Herbarmaterial von den Sandwich-Inseln.

David Douglas war nicht der einzige Pflanzensammler. Es gab in den Jahrhunderten zwischen 1500 und 1900 unzählige solcher Männer aus allen europäischen Nationen. Sie brachten Samen, Sämlinge, Stecklinge, vor allem Herbarmaterial nach Europa. Die Geschichte von David Douglas, der besonders viele Koniferen brachte, sei als ein Beispiel genannt. Ihre Schicksale, ihre Tagebücher, sind spannender als Romane."

Immergrüner Kletterkünstler

Gemeiner Efeu
Hédera hélix L.
Familie Araliengewächse

Efeu ist weder ein Würger noch ein Schmarotzer und schon gar kein Steinsprenger. Er ist eine immergrünende, kriechende oder mit Hilfe von unverzweigten, kurzen Haftwurzeln auf der Schattenseite der Triebe bis zwanzig Meter hoch kletternde Gehölzpflanze. Seit der Kreidezeit (Beginn vor etwa 130 Millionen Jahren) ist dieses Araliengewächs in Europa heimisch und heute in Deutschland der einzige Vertreter dieser Familie, die auf der ganzen Erde etwa 700 Arten umfaßt. Zugleich ist es der einzige einheimische „Wurzelkletterer".

Der Efeu schädigt den Baum, an dem er hochwächst, nicht. Innerhalb der Krone kann es jedoch zu so starker Lichtkonkurrenz kommen, daß der vom Efeu erklommene Baum abstirbt, d.h. er wird aus dem Bestand „hinausgedunkelt".

Der Efeu hat die Fähigkeit, sich mit Haftwurzeln, die Zitronensäure ausscheiden, an Bäumen und Mauern festzuklammern. Nach meinen Beobachtungen scheint es einige neuere Arten von Außenfassaden zu geben, wohl Kunstharzputze oder Dispersionsanstriche, an denen dieses System versagt. Die Haftwurzeln des Efeu sind ihrer ganzen Anlage nach mit den gewöhnlichen Wurzeln identisch, nur eben in ihrer Längen- und Dickenentwicklung zurückgeblieben. Sie werden daher als „gehemmte Erdwurzeln" bezeichnet. Durch Feuchtigkeitserhöhung und Lichtentzug kann man erreichen, daß diese Haftwurzeln sich zu Bodenwurzeln auswachsen.

Eine bemerkenswerte Erscheinung ist die Verschiedenheit der Blattformen (Heterophyllie).

Mit Hilfe seiner Haftwurzeln, bei denen es sich um sogenannte gehemmte Erdwurzeln handelt, ist der Efeu in der Lage, 20 m hoch zu klettern.

Ewigheu

Der wissenschaftliche Name leitet sich vom lateinischen haerere = haften ab. Bereits bei den alten Griechen galt er als Symbol für Heiterkeit, Jugend und Lebenskraft. Er war dem Dionysos, lat. Bacchus, geweiht, der einen Kranz aus Efeu und Weinlaub um sein Haupt trug. Die ersten Christen übernahmen ihn in ähnlicher Weise als Sinnbild des ewigen Lebens und auch heute noch ist er ein Zeichen treuer Anhänglichkeit, die über den Tod hinausgeht (Grandjot 1981, S. 142). Nicht ohne Grund hat man die Verstorbenen einst auf Efeu gebettet. Der deutsche Name dieser Kletterpflanze leitet sich ab vom mittelhochdeutschen epebe höw (Deutung: Ewigheu) und wurde deshalb bis zur Rechtschreibreform 1901 auch mit ph geschrieben.

Während die Blätter solcher Triebe, die auf einer festen Unterlage klettern und steril sind, eine drei- bis fünfzipfelige Ausformung haben, nehmen die der blühenden, also mannbaren (fertilen) Zweige, die nach sieben bis acht Jahren gebildet werden und frei von der Unterlage abstehen, eine ovale bis rautenförmige und lang zugespitzte Form an. Benützt man letztere Triebe für die Vermehrung über Stecklinge, so erhält man eine schöne, aufrecht wachsende, etwas kugelige Form, die jährlich blüht und fruchtet, botanisch *arborescens* genannt. Die Bewurzelung zu erreichen ist hier allerdings schwieriger als mit der Jugendform. Bei wildwachsendem Efeu ist nach Entfernung des Fruchtfleisches der Beeren die Vermehrung über Samen möglich. Bei den gezüchteten Sorten muß mit Stecklingen gearbeitet werden.

Der Efeu hat eine große Variationsbreite. In England, dem klassischen Land des Efeus, schrieb Rose eine Efeumonographie. Diese wurde von dem Klosterbruder Ingobert Heieck aus der Benediktinerabtei Neuburg bei Heidelberg für hiesige Verhältnisse ergänzt. Bruder Ingobert, ein ausgezeichneter Kenner, Sammler und Züchter, kam auf 120 Efeuarten, unterteilt nach Kulturgeschichte, Aussehen, Bedürfnissen, Winterhärte.

Erst in den Monaten September und Oktober erscheinen die gelbgrünen Blüten des Efeus. In dieser relativ späten Jahreszeit sorgen vor allem Honigbienen und Wespen für die Bestäubung.

Giftig, aber durchaus nützlich

Die gelbgrünen Blüten in einfachen, halbkugeligen Dolden mit etwas faulig unangenehmem Geruch haben, ähnlich wie bei der Raute, offenliegende Nektarien, die allen Blütenbesuchern leicht zugänglich sind. Jedoch wegen der späten Blütezeit (September bis Oktober) ist diese Nahrungsquelle für Wildbienen fast zu vernachlässigen. Trotzdem werden die Blüten sehr stark beflogen, und zwar vorwiegend von unserer Honigbiene und den Wespen. Die erbsengroßen Früchte sind zunächst rötlich-violett, später dunkelbraun und schließlich blauschwarz. Sie sind, wie alle Teile der Pflanze, giftig.

Das in den Blättern enthaltene Saponin schäumt in wässriger Lösung stark auf und ist daher im Schaumlöschverfahren und als Waschmittel im Gebrauch.

Der Kletterpflanze wurde eine krampflösende Wirkung nachgesagt. Vielleicht wollten die alten Römer dem Brummschädel vorbeugen und trugen deshalb bei ihren Trinkgelagen Efeukränze. Heute gewinnt man aus Holz und Blättern ein krampflösendes Mittel, das bei Atemwegskrankheiten und grippalen Infekten verabreicht wird. Nach neueren Untersuchungen von Dr. Bill Wolverton, dem NASA-Forschungsleiter, ist Efeu in der Lage, eine große Menge des krebserregenden Benzols in unserer Atemluft zu „verschlucken".

Der Efeu schützt und schmückt die Mauern der Häuser nicht weniger als etwa die Farbe des Malers, der dann bestenfalls für einige Generationen nicht mehr benötigt wird. Ab und zu sollte man lediglich eine Leiter anlegen, um ganz oben die kopflastig werdenden Teile etwas zurückzuschneiden. Dabei sollte auch darauf geachtet werden, daß der Efeupelz nicht zwischen die Dachziegel des Hauses einwächst, da er diese mit dem Dickerwerden seiner Verzweigung hochhebt. Eine voll ausgebildete Fassadenbegrünung stellt einen guten Schutz vor Sonneneinstrahlung, Wind und Regen dar. Bei einer von Klaus Korte untersuchten Fassade – Efeu vor Sichtbetonfassade (Raum Stuttgart, Südwestlage) – wurde die eingestrahlte Sonnenenergie zu 50% absorbiert, 30% wurden reflektiert und nur 20% gelangten bis zur Wandoberfläche unter der Begrünung. Eine dicke Efeubegrünung bewirkt quasi eine Luftruhe direkt vor der Wand und schützt diese auch vor Schlagregen. Außerdem entziehen die Pflanzen dem Boden an den Grundmauern die diese schädigende Feuchtigkeit.

Mit der Pflanzung von Efeu dient der Hausherr nicht nur sich selbst, sondern auch der heimischen Vogelwelt, die sich dankbar erweist durch ihre Nahrungssuche im Garten. Einer unserer ersten Schmetterlinge im Frühjahr, der Zitronenfalter, überwintert mit Vorliebe in einem Efeuwandpelz.

Nadelbaum ohne Zapfen

Gemeine Eibe, Totenbaum, Eife, Ybe, Kantelbaum, Taxbaum
Taxus Baccáta L.
Familie Eibengewächse

Die Eibe, ein europäisch-westasiatischer Baum, gehört zu den wenigen zweihäusigen Nadelbaumarten, die Blüten stehen also nach Geschlechtern getrennt auf verschiedenen Individuen. Bereits im Tertiär – Beginn vor etwa 60 Millionen Jahren – kam die Eibe bei uns vor. Nach der letzten Nacheiszeit wanderte sie, schon vor der Buche, über Burgund und Pannonien in unseren Raum zurück, wurde dann aber von den später ankommenden Schattbaumarten Rotbuche und Hainbuche zurückgedrängt. Die frostempfindliche Eibe ist nach wie vor die schattenverträglichste einheimische Baumart. Am anderen Ende dieser Reihe der Schattenverträglichkeit steht übrigens die Birke.

Als einziger heimischer Nadelbaum bildet die Eibe Stockausschläge. Eine weitere Besonderheit unterscheidet sie von anderen heimischen Nadelbäumen: Sie trägt keine Zapfen, sondern Scheinbeeren. Der lateinische Artname *Baccata*, beerenbesetzt, weist darauf hin. Die deutschen Namen Rotzbaum und Rotzbeeren sind wohl eine Anspielung auf den klebrig-schleimigen Samenmantel (*Arillus*).

Die Pollensäcke der Eibe sind kompliziert gebaut. Sie reißen bei Austrocknung auf und schließen sich wieder bei feuchter Witterung. Mit Hilfe eines Flüssigkeitstropfens, den die Samenanlage ausscheidet, wird der durch den Wind verbreitete Blütenstaub aufgefangen. Die im Herbst reifenden Samen werden von Drosseln, Amseln, Stelzen, aber auch von Mardern verspeist. Sie verdauen den roten, becherförmigen Samenmantel (*Arillus*), der ungiftig ist und scheiden den giftigen, keimfähigen Samenstein wieder aus. So wird die Eibe selbst über größere Entfernungen schnell verbreitet. Merkwürdigerweise braucht der Samen bei Frühjahrsaussaat 3 bis 4 Jahre, bis er keimt. Sind die Früchte jedoch durch den Vogelmagen gegangen, keimen sie sofort.

Der Name des einst weit verbreiteten Baumes kommt heute noch in verschiedenen Ortsnamen vor, z.B. Eibendorf, Eibensbach, Eibenschütz, Eibenstock, Eibiswalde, Eybach. Nicht zuletzt sei die Yburg bei Stetten im Remstal erwähnt, wo heute keine Eiben mehr wachsen, dafür aber das Stettener Brotwasser, ein hervorragender Riesling aus dem Weingut des Hauses Württemberg.

Als älteste Eibe Europas wird ein Baum in der englischen Grafschaft Kent angesehen, dessen Alter auf 2 500 bis 3 000 Jahre geschätzt wird. In Balderschwang bei Sonthofen steht auf 1 150 m Höhe eine männliche Eibe, deren Alter von der Gemeinde mit 2 000 bis 4 000 Jahren angegeben wird. Es handelt sich um eine „Doppeleibe", wohl entstanden durch einen Blitzschlag, der an der Basis das Mittelstück von etwa einem Meter Breite fehlt. Ihr Gesamtdurchmesser in Brusthöhe beträgt 2,7 m.

Bögen aus Eibe für Ötzi und die Engländer

Aus dem harten, zähen und biegsamen Holz fertigte man schon in der Steinzeit Bögen und später Armbrüste. Eibenzweige als Schlingen gebunden dienten zum Fangen von Tieren. Am Hauslabjoch, am Südende des Ötztales, wurde 1991 in 3 210 m Höhe eine etwa 7 200 Jahre alte, bisher in das fast ewige Eis eingebettete Mumie, „Ötzi" genannt, samt Teilen der Kleidung und Ausrüstung gefunden – auch ein Zeichen für die derzeitige Klimaerwärmung! Der etwa 30jährige Mann aus der Kupferzeit hatte einen halbfertigen Eibenbogen sowie ein Kupferbeil mit Eibenstiel bei sich (Spindler 1992, S. 37). Der lateinische Gattungsname der Eibe kommt also nicht zu Unrecht von *taxus*, Bogen, Pfeil. Selbst das deutsche Wort Eibe läßt sich auf die althochdeutsche Bezeichnung *iwa* zurückführen, was ebenfalls Bogen, Armbrust bedeutet.

Besonders die Engländer haben das Holz für ihren Kampf gegen die Normannen, dänische Wikinger, aufgekauft, wurden dann aber doch in der Schlacht bei Hastings 1066 von Wilhelm dem Eroberer besiegt. Damals sympathisierten die Schotten mit den normannischen Eroberern in England, ein Grund für die zuweilen heute noch unterschwellig spürbare Spannung zwischen Engländern und Schotten.

Eibenstatistik

Die Eibe gehört zu den wenigen Baumarten in Deutschland, die nach der Bundesartenschutzverordnung vom 18.09. 1989 mit dem Status besonders geschützt ausgestattet sind. Dank zahlreicher Anbauten in Gärten, Parks und Friedhofanlagen ist die Eibe jedoch nicht vom Aussterben bedroht. Ihr autochthones, d.h. ihr von alters her bodenständiges Vorkommen im Wald, ist allerdings im Verlauf der letzten Jahrhunderte stark zurückgegangen. Nach Franke und Schuck (1996, S. 119) haben wir heute in Baden-Württemberg als waldgeschichtliche Relikte noch ca. 6 000 Exemplare. Als größte Vorkommen seien erwähnt: Forstbezirk Balingen 1438 Alteiben, Forstbezirk Spaichingen 564, Forstbezirk Kirchheim/Teck 478, Forstbezirk Geislingen/Steige 458, Forstbezirk Ravensburg 452.

Größere Schwerpunkte befinden sich aber auch an den Hängen des Bodetals im Harz, am Hainberg nördlich Göttingen, auf dem Veronikaberg bei Martinroda in Thüringen, bei Dernbach in der Rauhen Rhön sowie im Pfaffenwinkel bei Paterzell, westlich des bayrischen Weilheim.

Zu einem überraschenden Ergebnis kamen Franke und Schuck bei der von ihnen durchgeführten Formbonitierung. Das natürliche Eibenvorkommen auf Kristallin im Höllental, östlich Kirchzarten bei Freiburg, zeigte mit 84% überwiegend Eiben mit geraden Schaftformen. Mehrschäftigkeit ist hier selten. Damit unterscheiden sich die Eiben im Höllental deutlich von anderen Eibenvorkommen im Land, in denen häufig große Stückzahlen schlechtformiger oder gar buschförmiger Individuen anzutreffen sind. Dieses Vorkommen ist daher besonders wertvoll als Ausgangsmaterial für die forstliche Eibennachzucht.

Eine letzte Welle des Aushiebs von Eibenholz, vor allem aus den Wäldern der österreichischen Alpen, verursachte im 16. Jahrhundert die Nürnberger Eibenholzhandelsgesellschaft der Fürer und Stockhamer. Die Höhe der gesamten Eibenholzausfuhr dieses Unternehmens – ebenfalls nach England – wird auf jährlich 20 000 Bögen geschätzt, und dies bei nur 40jähriger Dauer der Geschäfte. Die Ausbeutung wurde dabei offensichtlich so gründlich betrieben, daß Herzog Albrecht V. von Bayern – ein Enkel Albrechts III., dessen Gemahlin war die 1435 in Straubing in der Donau ertränkte schöne Baderstochter Agnes Bernauer – 1568 weitere Eibennutzungen verbot, weil „die eibene wäldt vast erschlagen seind" (Gatter 1995, S. 124). Diejenigen Eiben, die diesem frühen kapitalistischen Holzhandel entgangen sind, wurden später durch die Kahlschlagswirtschaft, die ihnen wenig zusagt, erneut dezimiert. Heute gibt es in Württemberg nach Gatter noch

Nach der Befruchtung im Frühjahr entwickelt sich bei den weiblichen Eibenblüten ein fleischiger, roter Wulst, der den schwarzbraunen, holzigen Samen becherförmig von unten her umwächst. Am Zweig unten rechts zwei einjährige grüne Samenmäntel, am Zweig oben zwei Samenausbruchstellen.

etwa 3700 wildwachsende, autochthone Alteiben, die zu den besonders geschützten Bäumen gehören.

Das Eibenholz ist nicht nur elastisch und mit einem spezifischen Gewicht von 0,72 g/ccm schwer, sondern auch hart und gut zu polieren. Daher ist es beliebt für Lauten, Möbel, Intarsien, Schnitzereien und Drechslereien. Bei entsprechender Einfärbung wird es auch, wie das Holz der Hainbuche, als „deutsches Ebenholz" verwendet. Mein Großvater hatte seine Rehgehörne auf wunderschönen Eibenholzschildern aufgemacht. In Pfahlbauten aus der Bronzezeit wurden Kämme und natürlich Bögen aus Eibenholz gefunden.

Da die Eibe sehr viel Schatten sowie Rückschnitt erträgt und die oberseits dunkel- und unterseits hellgrünen Nadeln bis zu acht Jahren an den Zweigen verbleiben, ist sie bei uns eine der wertvollsten Heckenpflanzen. Sie ist so dicht und von so gleichmäßiger Textur, daß man sie, wie etwa auch Buchs, mittels Schnitt gut als architektonisches Element verwenden kann. Besonders beliebt waren derartige Schnittformen in den barocken Parks der absolutistischen Herrscher ganz Europas.

Vom tödlichen Gift zur Medizin

Die Eibe galt schon im Altertum als Todesbaum und war den To-
tengöttern geweiht. So galt es als todbringend, etwa im Schatten eines Eibenbaumes zu schlafen. Extrakte aus Eibennadeln
wurden zu Morden und Selbstmorden benutzt. Caesar berichtet, daß sich 51 v. Chr. der keltische Eburonenfürst Ambiorix
durch Freitod mit Giften der Eibe einer Gefangennahme durch
die Römer entzog.

Die Erklärung, warum auch schon die Kelten, die ein auf Nerven und Herzmuskel wirkendes tödliches Pfeilgift aus der Eibe
bereiteten, sowie die Römer, die eine ausgezeichnete Pferdezucht hatten, in der Eibe so etwas wie einen Totenbaum sahen,
ist wohl vor allem dem auf Einhufer wie Pferde wirkenden Gift
Taxin zuzuschreiben. Es ist eine Mischung aus Alkaloiden
(stickstoffhaltigen Pflanzenbasen). Dieser Wirkstoff ist mit Ausnahme des fleischigen, roten Samenmantels in allen Teilen des
Baumes einschließlich der schwarzen Samenkerne in einer Konzentration bis zu 2% enthalten. Daher sollen die mit Pferden arbeitenden Holzrücker im Wald früher vielfach junge Eiben entfernt haben. Zur Giftigkeit von Eibenblütenstaub, der durch den
Wind verbreitet und somit auch eingeatmet wird, gibt das Buch
„Giftpflanzen" von Frohne/ Pfänder keine Auskunft. Auffallend
ist, daß Wiederkäuer wie Rehe, Hirsche, Ziegen und Rinder
(Paarhufer) Eibensämlinge und Jungpflanzen gerne verbeißen,
ohne Schaden zu nehmen. Daher kommt Naturverjüngung ohne Schutz kaum auf.

Nostradamus ist als „Pestheiliger der Provence", „Arzt Frank-
reichs" und „größter Seher der Renaissance" in die Annalen der
Weltgeschichte eingegangen. Er veröffentlichte 1552 zwei
Bücher, in denen ein wahrhaftiger, gründlicher und vollkom-
mener Bericht gegeben wird, wie man vor allem einen verun-
stalteten Leib bei Weibs- und Mannspersonen äußerlich zieren,
schön und junggeschaffen machen kann.

Das XIX. Kapitel – Wie man eine wohlriechende Seife macht/
welche die Hände weiß/ und mild macht/ und die einen süßen
und lieblichen Geruch hat:
Nimm Eibenwurzel/ schabe sie ohne sie zu waschen/ dörre sie
im Schatten/ zerreibe sechs Quentchen Zirbelnuß/ drei Lot

Weinsteinöl/ und süßes Mandelöl/ stoße auf das allerreinste zu Pulver/ und auf je zwei Lot dieses Pulvers/ tue ein Lot Florentinische Veilchen-wurzel. Danach nimm abermals ein halbes Pfund Eibenwurzeln/ laß es/ eine ganze Nacht über/ in gutem Rosen-/oder Pomeranzenblütenwassser beizen/ drücke die Wurzeln und das Wasser stark aus/ und knete den Schleim der herauskommt/ mit den anderen Sachen/ forme Bälle und dörre sie/ und wenn du sie brauchen willst/ so nimm einen in die Hand/ laß dir Wasser darüber-

Eiben mit gelbem Samenmantel sind bei uns selten.

gießen und reibe die Hände damit./ Aber diese unsere Composition der Seife ist sehr mild/ und lieblich/ und selbst wenn die Hände schon ganz hart sind/ so macht es doch dieselben nach zwei oder drei Mal so mild und weich/ als ob es die Hände einer Jungfrau von zehn Jahren wären. (Boeser 1994, S. 82 – leicht gekürzt).

Im Zweiten Weltkrieg habe ich bei der bespannten Artillerie der 78. Sturmdivision gedient. 1941 erreichte uns in Rußland ein Befehl des Armeeveterinärs, der anordnete, daß in der Nähe von Eiben, wegen der Giftigkeit dieser Bäume für Pferde, nicht mehr biwakiert werden durfte. Das Taxin reizt den Verdauungstrakt und bringt Atem- und Herztätigkeit zum Erliegen. Da Pferde von Natur aus Tiere der baumlosen Steppe sind, während die Eibe besonders in Gebirgsschluchten beheimatet ist, hatten es die Pferde nicht nötig, sich an das Gift der Eibe anzupassen.

Aus der Rinde der pazifischen, kurzblättrigen Eibe (*Taxus brevifolia*) wird in Nordamerika Taxol gewonnen. Dies ist ein vielversprechendes Medikament, vor allem zur Behandlung von Brust- und Gebärmutterkrebs. Die natürlichen Quellen für die Gewinnung dieser Baumrinde sind begrenzt auf neun Nationalparks im Nordwesten der USA. Da ein Kilogramm Rinde einer 100jährigen Eibe etwa 100 Milligramm Substanz enthält, eine Gesamtbehandlung aber zwei Gramm erfordert, befürchteten Naturschützer schon die Ausrottung der pazifischen Eibe. Inzwischen scheint aber die künstliche Herstellung von Taxol ge-

lungen zu sein. 1994 wurde das Mittel in Deutschland zugelassen, wie schon vorher in den USA, Kanada, Neuseeland und
Schweden.

Kern und Splint

Das wertvolle Eibenholz mit dunklem, rotbraunem Kern
und schwachem, scharf abgesetzten, gelblich-weißen Splint
enthält im Gegensatz zu vielen anderen verkernten Nadelhölzern, etwa Douglasie oder Kiefer, kein Harz. Man darf daher wohl annehmen, daß Harzgehalt und Gift als Schutz gegen Insektenfraß sich gegenseitig ersetzen. Ganz allgemein
gilt hinsichtlich der Holzkörper, daß die Verkernung keineswegs ein rein statisches Gebilde ist. Im Laufe der Zeit ver-
ändern sich die älteren Teile, lebende Elemente sterben nach
und nach ab und werden mit verschiedenen Stoffen wie
Harz, Gerbstoff und Farben ausgefüllt. Als Ergebnis eines
solchen Verkernungsprozesses finden sich außen das jüngere, hellere und zeitweise lebende Splintholz und innen die
alten und toten Teile des Kernholzes.

Baum der Mythen

Eiche – Stieleiche, Sommereiche
Quércus róbur L.
Familie Buchengewächse

In Deutschland kennt man zwei Eichenarten, die Stieleiche und die Traubeneiche. Sie gehören zu den nektarlosen Windblütlern und sind einhäusig, d.h. männliche und weibliche Blüten finden sich am selben Baum, jedoch in getrennten Blütenständen. Die männlichen Blütenstände, die lockere, fadenförmig hängende Kätzchen bilden, dienen verschiedensten Wildbienen, aber auch unseren Honigbienen als Pollenquelle. Gut für die Pollensammler ist dabei, daß Stiel- und Traubeneichen zu etwas unterschiedlichen Zeiten blühen. Die Stieleiche beginnt etwa Ende April und erst gut 14 Tage später folgt dann die Traubeneiche.

Bei der Stieleiche, sie wächst bei uns in eher niederen Lagen, sitzen eine bis fünf Früchte zu mehreren locker an einem bis 7 cm langen Stiel, bei der in den höheren Lagen von Süddeutschland heimischen Traubeneiche (*Quercus petraea*) in kurzgestielten Trauben dicht beisammen. Bei den Blättern ist es umgekehrt: die kurzgestielten Blätter der Stieleiche bilden steife Rosetten an deren Zweigenden, weshalb ihre Krone nicht sehr dicht ist und viel Licht durchläßt. Die 1 bis 1,5 cm langgestielten Blätter der Traubeneiche, die nicht selten den Winter über am Baum verbleiben, ergeben dagegen einen gleichmäßigen Behang und vollen Schatten. Das Beibehalten von Teilen des verdorrten Herbstlaubes bis in das Frühjahr hinein ist ein Familienerbe, man kann es auch bei der Buche beobachten. Ein großer Teil der subtropischen Buchengewächse ist sogar immergrün. Erst im Verlauf der Eiszeiten wurden Buche und Eiche gezwungen, sich im Winter des Laubes zu entledigen.

Die vermutlich größte Stieleiche in Deutschland steht beim Schloß Nagel des Barons Manfred von Künsberg im bayerischen Landkreis Kronach. Es soll ein ca. 800jähriger Gerichtsbaum sein. Die Eiche ist 25 m hoch und beinhaltet 65 cbm Holz.

Die Frucht ist die Eichel, eigentlich ein Verkleinerungswort zu

Männliche Blütenkätzchen einer Stieleiche.

Eiche, ähnlich wie Buchel (Buchecker) von Buche gebildet ist. Seit dem 16. Jahrhundert ist Eichel auch eine Bezeichnung einer deutschen Spielkartenfarbe. In schlechten Zeiten hat man in meinem Elternhaus Eicheln für den sogenannten Eichelkaffee geröstet. Ob er gut oder weniger gut schmeckte, daran vermag ich mich nicht mehr zu entsinnen. Heute weiß ich aber, daß durch das Mälzen der angekeimten Eicheln der hohe Gehalt an Gerbstoffen bzw. deren Vorprodukten zurückgedrängt wird. Selbst die Firma Kaffee-Franck, Ludwigsburg, hat noch im Zweiten Weltkrieg Eicheln geröstet. Die Verarbeitung der ca. 68% Stärke und Zucker, 6% Eiweiß und 4% Fett (Guggenbühl 1963, S. 144) enthaltenden Eicheln zu Kaffee geht auf Friedrich den Großen zurück. In südlichen Ländern wurden auch Eßkastanien geröstet, um daraus Kaffee zu bereiten.

„S'Eichele isch no net gfalla, das die Eich zur Wieg fürs Kind geba muoß". Ein Spruch, dessen Anwendung mich bis ins 35. Lebensjahr öfter vor einer übereilten Familiengründung bewahrte. Dann allerdings ist mir die Frau über den Weg gelaufen, bei der ich glaubte, das Risiko einer Familiengründung eingehen zu können und die auch bereit war, zu mir ja zu sagen. Nach 40 Ehejahren kann ich nun sagen, daß das Eichele zum rechten Zeitpunkt gefallen ist.

Einwanderung vor rund 8000 Jahren

Birken und Kiefern sind vor allem auf „nackten" Böden oder in Mooren die ersten sich ansiedelnden Baumarten. Ihre kleinen Samen werden vom Wind weit her verfrachtet. Die schweren Früchte der Eichen können dagegen nur mit Hilfe von Tieren größere Strecken überwinden. Ein wichtiger Helfer ist dabei der Eichelhäher. Er trägt im Herbst große Mengen Eicheln in seine versteckt angelegten Wintervorratskammern. Nicht alle findet er wieder, und die Eicheln beginnen zu keinem. Auch die Samen der Buche werden auf ähnliche Weise verbreitet, jedoch weniger durch Vögel sondern mehr von Mäusen. Da eine Waldmaus nicht so weit läuft wie ein Eichelhäher fliegt, braucht die Buche weit mehr Jahre, um sich etwa über denselben Raum ausbreiten zu können.

Nach der letzten Eiszeit, in der frühen Wärmezeit, ab etwa 6 000 v. Chr., unterwanderte die Hasel infolge langsamer Erwärmung des Klimas die vorhandenen Kiefern- und Birkenwälder und verringerte so deren Verjüngungschancen. In der anschließenden mittleren Wärmezeit, etwa ab 5 000 v. Chr., stieg die Temperatur erheblich an und lag sogar höher als heute. Eichen, Linden, Ulmen und Eschen konnten sich nun stark ausbreiten. Heute sind 6% der Waldflächen in Baden-Württemberg mit Eiche bestockt.

Frostriß an einer Eiche, der zur typischen Wulstbildung an der Stammaußenseite geführt hat. Der weißliche Staub auf der Rinde ist Bohrmehl des Eichensplintkäfers (Scolytus intricatus).

Wer aufmerksam durch den Wald geht, kann feststellen, daß es in der Geschwindigkeit der Streuzersetzung unter den Baumarten beträchtliche Unterschiede gibt. Birke, Esche, Hainbuche, Erle und Ulme liefern Streu, die im Monat Juli nach dem Laubabfall mehr oder minder von der Bodenoberfläche verschwunden ist, während die Eichen-, aber auch Aspen- und Rotbuchenblätter zur selben Zeit noch weitgehend unzersetzt sind. Daraus ist wohl zu folgern, daß die Bodenlebewesen beim Abbau der Streu auslesend vorgehen.

Die Eiche gehört zu den Harthölzern. Diese haben umfangreiche und besonders dickwandige Holzfasern. Sie sind mithin sehr substanzreich, und entsprechend ist dann ihr spezifisches Gewicht. Es beträgt bei unserer Eiche 0,8 g/ccm – bei Linden-, Weiden- oder Fichtenholz zwischen 0,3 und 0,5 g/ccm.

Wegen seiner hohen Dauerhaftigkeit galt das Holz der Eiche in der Antike und im Mittelalter als unverwüstlich und war somit ein Symbol der Unsterblichkeit. Darauf geht wohl zurück, daß heute noch bei uns die Särge, wenn schon wegen der hohen Kosten nicht massiv in Eichenholz, so doch wenigstens mit Eichenholzdekor gefertigt werden.

Frostrisse sind vor allem bei der Eiche zu beobachten. In „Baumgestalt als Autobiografie" schreibt Mattheck dazu: „Trennt man eine Holzscheibe vom grünen Stamm, sägt diese dann radial ein bis zur Mitte und zieht dann die meist stark klemmende Säge wieder heraus, so wird sich normalerweise der Sägenschnitt in Rindennähe sofort wieder schließen, ja sogar fest zusammendrücken, während er in Scheibenmitte sichtbar bleibt. Die Baumoberfläche steht in Umfangrichtung also unter Druckspannung [...] Läßt man die so behandelte Scheibe nur ein paar Tage zum Trocknen liegen, so wird bald der Sägeschnitt sich öffnen. Die durch das Trocknen entstehenden Eigenspannungen heben die Grünspannungen also auf, ja, kehren sogar das Vorzeichen der Gesamtspannung um. Dies zeigt noch einmal sehr schön, daß die Wachstumsspannungen eine Eigenschaft allein des lebenden Baumes sind, nicht aber des toten Holzes".

Hält die Baumstammoberfläche bei tiefen Temperaturen die Druckspannung in Umfangrichtung zusammen mit den Kräften der Frostausdehnung nicht mehr aus, so platzt der Stamm einige Meter hoch auf. Dies geschieht mit einem lauten, büchsenschußähnlichen Knall. Schon als Bub habe ich dieses Geräusch kennengelernt, das mich sehr erschreckte, wenn ich mit meinem Vater, die weißen, von meiner Mutter genähten Schneehemden umgehängt, bei Vollmond und schneebedecktem Waldboden, zum Fuchsreizen mitkommen durfte. Hört der Fuchs den nachgeahmten Klagelaut des Hasen, sucht er gerne nach dieser vermeintlich leichten Beute.

Ist der Frost vorbei, so bewirkt die Druckspannung in Umfangrichtung, daß der Riß durch eine dortige Ausbildung dickerer Jahrringe sich wieder schließt. Diese Verwachsung, die ja nur im Bereich der neuen Jahrringzylinder erfolgen kann, ist dann aber so schwach, daß selbst bei weniger starken Frösten der alte Riß wieder aufbricht. Geschieht dieser Vorgang mehr-

Dieser Eichentraufbaum steht auf dem 66 Millionen Jahre alten Vulkan Katzenbuckel, wo man einen herrlichen Blick über den Odenwald hat.

mals, so entsteht infolge der sich bildenden dickeren Überwallungsjahrringe im Rißbereich die abgebildete, oft mehrere Zentimeter über den Stamm herausragende Frostleiste.

Die nützlichen Verwandten

Ein naher Verwandter unserer einheimischen Eiche wächst in der Mittelmeerregion. Es ist die immergrüne Korkeiche *(Quercus suber)*. Seinen Namen hat dieser Baum von der extrem dicken Rinde, die ihn vor Wasserverlust und gegen Temperaturwechsel schützt. Wirtschaftlich nutzt man die Korkeiche vor allem auf Sardinien, in Spanien und Portugal. Mit einer Ernte von jährlich 150 000 bis 200 000 Tonnen deckt Portugal etwa 50% des Korkbedarfs der Welt ab. Kork als Flaschenverschluß ist übrigens erst seit dem 15. Jahrhundert bekannt. Die griechischen und römischen Weinamphoren wurden noch mit Wachs versiegelt. Wegen seiner Schwimmfähigkeit wurde Kork, der am Stamm, ohne die Korkmutter zu verletzen, alle 10 bis 15 Jahre abgeschält werden kann, für Rettungsringe und Schwimmwesten verwandt. Kork und Korkmehl dienen außerdem zur Linoleumherstellung (siehe auch Kiefer, Seite 154), aber auch für Bodenbeläge und Wandverkleidungen. Verkohlter Kork liefert den spanischen schwarzen Farbstoff, das *nigrum hispanicum*.

Bei Feinschmeckern bekannt und hoch geschätzt sind der Evora-Schinken aus Portugal und der echte Bayonne oder Andalusier aus Spanien. Das spezielle Aroma und die Struktur dieser berühmten und teuren Schinken stammen von Schweinen, die ausschließlich mit gerbstoffarmen Eicheln gemästet wurden, das sind die der Korkeiche, der Steineiche (*Quercus virginiana*) und der Weißeiche (*Quercus alba*).

Zuweilen taucht der Name „Mooreiche" auf. Es handelt sich hier nicht etwa um eine andere Baumart, sondern lediglich um Holz der Stieleiche, welches Jahrhunderte im Moorboden oder Wasser gelegen hat, wo es nahezu unbegrenzt haltbar ist. Auf diese Weise wurde es nicht nur schwer, sondern erhielt auch eine schöne dunkelbraune bis schwarze Farbe.

Die amerikanische Roteiche, die heute auch bei uns in Deutschland wegen des rascheren Wachstums und der geringen Ansprüche an den Boden angebaut wird, ist charakteristisch in ihrer Blattform und zeigt besonders im jugendlichen Stadium eine leuchtend rote Herbstfärbung. Ihr Holz ist allerdings recht großporig, so daß es beispielsweise nicht zu Weinfässern verarbeitet werden kann, da die Poren den leicht flüchtigen Alkohol durchlassen.

Die Eiche und ihre Bewohner

Wohl durch die Erwärmung unseres Klimas tritt der an warme Eichenwälder und Baumsteppen gebundene Eichenprozessionsspinner (*Thaumetopea processionea*) nun verstärkt auch bei uns auf. Der bis 35 mm große, bräunlich gezeichnete Schmetterling legt seine Eier, bis 250 Stück, im Spätsommer plattenweise auf die Baumrinde älterer Eichen und überzieht sie mit verkitteter, grauer Afterwolle. Die im darauffolgenden Mai schlüpfenden Raupen spinnen an geschützter Baumstelle, meist unter einer Astgabel, ein lockeres Nest. Von hier aus wandern sie allabendlich in auffälliger Prozessionsform, also eine Raupe hinter der anderen, zum Fraß in die Krone der Eiche und kehren am nächsten Morgen in derselben Weise zurück. Tagsüber verharren sie ruhig im Nest, in welchem sie sich auch im Juli/August in bienenwabenähnlich nebeneinanderliegenden Kokons verpuppen. Die sehr leicht brüchigen Borsten der Raupen, die auch am Nestmaterial hängen und selbst vom Wind verfrachtet werden, verursachen auf der menschlichen

Ein Nest des Eichenprozessionsspinners. Die leicht brüchigen Borsten der Raupen hängen auch am Nestmaterial und verursachen auf der Haut länger anhaltende Entzündungen.

Haut, aber auch bei Tieren, unangenehme und lang anhaltende Hautentzündungen. Waldbesucher seien gewarnt vor jeglicher Berührung der Raupen und deren Nester. Immun scheint lediglich der Kuckuck zu sein, welcher den Raupen und Puppen nachstellt.

Glücklicherweise verfügen unsere beiden einheimischen Eichen über die Besonderheit, Johannistriebe zu bilden. Im Juli wachsen mit braunen Schuppen umhüllte Knospen aus und entwickeln anfangs rot- oder gelbblättrige Sprosse, die oft sogar stärker als die Frühjahrstriebe werden können. Auf diese Weise vermag die Eiche durch Insektenfraß oder Frost verlorengegangene Frühlingstriebe wieder zu ersetzen.

An Eichen lebt der größte mitteleuropäische Käfer, der Hirschkäfer (*Lucanus cervus*). Seinen Namen hat er aufgrund der stark verlängerten, geweihartigen Oberkiefer des Männchens. Das Weibchen ist kleiner und geweihlos. Die Käfer leben von Mai bis Juni in Eichenwäldern und nähren sich von ausfließenden Baumsäften. Die Eiablage erfolgt im Mulm anbrüchiger Eichen und Eichenstöcken, wo sich dann die Larven entwickeln, um im sechsten Sommer wieder als Käfer zu erscheinen. Hirschkäfer legen ihre Eier vor allem in Eichenholz ab, das in der Erde steckt und dadurch eine gewisse Feuchtigkeit aufweist. Um die

Arterhaltung dieser eigenartigen und seltenen Tiere zu fördern, empfiehlt es sich, modernes Eichenholz im Boden zu belassen und auch befallene mulmige Stammteile, die zuweilen beim Holzeinschlag anfallen, einzugraben. Selbst Spielgeräte und Sitzbänke, wie sie eine Zeitlang unter dem überzogenen Motto „Möblierung der Wälder" aufgestellt wurden, sollten, wenn sie abgängig sind, im Boden belassen werden, die Hirschkäfer sind dankbar dafür.

Pflanzen und Pilze im Tauschgeschäft

In der Arbeit „Mykorrhiza – Pilze, die das Baumwachstum fördern" führt Hilfreich (1996, S. 181) aus: „Pilze sind also in ihrem Bau sehr einfach organisiert und zählen deswegen zu den sogenannten niederen Pflanzen. Tatsächlich haben die Pilze jedoch auch Lebenselemente aus dem Tierreich. Pflanzen sind in aller Regel grün und ernähren sich durch Photosynthese selbst. Nicht so der Pilz. Er ernährt sich, wie der Mensch und andere Tiere, durch den Verzehr von anderen Lebewesen. So verwendet der Pilz auch nicht, wie sonst bei Pflanzen üblich, zum Bau seiner Zellwände Zellulose. Er nimmt dazu Chitin, also das üblicherweise von Insekten verwendete Baumaterial. Den Pilz machen seine Hyphen aus. Dies sind dünne Fäden einer eindimensionalen Anordnung von langgestreckten schlanken Zellen. Das gesamte Hyphengeflecht heißt Mycel und existiert unsichtbar in Streu- und Humusschicht der Böden, im Holz der Bäume, im Gewebe lebender Blätter, im Panzer eines Insekts, im Huf einer Kuh, in der Haut des Menschen usw. Dieses Mycel kann überall eindringen und praktiziert eine „äußere Verdauung". Die Tierwelt hat üblicherweise eine innere Verdauung, muß also die Nahrung fressen. [...] Es gibt vermutlich nicht einfach die bloße Unterscheidung in Pflanze und Tier, man muß in Pflanze, Tier und Pilze unterscheiden.

So primitiv die Pilze nun in der Entwicklungshierarchie des Lebens auch sind, haben sie doch eine außerordentlich vielfältige Anpassung an die verschiedenen Lebensräume voll-

zogen. Eine besondere Ausprägung davon ist die Mykorrhiza, die Pilzwurzel. Der Pilz umhüllt die feinen Enden des
Wurzelsystemes der Bäume und dringt mit seinen Hyphen
zwischen die Zellen der Wurzelrinde ein. So mit dem Baum
vernetzt, wird er mit Kohlehydraten und Vitaminen aus der
Stoffproduktion des Baumes versorgt. Im Gegenzug liefert
der Pilz Wasser, Mineralstoffe und Speicherkapazität, was er
auf Grund der riesigen Oberfläche seines ungeheuer weitge-
sponnenen Fadengeflechts besser kann als der Baum.
Tatsächlich haben an die 90% aller Pflanzenarten Mykorrhi-
zen [...] Die wasser- und nährstoffaufnahmefähige Oberfläche eines Mykorrhizasystems ist gegenüber der eines rein
pflanzlichen Wurzelsystems um das 100- bis 1000fache
größer. Es können dadurch weiter entfernte Ressourcen und
auch noch kleinste Bodenporen erschlossen werden."
Seit wenigen Jahren ist bekannt, daß nicht etwa Blauwale
oder Mammutbäume, sondern Pilze die größten Lebewesen
der Erde sind: In den Rocky Mountains entdeckten die For-
scher einen Hallimaschverwandten, dessen Myzel sich unter
einer Fläche von fast 600 ha verbirgt.
In wuchsfördernder Gemeinschaft mit der deutschen Eiche
leben u.a. der wegen seines Gehalts an sogenannten Amato-
xinen sehr giftige grüne Knollenblätterpilz (*Amanita phalloides*) und die Perigord-Trüffel (*Tuber melanosporum*), letztere gilt als „König der Speisepilze". Die Fruchtkörper
entwickeln sich 5 bis 20 cm unter der Erde, sind nuß- bis
kartoffelgroß und schwer zu finden. Man läßt sie von abge-
richteten Hunden oder Schweinen nach dem Geruch suchen
und ausgraben.
Vielleicht ist die hohe Konzentration von empfindlichen
Geruchs- und Geschmacksnerven im Schweinerüssel der
Grund, weshalb letzterer für mich noch heute beim Schlacht-
fest der beliebteste Teil vom Kesselfleisch ist!
Um diesen äußerst wertvollen Speisepilz gezielt zu züchten,
kann man in Frankreich junge Eichenbäumchen kaufen, die
schon mit dem Hyphengeflecht des Trüffels versehen sind.
Dies geschieht, indem man die Erde aus Trüffelplantagen,

welche das Trüffelmycel natürlich enthält, für die Verschulung der jungen Eichenpflanzen verwendet.

Auf diese Weise können auch andere das Baumwachstum auf natürliche Weise fördernde Mykorrhiza-Pilze den jungen Waldbäumen mitgegeben werden. Die vielfältigen Vorteile eines Baumes, der in Gemeinschaft mit derartigen Pilzen lebt, liegen offen auf der Hand: sichere Kulturen, besseres Wachstum und größere Widerstandsfähigkeit gegen Schadpilze.

• Wird dies heute bei Schlußfolgerungen über Versuchsanbauten von fremdländischen Baumarten ausreichend berücksichtigt?

• Aus den dargelegten Gründen sollte bei der Wiederbewaldung der derzeitigen Sturmflächen der Naturverjüngung, wo immer möglich, der Vorzug gegeben werden. Kann auf eine Pflanzung nicht verzichtet werden, so sollten vormykorrhizierte Pflanzen verwendet werden.

Dem Waldzustandsbericht der Bundesregierung von 1995 (S. 71) ist zu entnehmen: „Die aktuellen jährlichen Eintragungsraten von Stickstoff (Nitrat und Ammonium) erreichen derzeit auf vielen Standorten Größenordnungen um 30 bis 40 kg N/ha. Sie liegen damit etwa um das Zwei- bis Fünffache über der Stickstoffmenge, die der Wald für sein Wachstum benötigt. Durch die jahrzehntelang anhaltenden Einträge hat sich in vielen Waldökosystemen eine Sättigung mit Stickstoff eingestellt. Diese Wälder können überschüssigen Stickstoff nicht mehr speichern und geben ihn – zum Teil in umweltbelastender Form – wieder ab. Beispielsweise beträgt der Nitrataustrag mit dem Quellwasser aus Waldökosystemen des Thüringer Waldes bereits ein Vielfaches der Eintragungsbelastung."

Die hohe Stickstoffzufuhr bewirkt im Wald eine deutliche Produktionssteigerung. Allerdings verändert sich das Ökosystem dabei drastisch unter deutlicher Artenverarmung. Der Effekt der erhöhten Holzproduktion hält nicht lange an, da nach einiger Zeit ein Mangel an anderen Nährstoffen, wie etwa Phosphor, Kalium, Kalzium usw. spürbar wird.

Die Störung der Mykorrhizapilz-Symbiose unter erhöhten Nitratkonzentrationen führt u.a. zu einer stärkeren Gefährdung der Feinwurzel gegenüber pathologischen (krankmachenden) Pilzen. Dies könnte der Beginn einer Wirkungskette sein, die als Erklärung für das in Mitteleuropa auftretende Eichensterben bzw. Baumsterben überhaupt diskutiert wird (Vollprecht 1996, S. 70).

Der als Speisepilz geschätzte Hallimasch (*Armillariella mellea*) oder auch Honigschwamm genannt, ist einer der gefährlichstenWurzelparasiten der Nadelhölzer, kommt aber auch bei vielen Laubhölzern vor. Auf der Eiche erscheint der Pilz besonders dann, wenn diese durch starken Mehltaubefall geschwächt ist.

Das zwischen Rinde und Holz wachsende, weiße, fächerförmig verzweigte Myzel leuchtet im Dunkeln, besonders bei hoher Luftfeuchtigkeit. Derartige Leuchterscheinungen bei Lebewesen nennt die Wissenschaft Biolumineszenz. Bekannter sind wohl die Glühwürmchen und das Meeresleuchten, das meine ganze Familie immer wieder zum nächtlichen Bad an der deutschen Nordseeküste verleitete. Das vom Hallimasch befallene Holz wird weißfaul. Grundsätzlich ist festzustellen, daß Pilze im Stoffkreislauf der Natur, zusammen mit den Bakterien, den weitaus größten Teil der Leichenentsorgung übernehmen. Diese sind, wo immer Fäulnis, Zersetzung oder Verwesung stattfindet, in den meisten Fällen die Hauptakteure.

Rund um die Lohe

Die im Niederwaldbetrieb (Stockausschlagwald) gewonnene Eichenschälrinde hatte als Lohe (Grundbedeutung: Losgelöstes, Abgeschältes) bis in den Zweiten Weltkrieg hinein eine wichtige, auch wirschaftlich interessante Funktion. Diese Rinde war nämlich das beste und einst auch das einzige Mittel zur Lederherstellung, also beim Gerbprozeß. Daneben gaben aber auch die stehend geschälten und den Sommer über gut ausgetrockneten Eichenstangen ein vorzügliches und geschätztes Brennholz ab und dienten außerdem in Weinbaugebieten als hochwertige Rebpfähle. Spaltstücke dieser Eichenstangen, Stickstecken genannt, wurden gerne in die Gefache von Fachwerkhäusern eingespannt und dann mit Ruten aus Weiden und Hasel ausgeflochten, ehe das Ganze mit einem Gemisch aus Lehm und Spreu verschmiert wurde. Von diesem Hineinwinden der Weiden- und Haselnußruten ist das nur im Deutschen und Niederländischen vorkommende Wort „Wand" abgeleitet (siehe auch Haselnuß).

Eichenschälwälder verbreiteten sich ab 1300 von der Siegener Gegend aus über ganz Deutschland bis nach Österreich. Die Schälwaldumtriebszeit, das ist die durchschnittliche Dauer an Jahren bis zur Fällung, wird wegen der frühzeitigen Bildung einer rissigen und groben Borke statt der für Lohe erwünschten glatten Spiegel- oder Glanzrinde, möglichst niedrig gewählt und liegt bei etwa 15 Jahren. Nur die junge Glanzrinde hat den notwendigen hohen Gerbstoffanteil von bis zu 15%. Für die Pflanze stellt er einen Schutz gegen Tierfraß dar.

Die Stangen werden im Frühjahr, wenn sie in Saft gekommen sind, mit dem Lohlöffel geschält und die gewonnene Rinde auf Unterlagen zum Trocknen luftig gelagert. Die Erträge liegen auf Böden mittlerer Güte bei etwa vier Festmetern Holz und fünf Zentnern Rinde je Hektar und Jahr.

Der Verkauf der Rinde aus den staatlichen und privaten Forstämtern des württembergischen Unterlandes erfolgte meist auf dem seit 1860 regelmäßig durchgeführten Heilbronner Rindenmarkt, der einen jährlichen Umsatz zwischen 20000 und 50000 Zentnern Glanz- und Grobrinde hatte. Der letzte Rindenmarkt in Heilbronn wurde 1899 abgehalten. Um 1900 standen in Deutschland noch ca. 446000 ha der Gesamtwaldfläche bzw. 50% der gesamten Niederwaldfläche in Bewirtschaftung auf Eichenlohe.

Die Eichenrinde, deren gerbende Wirkung im Mittelmeerraum schon vor der Bronzezeit bekannt war, mußte genauso wie die Fichtenrinde zunächst zerkleinert, d.h. gemahlen werden. Dies geschah in Spezialmühlen, den sogenannten Lohmühlen. Waren die Häute innerhalb 4 bis 36 Monaten und nach sechs- bis siebenmaligem Umschichten in der Grube gegerbt, wurden sie

Oberholzreicher ehemaliger Eichenmittelwald im Stromberggebiet. Hier ist die Nutzung von Laubschwachholz (Brennholz) mit der von Starkholz aus Kernwüchsen kombiniert. Das Unterholz wird alle 10 bis 20 Jahre auf den Stock gesetzt, also geschlagen, und bei dieser Gelegenheit fällt man dann auch nutzbare Starkhölzer.

aus der Lohe, d.h. der gemahlenen Rinde herausgenommen. Übrig blieb der wertlose „Lohkäs", der getrocknet noch zum Heizen diente. Von diesem „wertlos sein" leitet sich die Redewendung ab: „Der schwätzt einen Lohkäs raus".

Die Gerberhäuser standen immer an Bächen oder kleineren Flüssen, wo die Häute gewässert werden konnten. Hatten die Gerber diese nicht genügend befestigt, so sah gar mancher seine Felle davonschwimmen.

Mit der Einführung fremdländischer Ersatzstoffe, besonders des Quebrachoholzes bzw. dessen Rinde aus Argentinien, und mit den steigenden Lohnkosten, die bei der arbeitsintensiven Bewirtschaftung stark ins Gewicht fallen, hat sich die Lage entscheidend gewandelt. Bald nach Ende des Zweiten Weltkrieges kam es zum völligen Niedergang und zum Ende dieser einst hochrentablen Wirtschaft. In Württemberg wurden bis zum Jahre 1969 nur noch im Staatlichen Forstamt Schöntal jährlich ca. 40 Doppelzentner Eichengerbrinde für Spezialzwecke aufbereitet.

Nach Einbürgerung der Fichte in unseren Raum wurde auch Fichtengerbrinde gewonnen. Das Schälen oder Lohen in der Saftzeit machte weniger Arbeit als bei der Eiche, außerdem ließ sich Fichtenlohe nicht so leicht durch chemische Mittel ersetzen, da sie u.a. das für die Gerbung nötige Quellen der Häute bewirkt. Trotzdem wurde die Nachfrage so gering, daß z.B. in dem mir anvertrauten Hofkammerforstamt Bietigheim seit 1958 keine Fichtenschälrinde mehr aufbereitet werden konnte.

Eine Kur für die Kuh

Vor etwa 20 Jahren, als ich noch im Dienst war, kam ein Bauer aus den Berglen bei Winnenden und bat, einen im Winter frisch gefällten Eichenstamm entrinden zu dürfen. Im Stall stand bei ihm eine Kuh, die schon seit längerer Zeit starken Durchfall hatte und der zugezogene Tierarzt kam nicht weiter. So besann sich der Bauer auf ein altes Hausmittel und verabreichte der Kuh mehrere Male einen Absud von der Eichenrinde. Bald konnte er feststellen, daß der Durchfall nachließ. Wie mir der Bauer aus seinem alten Wissensschatz heraus erklärte, darf eine derartige

Kur nicht bei jungen Kälbern gemacht werden. Inzwischen habe ich auch erfahren, daß Eichenrinde offizinell ist, d.h. sie gehört zu den Pflanzen der Apotheken (*Offizin*). Rindenextrakt mit 15 bis 20% Gerbstoffen dient als Gurgelwasser und zu Bädern, aber auch zur Behandlung von Durchfall.

Meine Eltern hatten ein gastfreundliches Haus und so waren Gäste, wenn sie von Bach auf das Forsthaus Steinbuckl hochkamen, zuweilen

Die viel Gerb- und Gallsäure enthaltenden kugeligen Eichengalläpfel dienten früher zum Herstellen von Tinte und zum Färben.

mit einem Faß Bier beladen, das sie im Rucksack oder auf dem Fahrrad transportierten und das an warmen Tagen sofort dem kühlenden Brunnentrog im Hof anvertraut wurde. In diesen Nachkriegs- und Inflationsjahren bereitete meine Mutter für den Eigenbedarf, neben Johannisbeer- und Heidelbeerwein, ab und zu auch Bier oder vielleicht besser gesagt, ein bierähnliches Getränk. Dabei verwendete sie vorwiegend Brotrinde und natürlich Hopfendolden, die mein Vater von der Donauniederung mitbringen mußte. Wurde er dort nicht mehr fündig, setzte meine Mutter dem Sud – einst Grut genannt – junge Eichenrinde zu.

Mißlang der Trunk trotz großer Mühe, war eben „Hopfen und Malz verloren". Besonders wenn an manchen Tagen die Kühlung nicht so recht stimmte, machten wohl Milchsäurebakterien aus dem von meinem Vater und den Gästen erhofften kühlen Trunk schnell saures Bier. Von diesem durchaus nicht seltenen Mißgeschick leitet sich die Redewendung ab „etwas wie saures Bier anbieten", also eine wertlose Sache anbieten, die eigentlich niemand haben möchte.

Mein Vater erzählte uns später, man habe damals bei manchen Bierbrauern – ob es auch auf dem Steinbuckl so war, hat er nie gesagt – dem Getränk Tollkirschenextrakt (*Atropa bella donna*) zugesetzt, um die berauschende Wirkung zu steigern und damit ein gutes Bier vorzutäuschen.

Einem Gerücht zufolge wurde das „Anstoßen" als Vertrauensbeweis im Mittelalter zur gängigen Tischsitte. In dieser Zeit war es durchaus üblich, den einen oder anderen Zeitgenossen mit einer Prise Gift vom Diesseits ins Jenseits zu befördern. Um nun in gemütlicher Runde sicher sein zu können, daß keiner der Anwesenden ein derart heimtückisches Attentat geplant hatte, stieß man mit den damals üblichen massiven Krügen oder Zinnbechern so heftig an, daß das Bier in den Krug des Gegenübers hinüberschwappte – heute steht der Klang der Gläser im Vordergrund.

Die Weimarer Verfassung beschränkte in vielen Dingen die Zuständigkeit der Länder. Dies veranlaßte den Freistaat Bayern, der „Weimarer Koalition" erst beizutreten, als sichergestellt werden konnte, daß das 1516 von Bayernherzog Wilhelm IV. erlassene Reinheitsgebot für Bier in ganz Deutschland Gültigkeit erhält (W. Back).

Von allen einheimischen Baumarten tragen die Eichen die meisten Gallbildungen. Die gemeine Eichen-Gall-Wespe (*Diplolepis quercus-folii*) bringt mit einer Legeröhre ihre Eier in das Gewebe junger Eichenblätter. Unter der Reizwirkung des sich entwickelnden Eies und der Larve bilden sich an der Blattunterseite bis etwa 2 cm große kugelige Gallen mit einer Kammer für die Larve. Diese Eichengalläpfel sind zunächst saftig, von gelbgrüner Farbe und meist mit leicht rötlichen Bäckchen. Bereits die Sumerer sollen um 3000 v. Chr. diese Eichengalläpfel zur Behandlung von Typhuskranken verwendet haben. Im Mittelalter galt Pulver, gewonnen aus zerstoßenen Galläpfeln, als ein probates Wundmittel.

Die noch in meiner Schulzeit verwendete sogenannte Eichengallus-Tinte war aus der Gallussäure dieser Eichengalläpfel bereitet. Dazu ein altes Rezept:

„60 Teile zerstoßene Galläpfel, 32 Teile Gummiarabikum, 32 Teile Eisensulfat, 50 Teile rohen Holzessig, 950 Teile gekochtes Wasser. In einem offenen Gefäß werden die Galläpfel mit der Hälfte des Wasser kalt übergossen. In der anderen Hälfte des Wassers löst man das Eisensulfat, den Gummiarabikum und den Holzessig, mischt alles zu den Galläpfeln und läßt das Ganze, lose bedeckt, unter täglichem Umrühren, sechs bis acht Wochen an der Luft stehen. Nach einigen weiteren Tagen völliger Ruhe füllt man die Tinte in Flaschen ab. Der Rückstand kann zu einem neuen Tintenansatz mitbenutzt werden."

Von Göttern und Aberglauben

Von unseren heimischen Bäumen ist keiner so mit Mythologie befrachtet wie die Eiche. Viele indogermanische Völker verehrten sie. Die Griechen weihten sie Zeus, die Römer Jupiter und die Germanen Thor, auch Donar genannt, dem Gott der Blitze und des Donners. Die Gründe lagen wohl in der majestätischen Gestalt der Eiche und der ihr zugeschriebenen Eigenschaft, Blitze anzuziehen.

In der volkstümlichen Sympathiemedizin werden Krankheiten auf die Eiche übertragen, etwa mit einem Segensspruch, ähnlich wie der folgende zur Vertreibung von Gicht: „Eichbaum, ich klage dir – die Gicht, die plaget mir; ich wünsche, daß sie mir vergeht – und in dir besteht" (Ende des vorigen Jahrhunderts aus Brandenburg mitgeteilt, Hegi 1957, Band III/1, S. 240).

Im Glauben der Bauern bedeutet ein reichliches Fruchten der Eiche eine kommende gute Ernte, eine Volksmeinung, die sich schon in der Antike nachweisen läßt. Es bedeutet aber auch einen bevorstehenden strengen Winter und viel Schnee. „Wenn Michael (29. September) viel Eichel bringt, Weihnachten die Felder mit Schnee dann düngt."

Der ebenso volkstümliche wie irrtümliche Rat „Eichen sollst du weichen, Buchen sollst du suchen, kannst du Linden grad nicht finden" dürfte schon unzähligen Menschen den Tod durch Blitzschlag gebracht haben. Tatsächlich sind an Buchen deutlich weniger Gewitterschäden zu beobachten als an Eichen. Allerdings darf daraus nicht die Schlußfolgerung gezogen werden, daß Buchen vom Gewitter verschont werden. Die glatte Rinde der Buche leitet das Regenwasser, und mit ihm den Blitz, außen am Stamm ab. Dagegen saugt sich die Rinde der Eiche voll Wasser und wird deswegen vom Blitz mit weitaus stärkerer Wucht getroffen, entsprechend auffälliger sind auch die Schäden. Zahlreiche Gewitterpflanzen, die unter Donars Schutz standen, wie etwa Brennessel, Hasel und Buche, galten als blitzabweisend. Auch das Tannenbäumchen, das man noch heute beim Richtfest eines Hauses auf dem Dachfirst anbringt, sollte ursprünglich den Blitz fernhalten.

Nachdem im Jahre 1752 Benjamin Franklin in Amerika auf die Idee kam, den gefürchteten Strahl in die Erde abzuleiten, ließ

Herzog Karl Eugen 1886 den ersten Blitzableiter in Württemberg installieren, und zwar auf der Kuppel seines Hohenheimer Schlosses.

Als die Menschen von Technik und Elektrizität noch nicht viel wußten, war es in Deutschland üblich, beim Herannahen schwerer Gewitter die Wetterglocke zu läuten. Da ein vom Regen nasses Hanfglockenseil – die Kirchturmdächer waren nicht immer dicht – einen vorzüglichen elektrischen Leiter abgab, wenn am unteren Ende ein Mensch dieses mit der Erde verband, wurde so mancher wacker gegen das Unwetter anbimmelnde Glöckner getötet, wenn der Blitz in den Kirchturm einschlug. König Friedrich erließ daher im Mai 1807 eine Verordnung zum Thema Glockenläuten bei Gewittern: Es handle sich um einen „schädlichen, alten Gebrauch", den man von nun an „gänzlich abgestellt" wissen wolle. Auch die Androhung einer Strafe fehlte nicht.

Im Zuge der Christianisierung Germaniens wurden zahlreiche als Heiligtümer verehrte Eichen gefällt, um damit den Menschen die Machtlosigkeit ihrer heidnischen Götter zu beweisen. Dem zugrunde lag eine Anordnung der Synode von Nantes unter Papst Vitalan aus dem Jahre 658/659: „Mit größtem Eifer sollen die Bischöfe und ihre Diener bis zum letzten darum kämpfen, daß die Bäume, die Dämonen geweiht sind und die das Volk verehrt, ja, in solcher Verehrung hält, daß es nicht einmal wagt, einen Zweig oder ein Reis abzuschneiden, mit der Wurzel ausgehauen und verbrannt werden" (Weyergraf Fischer 1987, S. 17).

Jedoch gelang es nicht, die ursprünglichen Bräuche auszurotten, so daß Heidnisches neben Christlichem bestehen blieb. In die Geschichte eingegangen ist die Fällung von Thors Eiche durch Bonifatius, der nach der Legende aus dem Holz anschließend eine Kapelle errichten ließ. Vermutlich hat dieser missionarische Akt in Geismar bei Fritzlar stattgefunden, und die Eiche war demnach ein bedeutendes Heiligtum im einstigen Stammesgebiet der Chatten, aus denen wohl die Hessen hervorgegangen sind. Der aus dem angelsächsischen Königreich Wessex stammende Benediktiner Bonifatius (672/73 bis 754), 719 von Papst Gregor II. mit der Christianisierung der Germanen beauftragt, wurde zum „Apostel der Deutschen" und fand seine letzte Ruhestätte im Dom zu Fulda, wo ihm zu Ehren jährlich die deutsche katholische Bischofskonferenz stattfindet.

Noch lange danach galten Eichen als verwünschte Teufels- und Hexenbäume. So heißt es, daß die Blätter der Eiche deswegen gebuchtet seien, weil der Teufel, als er sich in der Hoffnung getäuscht sah, eine Seele zu erhalten, mit seinen Krallen durch die Blätter der Eiche gefahren wäre. Eine Geschichte, die übrigens der Nürnberger Schuhmacher und Dichter Hans Sachs (1494 bis 1576) für seinen Schwank „Der Teufel und die Geiß" verwendete.

Erst im 16. Jahrhundert erinnerte man sich wieder der antiken Eichensymbolik und verwendete Eichenembleme in der Heraldik und bei Ornamenten. Die patriotische Verehrung der „deutschen Eiche" fing aber erst im 18. Jahrhundert mit Klopstock an. Zum Sinnbild des Sieges und Heldentums wurde Eichenlaub zum ersten Mal auf dem Eisernen Kreuz. Nach einem Entwurf des Bildhauers und Architekten Carl Friedrich Schinkel stiftete der Preußenkönig Friedrich III. am 10. 03. 1813 zu Breslau diese Auszeichnung. In ihrer Einfachheit und Wertlosigkeit sollte sie an die schwere und eiserne Zeit erinnern, welche sie ins Leben rief. Die äußere Form orientiert sich am Deutschordenskreuz und erhielt auf der Rückseite neben anderem als Verzierung einen Früchte tragenden Eichenzweig. Die Verleihung an Soldaten aller Rangstufen erfolgte für Verdienste im Kampf am schwarzen Band mit weißer Einfassung, ansonsten am weißen Band mit schwarzer Einfassung – schwarz-weiß sind die preußischen Landesfarben, die auf die 1198 zum Deutschritterorden umgewandelte Krankenpflegebrüderschaft vor Akkon zurückgehen. Eichenlaub war im 19. Jh. auch Sinnbild in der Turnerbewegung sowie der deutschen Einigungsbewegung. Im Hoheitszeichen des Dritten Reiches hält ab 1934 ein Adler mit offenen Schwingen einen Eichenkranz in den Fängen, der in seiner Mitte ein Hakenkreuz zeigt.

Der Eichbaum war geradezu Weggenosse all derer, die sich nach innerer Freiheit und äußerer Einheit sehnten, daran glaubten und deswegen nicht aufhörten, ihren Freiheitsbaum unentwegt zu pflanzen. Die Eiche war Träger einer unerfüllten Sehnsucht und vaterländischen Hoffnung, die sich nicht selten über die politischen Wirklichkeiten hinwegzusetzen vermochten.

1936 erhielten die Sieger der olympischen Spiele in Berlin nach altem Brauch, der auf den Turnvater Jahn zurückgeht, einen Eichenkranz und die jeweils besten ein Eichbäumchen.

Der Laubbaum mit seinem sich jährlich erneuernden Blattkleid ist vor allem ein Symbol der Wiedergeburt des Lebens, die den Tod stets aufs neue besiegt, der immergrüne Nadelbaum hingegen ein Symbol der Unsterblichkeit. Die Gestalt des Baumes mit seiner, oft scheinbar dem Himmel zustrebenden Krone, ließ ihn häufig zu einem Symbol für die Verbindung zwischen dem Leben auf der Erde und dem Himmel werden. Diese Aspekte spielen auch eine Rolle bei der Darstellung des Sinnbildes der Weltenesche Yggdrasil. Die indische Tradition kennt die Vorstellung von einem umgekehrt wachsenden Baum, dessen Wurzeln im Himmel verankert sind, während seine Zweige sich auf die Erde herunterneigen – hier möglicherweise ein Symbol für die lebensspendende Kraft der Sonne. Im Christentum ist der umgedrehte Baum (Arbor inversa) Symbol des Glaubens und der Erkenntnis von Gut und Böse.

Die Viehweide im Wald

Heute gehören zum Wertvollsten, was ein Wald liefern kann, Eichenstämme mit feinringigem und astreinem Holz. Diese werden von der Furnierindustrie gesucht und brachten schon Preise von über 8 000 DM pro Festmeter.

Im Mittelalter dagegen hatte noch das, was der Forstmann heute als Nebennutzungen bezeichnet, den augenfälligsten Wert.

So war das Viehfutter aus dem Wald die notwendige Ergänzung zur Acker- und Wiesennahrung. Neben dem noch artenreichen Wild beherbergte der Wald zeitweise ganze Herden von Rindern, Pferden, Schafen oder Ziegen. Eine solche Nutzung nannte man Blumbesuch. Einen Sonderfall der Waldweide stellt die Schweinemast dar. Während die Viehtrift im Herbst langsam zu Ende ging, wurden die Schweine in den Wald getrieben. Der wichtigste Bestandteil des Schweinefraßes, Eckerich genannt, waren dann die Eicheln

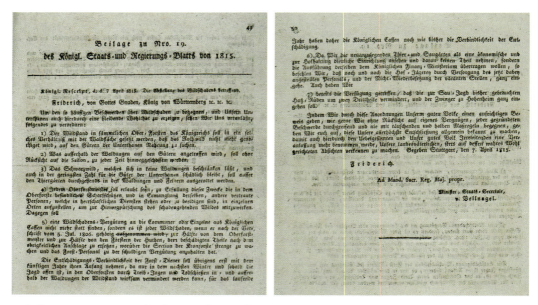

Erlaß von König Friedrich aus dem Jahre 1815 zur Milderung von Wildschäden.

(Fruchtertrag in Samenjahren etwa 5000 kg/ha). Sie bildeten mit Bucheckern, Nüssen, Wildobst, Hagebutten, Schlehen, Speierlingsfrüchten und Beeren die Obermast. Zur Untermast gehörten dagegen Wurzeln, Pilze, Mäuse, Würmer, Schnecken und Insektenlarven. Die Schweinemast war wirtschaftlich von erheblicher Wichtigkeit und häufig eine beträchtliche Erwerbsquelle für den Grundherrn. Urkundlich läßt sich ihre Nutzung hierzulande bis ins 3. Jahrhundert n. Chr. verfolgen. Die Förster sprechen in einem Eichen- und Buchensamenjahr heute noch von einer Eichen- bzw. Buchenmast.

Die Gepflogenheiten der Waldweide und der Eichelmast änderten sich grundlegend erst, als sich in Württemberg der Kartoffelanbau dank des Waldenserführers Henry Arnaud aus Schönenberg bei Mühlacker durchsetzte. Die Entlastung des Waldes von der Waldweide wurde in der Folgezeit nicht nur durch Forstgesetze erzwungen, sondern auch durch die wachsende Erkenntnis, daß das Vieh

Schweinemast im Walde, dargestellt auf dem Novemberbild im Breviarium Grimani vom An-
fang des 16. Jahrhunderts. Die beiden Hirten versuchen die Eicheln zu „possen", d.h. herun-
terzuschlagen.

auf entlegenen Waldweiden nur ungenügend zu ernähren sei. Seit Beginn des 19. Jahrhunderts setzte sich daher die Stallfütterung durch.

Auch nach dem Ende der Waldweide Anfang des 19. Jahrhunderts bestand weiterhin die Last der Wildschäden. Der württembergische König Friedrich erließ deshalb 1815 den vorstehenden Erlaß zur Milderung der Wildschäden.

Eine entscheidende Reduzierung der Wildschäden brachte dann die Märzrevolution von 1848 mit der Abschaffung des selbständigen Jagdrechts. Grundeigentum und Jagdrecht wurden vereinigt, was eine äußerst intensive Bejagung zur Folge hatte. Die Naturverjüngung von Tanne, Buche und Eiche wurde auf großer Fläche wieder möglich. Rotwild ist danach in unseren Wäldern bis zum Erlaß des Reichsjagdgesetzes im Jahre 1934 selten geworden.

Eine Miniatur aus der Manessischen Liederhandschrift zeigt einen bei der Wildschweinjagd auf den Baum geflüchteten Jäger. Bis heute birgt die Jagd auf Sauen für Jäger, Treiber und Hunde ein Risiko. Ich selbst mußte einmal einen Jagdgehilfen, den passionierten Philipp, aus einer mißlichen Situation befreien. Er war vor einem angeschossenen wütenden Keiler auf eine etwas tiefer beastete Weißbuche geflüchtet, worauf das Tier wütend den Baum attackierte und der Bedrängte immer wieder seine Füße hochziehen mußte, bis ich dem Keiler den Fangschuß gab.

Der Baum, der Manna spendet

Esche – Blumenesche, Mannaesche
Fráxinus ornus L.
Familie Ölbaumgewächse

Die Heimat des bis zu 20 m hohen Baumes ist Südeuropa und Westasien, aber er folgt auch den südlichen Alpentälern von Untersteiermark, Kärnten und Südtirol. Die cremeweißen, süßlich duftenden Blüten bieten Ende Mai, leider nur für wenige Tage, einen hübschen Anblick, daher auch der Name Blumenesche. Im Gegensatz zu den braunschwarzen Endknospen der Gemeinen Esche sind die der Blumenesche silbergrau.

Manna war nach dem Alten Testament die wunderbare Nahrung der Israeliten bei ihrer Wüstenwanderung. Bei Joh. 6, 30–31 ist zu lesen: „Da sagten sie zu ihm: Was tust du nun für ein Zeichen, damit wir es sehen und dir glauben? Was wirkst du? Unsere Väter haben in der Wüste das Manna gegessen, wie geschrieben steht: Brot aus dem Himmel gab er ihnen zu essen." Daß Gott seinem ungehorsamen, hungernden Volk gegen dessen Erwartung auch in der Wüste Nahrung schaffen konnte, ist das eigentliche Wunder. Alle Versuche, es dem Übernatürlichen zu entziehen und eine natürliche Erklärung dafür zu finden, waren vergeblich und verwiesen zurück auf das Hebräische und die Bibel. Ex 16,15: „Und da es die Kinder Israels sahen sprachen sie untereinander: Man hu (ha) – d.h., was ist das? – denn sie wußten nicht was es war. Mose aber sprach zu ihnen: Es ist das Brot, das euch der Gott zu essen gegeben hat."

Aus dem an der Luft eingetrockneten Siebröhrensaft der Manna-Esche, der nach Einschnitten am Stamm oder nach Einstichen der Manna-Zikade ausfließt, hat man die süß schmeckenden, flachen Mannastücke gewonnen (Ex 16, 31). „Es war weiß wie Koriandersamen und hatte einen Geschmack wie Honigkuchen." Viele Wissenschaftler vertreten heute die Ansicht, daß das Manna des Altertums eine Schildlaus-Ausscheidung an der Manna-Tamariske war. Heute wird in Eschenplantagen Siziliens und Kalabriens das „Manna" gewonnen, welches zur Herstellung von Abführmitteln Verwendung findet. Wesentlicher

*Die creme-weißen, duftenden Blüten schmücken Ende Mai die Blumenesche.
Leider ist die Blütenpracht nur von kurzer Dauer.*

Bestandteil ist Mannit, ein süß schmeckender, sechswertiger,
d.h., höherwertiger Alkohol (Grandjot 1981, S. 76).
Das älteste Exemplar einer Blumenesche in Bietigheim dürfte im
Vorgarten des ehemaligen Hofkammerforstamtes in der Molt-
kestraße 51 stehen. 1957 habe ich diese Pflanze von einer geo-
logisch-botanischen Exkursion mit Prof. Dr. Georg Wagner aus
Italien mitgebracht.

Gefiedert oder Einblättrig

Esche – Einblattesche
Fráxinus excélsior var. diversifólia L.
Familie Ölbaumgewächse

Die Esche, stockend auf 2,7% der Waldfläche von Baden-Württemberg, hat eine Keimverzögerung, die mehr als acht Jahre dauern kann. Dies bringt den Vorteil, daß in einem für die Keimung ungünstigen Jahr nicht alle abgeworfenen Samen für die Verjüngung des Waldes verloren sind.
Die Eschenblüten auf dem Stamm können, wie auch beim Maulbeerbaum, zwittrig oder eingeschlechtlich sein, d.h. sie sind polygam.

Ein Baum, zwei Laubformen

Im Stromberg kann man bei aufmerksamer Beobachtung einige Bäume, die man allerdings an den Fingern abzählen kann, mit einer der Kirsche ähnlichen Belaubung finden. Bei näherer Betrachtung ist zu erkennen, daß sowohl Borke als auch Knospen denen unserer Esche entsprechen. Es handelt sich um die sogenannte Einblattesche, eine Mutationsstufe der gewöhnlichen Esche mit unpaarig gefiederten Blättern (Halla 1972, S. 107).
Nach Schaaf liegt hier ein interessanter stammesgeschichtlicher Rückschlag, auch Atavismus genannt, vor. Es ist anzunehmen, daß die Eschen in früheren Erdperioden einblättrig waren und sich erst allmählich zur gefiederten Form weiterentwickelt haben. Dies kann aus der Keimlingsentwicklung geschlossen werden. Der Eschensamen treibt beim Keimen zunächst die zwei länglichen Keimblätter (*Kotyledonen*). Als zweites Blatt erscheint eines, das demjenigen unserer Einblattesche entspricht, erst dann folgen unpaarig gefiederte Blätter. Die einblättrige Esche bleibt demnach auf der Entwicklungsstufe des zweiten und manchmal auch des dritten Blattes stehen.
Im Schloßpark von Monrepos bei Ludwigsburg ist mir auf dem Vestinplatz ein Baum bekannt, bei dem eine Knospe bzw. heute

der Ast, einer einblättrigen Esche die normale Entwicklung zur Fiederblättrigkeit vollzogen hat und jährlich, im Gegensatz zum übrigen Stamm, normale Fiederblätter entwickelt.

Das so seltene Vorkommen der Einblattesche dürfte mit ihrem langsameren Wachstum zusammenhängen, wobei die Forstleute wohl unbewußt kräftig mitgeholfen haben, die Einblattesche quasi zum Verschwinden zu bringen. Bei den Pflegehieben werden nämlich die geringwüchsigen Bäume ausgehauen. Da diese Arbeiten primär im Winter, also im laublosen Zustand erfolgen, werden einblättrige Individuen als solche nicht erkannt. Auch bei der Esche in Monrepos wird deutlich, daß der normalblättrige Ast wüchsiger ist als die einblätterigen Teile.

Die stammesgeschichtlich ältere Einblattesche (links) vermittelt im belaubten Zustand einen vollkommen anderen Eindruck als die heute verbreitete fiederblättrige Form (rechts). Im winterkahlen Zustand sind die beiden kaum zu unterscheiden.

Leider hat der Sturm Lothar am 26. 12. 1999 den Stamm geworfen. Der fiederblättrige Ast hatte zu diesem Zeitpunkt ein Alter von ca. 50 Jahren. Herr Prof. Dr. Fink, Institut für Forstbotanik der Universität Freiburg, hat freundlicherweise sowohl das Holz des einblättrigen Baumteiles als auch des fiederblättrigen Astes für mich untersucht und schreibt mit Datum 06. 02. 2001: „Die Holzprobe der Einblattesche zeigt schmälere Jahresringe als die Vergleichsprobe des normalblättrigen Astes; ansonsten sind aber keine Abweichungen in der Holzstruktur zu beobachten. Ihre Vermutung, daß die Einblattesche evtl. mehr juveniles Holz zeigt, konnte somit nicht bestätigt werden. Allerdings wäre es auch theoretisch nicht zu erwarten gewesen, da die Einblättrigkeit ja auch kein morphologisches Kennzeichen des Jugendstadiums der „normalen" Esche darstellt. Man könnte höchstens darüber spekulieren, inwieweit die Einblättrigkeit ein entwicklungsgeschichtlich ursprüngliches Merkmal sein könnte. Dies hat jedoch mit der Individual-Entwicklung eines Baumes, auf

Bei dieser Einblattesche im Park von Monrepos hat eine Knospe (rechts), heute ein Ast, die Entwicklung zur Fiederblättrigkeit durchlaufen. Beide Eschenformen existieren hier in einem Baum.

die sich das Vorkommen juvenilen Holzes bezieht, keine unmittelbare Verbindung."

Dank Hilfe der Leiter der Hofkammerreviere Kirbachhof und Freudental, Herrn Rimmele und Herrn Hahn, konnte in den Jahren 1965 bis 1981 ermittelt werden, daß im Durchschnitt bei den drei im Wald vorhandenen älteren Einblatteschen der Laubausbruch um 6,7 Tage und der Laubabfall um 11,1 Tage später erfolgt als bei unserer normalblättrigen Esche.

Eine weitere Besonderheit: Der Hauptstiel des Blattes der fiederblättrigen Form hat auf der Oberseite eine mehr oder minder deutliche Rinne, die zum Ansatz der Fiederblätter hin geöffnet ist. Ein Teil des von den kleinen Blättern aufgefangenen Regenwassers fließt so durch diese Rinne und wird von haar- und schildförmigen Zellgruppen aufgesogen bzw. ähnlich wie bei der Rotbuche zum Stammfuß geleitet. Die entwicklungsgeschichtlich ältere Einblattesche hatte diese zum Stammfuß gerichtete Wasserzufuhr nicht. Ob das frühere Ausschlagen der Blätter oder der Wasserabfluß etwas konzentriert am Stamm der jüngeren fiederblättrigen Form geholfen hat, die einst einblättrige Form zu überflügeln, muß man offenlassen.

Das Ministerium für Ernährung, Landwirtschaft, Weinbau und Forsten Baden-Württemberg hat in dankenswerter Weise meiner Bitte entsprochen und am 18. 06. 1971 die Forstämter gebeten, alle bekannten Vorkommen der Einblattesche im Forstbezirk zu melden. In der Zeit vom 07. 07. 1971 bis 16. 09. 1971 wurden mir folgende Standorte mitgeteilt:

• Bietigheim Hofkammerforstamt, Distrikt Abtshau 1 Kelterle, Gemarkung Kleinsachsenheim, mitherrschend

• Bietigheim Hofkammerforstamt, Distrikt Mutzig 2 Rehsprung, Gemarkung Kirbach /Ochsenbach, Brusthöhendurchmesser 26 cm, unterdrückt bis mitherrschend

• Hofkammerforstamt Bietigheim, Distrikt Baieracker 15 Haslacher Köpfle, Gemarkung Kirbach/Ochsenbach, Brusthöhendurchmesser 20 cm, unterdrückt bis mitherrschend

- Blaubeuren staatliches Forstamt, Staatswald Distrikt Rusenschloss 5, Gemarkung Blaubeuren, Brusthöhendurchmesser 10 cm, etwas unterdrückt

- Eberbach staatliches Forstamt, Waldbesitzer E. Kessler, Weisbach, Gemarkung Weisbach, Brusthöhendurchmesser 24 cm Traufbaum (SW-Rand)

- Lienzingen staatliches Forstamt, Staatswald Distrikt Mühlwald 2, Gemarkung Schützingen, Brusthöhendurchmesser 11 cm, mitherrschend

- Löffingen staatliches Forstamt, Stadtwald Löffingen Distrikt IV, Gemarkung Löffingen, Brusthöhendurchmesser 4 cm, mitherrschend

- Schöntal staatliches Forstamt, Staatswald Schöntal, Entenwäldle, Gemarkung Schöntal, Brusthöhen-durchmesser 20 cm, mitherrschend am Westtrauf

- Solitude staatliches Forstamt, Stadtwald Distrikt Föhrich 5, Gemarkung Stuttgart-Weilimdorf, Brusthöhendurchmesser 18 cm, solitär

- Tauberbischofsheim staatliches Forstamt, Distrikt Stammberg 8 Stadtwald Tauberbischofsheim, Brusthöhendurchmesser 26 und 32 cm, zwei Bäume ca. 60 – 70-jährig

- Urach staatliches Forstamt, Staatswald XVIII 9, Gemarkung Feldstetten – Klostermarkung, Brusthöhendurchmesser 25 cm

Von den Blättern weiß man, daß diese sich leichter ändern (mutieren) als etwa das Holz. Bemerkenswert ist, daß die Eschenblätter, sowohl die einblättrigen wie auch die normal-blättrigen, nicht zur schönen Herbstfärbung unserer Wälder beitragen. Sie schleichen sich sozusagen davon, ohne ihr Grün zu verlieren.

Blick auf eine Eschennaturverjüngung aus dem Hofkammerdistrikt Abtshau. Beide Blattformen wachsen hier nebeneinander. (Foto Möllenkamp 1999).

Eine Absaat von einer älteren Einblattesche aus dem Hof-kammerdistrikt Abtshau, die dank der Hilfe von Revierleiter Günter Hofmann 1980 in der Hofkammerpflanzschule Pfahlhof gemacht werden konnte, brachte ca. 50% fiederblättrige Eschen-pflanzen, der Rest streute, d.h. mendelte auf zwischen rein ein-blättrigen Individuen und solchen mit einem Fiederpaar, jedoch in kleinblättriger und ungestielter Form. Eines dieser zwei klei-nen Fiederblättchen ist zuweilen auch nicht ausgebildet. Dabei ist zu bemerken, daß der einblättrige Mutterbaum im Verband mit fiederblättrigen Individuen steht und somit von dort her auch befruchtet wurde.

Samen mit Propeller

Eingehende Versuchsreihen haben deutlich gemacht, daß unter den pflanzlichen Flugkünstlern das Propellerprinzip der Ahornfrucht mit den höchsten Wirkungsgrad hat, da sich hier die Sinkgeschwindigkeit auf nahezu ein Fünftel reduziert. Die Fähigkeit, länger in der Luft zu bleiben, ermöglicht es dem Wind, den Samen über eine größere Strecke zu transportieren. Insofern empfinde ich den Ahornsamen, der zudem bald zu 100% keimt, in meinem Garten und Spargelbeet als besonders lästig. Dabei stehen die Mutterbäume gar nicht so ganz nahe an der Grenze meines Grundstücks. Vergleichsweise kann die rotierende Frucht der Esche ihre Sinkgeschwindigkeit nur auf die Hälfte reduzieren. Propellerwirkung lassen auch die Samen der Fichte, Kiefer und Tanne erkennen, diese besitzen zusätzlich ein ausgezeichnetes Gleitvermögen und können so vom Wind hervorragend über Schneeflächen getrieben werden (Engel 1968, S. 246).

Eschenholz, zäh und biegsam

Die Esche gehört, wie die Eiche, Robinie und Ulme, zu den ringporigen Hölzern, d.h. die Gefäße im Frühholz sind sehr weit und ohne Lupe erkennbar. Diese Laubhölzer haben alle einen Kern. Das Eschenholz ist wohl das zäheste und langfaserigste einheimische Holz. Es ist daher nicht verwunderlich, daß es ein Wagner namens Melchior Fink verwendet hat, um es unter Dampf zu biegen und damit die erste Radfelge aus einem Stück herzustellen. Dies war im Jahre 1810, also 20 Jahre bevor der Schreiner Thonet in Boppard ein Verfahren zum Biegen von Rotbuchenholz entwickelte, mit dem er dann seine – später weltberühmten – Bugholzstühle fertigte.

Das Holz der ursprünglichen Esche, der Einblattesche, das mir bereits 1971 Herr Prof. Dr. W. Knigge vom Institut für Forstbenutzung der Universität Göttingen in dankenswerter Weise untersuchte, zeigt gegenüber der fiederblättrigen Form keine Merkmale eines anderen, d.h. eines früheren Aufbaus. Wäre dies der Fall, könnte man z.B. am ältesten noch vorhandenen

Wagenrad feststellen, ob u.U. eine Einblattesche verarbeitet wurde. Die 1989 geborgenen Scheibenräder von Seekirch am Federsee werden der Jungsteinzeit zugeschrieben und stammen etwa aus der Zeit zwischen 2505 und 2280 v.Chr. Die Einschubleisten der Radteile, die sich heute im Württembergischen Landesmuseum befinden, sind aus Eschenholz gefertigt und die Radscheiben, die fest auf einer rotierenden Achse gesessen haben, aus Ahorn. Da nur die unteren Teile des zweirädrigen Wagens erhalten sind, ist anzunehmen, daß er einst im Moor eingesunken ist und nur diese konserviert wurden.

Bekannt sind Stiele aus Eschenholz. Dabei erhält man die besten, also zähesten, aus Stämmen mit groben Jahrringen, d.h. von solchen, die etwa an Bachufern gewachsen sind, während die an steinigen und trockenen Hängen mit wenig Spätholzanteil groß gewordenen Bäume im Vergleich kurzfaseriges und spröderes Holz liefern. Letzteres ist somit, etwa für hochwertige Turngeräte, weniger geeignet.

Unser Eßzimmer haben wir 1956 als Sennesche gekauft. Heute weiß ich, daß dieses aus Japan stammende hellfarbige und besonders feinjährige Holz mit Esche nichts zu tun hat, gleicht diesem aber zum Verwechseln.

Eschenjungpflanzen werden im Wald gerne vom Wild verbissen. Vielleicht haben unsere Altvorderen dies beobachtet und zuweilen im Schneitel- bzw. Kopfholzbetrieb Eschenlaubheu gewonnen. Für Laubheu allgemein eigneten sich vor allem Baumarten mit hohem Stickstoffgehalt, wie Esche, Ulme, Ahorn, Hainbuche. Wenn im Sommer bei Trockenheit das Futter knapp wurde, hieb man von diesen Arten belaubte Äste ab und legte sie dem Vieh vor. Diese Methode der Futtergewinnung bezeichnete man als schneiteln. Geschneitelte Laubhölzer wurden aber auch zur Winterfütterung an luftigen, überdachten Plätzen, den sogenannten Lauben getrocknet.

„Die Fütterung mit Eschenlaub scheint sehr alt zu sein. Nach der germanischen Mythologie soll bereits die Ziege Fleiddrun am Weltenbaum – der Weltesche Yggdrasil – geweidet haben" (Godet 1987, S. 32).

Von der Weltenesche Yggdrasil

In den alten Mythen waren Bäume die wichtigsten Vermittler zwischen den drei Welten, den unterirdischen Abgründen, der Erdoberfläche und dem Himmel. Die vielleicht vollkommenste und ergreifendste Darstellung dieses Sinnbildes eines Baumes finden wir in der Weltenesche Yggdrasil der nordischen und germanischen Mythologie (jüngere Snorra, Edda um 1225). In ihr verwirklicht sich die gesamte Weltenordnung: Die Krone dieser Esche überragt den Himmel (Asgard), ihre Zweige breiten sich in die „Draußenwelt" (Urgard) aus, und ihre Wurzeln reichen bis zum Aufenthaltsort der Toten (Niflheim). Sie ist Weltenbaum und Schicksalsbaum zugleich.

Nur gering ist der Unterschied zwischen Mensch und Baum, denn im Edda-Mythos (Völuspa) schufen die Söhne Börs aus Bäumen das erste Menschenpaar, aus der Ask (Esche) den ersten Mann und aus der Embla (Ulme oder Erle) das erste Weib (Guggenbühl 1963, S. 166). Aus dem altnordischen Wort Ask, das in den drei skandinavischen Sprachen noch immer unseren Baum bezeichnet, ist der Name Esche abgeleitet.

Nach der griechischen Sage war der Wunderspeer von Achilles, dem größten der vor Troja kämpfenden griechischen Helden, aus Eschenholz. Seine Mutter, die Meeresgöttin Tetis, hat Achilles durch ein Bad im Wasser des Styx am ganzen Körper unverwundbar gemacht mit Ausnahme der Ferse, an der sie ihn festgehalten hat. Genau an dieser Stelle wurde er von Paris' Pfeil tödlich verwundet. Noch heute kennen wir die Achillesferse in übertragenem Sinne als einen schwachen, verletzlichen Punkt. Je nachdem, welcher Baum früher austreibt, glaubt man auf den folgenden Sommer schließen zu können:

Kommt die Esche vor der Eiche,
hält der Sommer große Bleiche.
Kommt die Eiche vor der Esche,
hält der Sommer große Wäsche.

Sendbote des Südens

Eßkastanie, Edelkastanie, Maronenbaum, Kästenbaum
Castánea sativa MILL.
Familie Buchengewächse

Die Edelkastanien sind Wind- und auch Insektenblütler. Die Blüte ist sozusagen der alte Typus einer primitiven Käferblume auf dem Weg zur Windblütigkeit. Merkmale ihrer Insektenblütigkeit sind die Fernlockmittel der männlichen Blütenstände, wie Farbe der Blütenhülle und ihr auf Käfer besonders anlockend wirkender Duft. Ferner die reichliche Nektarabsonderung der männlichen Blüten. Die Merkmale in Richtung zur Windblütigkeit sind das zahlenmäßig hohe Übergewicht der männlichen Blüten und das Fehlen jeder Schaueinrichtung und Duftentwicklung der weiblichen Blüte.

Die Eßkastanien haben sehr wahrscheinlich die Römer zusammen mit dem Weinbau nach Südwestdeutschland gebracht. Unsere alteingesessene (autochthone) Roßkastanie (*Aesculus*) gehört übrigens einer ganz anderen Familie an und hat ihren Namen nur, weil ihre Früchte mit den stacheligen Fruchtschalen in Form und Größe denen der Eßkastanie sehr ähnlich sind. 1906 wurde eine rindenkrebsauslösende Pilzkrankheit aus dem fernen Osten nach Amerika eingeschleppt. Um 1938 gelangte diese Krankheit leider auch nach Europa, wo sie unsere in manchen Gebieten sehr schönen Edelkastanienbestände heimsuchte. Dank der ausgeprägten Fähigkeit der Eßkastanie, vom Stock wieder auszuschlagen, bleibt sie am Leben. Der heutige Waldflächenanteil in Baden-Württemberg liegt bei 0,3%.

Hartes Holz, feine Früchte

Das braune, stark nachdunkelnde Holz der Eßkastanie, spezifisches Gewicht 0,66 g/ccm, gehört zu den kernbildenden Arten. Das helle Splintholz ist, im Gegensatz zu dem der Eiche, nur in einem schmalen Ring ausgebildet. Infolge seines hohen Gerbstoffgehaltes ist das Kernholz über und unter Wasser sehr

Junge und daher noch gelbe Eßkastanien-fruchtstände am Grunde der bis 20 cm langen männlichen Scheinähre, diese ist bereits ein-getrocknet und hängt bogenförmig herab.

dauerhaft und wird, wie Eichen-holz, im Wasser immer härter und fester. Zuweilen kommt es aller-dings vor, daß in einem Jahrring weniger Schutzstoffe eingelagert werden, so daß dieser Jahrringzylin-der zu Fäulnis neigt, wodurch dann Ringfäule entsteht. Ich muß offen lassen, ob es hier einen Zusammen-hang gibt mit dem Zuckerhutsalat *Zichorium intybus var. foliosum* aus dem Garten meiner Frau, der teil-weise wunderbare, feste Köpfe bil-det, man aber zuweilen mittendrin ein einzelnes, einst voll ausgebildetes Blatt verfault vorfindet. Bei Streunutzung für den Weinbau, die vor allem wegen des hohen Nährstoffbedarfs der Reben wichtig war, erlitten Kasta-nienwälder den geringsten Schaden. Der Besitz eines solchen Wäldchens war daher für jeden Weinbauern von Vorteil. Die Eßkastanie gilt als kieselhold und braucht einen tiefgründigen, kalihaltigen Boden. Sie wächst auch auf Kalkböden, wenn sie dem Baum leichtlösliches Kali bieten.

Ein alter Kastanienbaum kann seinem Besitzer 50 bis 100 kg Früchte bescheren. Züchter streben es an, die ursprünglich drei und mehr Früchte je Fruchtbecher auf eine große zu reduzie-ren. Die Vermehrung dieser Sorten muß dann über Pfropfung erfolgen. Für kleinere Gärten empfiehlt es sich, derart veredel-te Bäume zu pflanzen. Diese haben, ähnlich der Walnuß, den Vorteil, keine so große Krone zu bekommen und bereits nach vier bis fünf Jahren Früchte zu tragen. Hinzu kommt, daß zu-mindest in Baden-Württemberg für diese Bäume ein nur halb so großer gesetzlicher Grenzabstand zum Nachbargrundstück ein-zuhalten ist.

Wie Plinius (23 bis 79 n. Chr.) berichtet, wurde Eßkastanien-holz schon zu Römerzeiten für Rebpfähle genützt und wie auch heute noch etwa in den Weinbaugebieten des Rheintales für die-sen Zweck in Form von Niederwäldern bewirtschaftet. Dazu sägte man im sogenannten Ausschlagwald die jungen Bäum-chen alle 10 bis 15 Jahre unmittelbar über dem Boden ab, um sie dann gespalten oder als Rundholz zu verwenden. Der Vorteil dieser Rebpfähle ist die große Dauerhaftigkeit des Holzes im Boden. Auch die englischen Whiskyfässer sind vielfach aus dem wenig arbeitenden Kastanienholz gefertigt.

Der von meinen Bienen eingetragene Eßkastanienhonig hat einen sehr eigentümlichen, aromatischen Geschmack. Es ist sozusagen ein Honig für Liebhaber, ähnlich wie für mich trockener Lemberger von Keupersteilhängen.

Die Früchte der Eßkastanie eignen sich hervorragend zum Rösten und werden als Maronen gerne zu Wein serviert, aber man kann sie auch gleich auf der Straße verzehren und sich dabei die klammen Finger wärmen. Vor dem Rösten schlitzt man die dünne Schale auf, da wegen des hohen Wassergehalts von 40% und der Dampfentwicklung im Inneren „Explosionsgefahr" besteht. Beim Rösten wird ihre mehlige Stärke, es sind etwa 44%, teilweise in Zucker umgewandelt. Für uns Kinder war es immer eine große Freude, wenn mein Vater im Vorwinter von den wenigen Bäumen in seinem Revier einige kleine Igelchen, wie wir die Kesten nannten, mitbrachte. Bekannt ist aber auch das Füllen von gebratenem Wild und Geflügel mit einem Brei aus Edelkastanien. Wir essen sie allerdings lieber, wenn die ganzen Früchte in Karamell gedreht sind. In manchen Mittelmeergegenden wird aus den Früchten auch Brot gebacken, das sogenannte „Baumbrot".

Wer holt Kastanien aus dem Feuer?

Die Redewendung „Die Kastanien aus dem Feuer holen" bedeutet, sich für einen anderen in Gefahr begeben oder zumindest, sich einer Unannehmlichkeit auszusetzen, ohne selbst etwas davon zu haben. Die Wendung wurzelt in einer Fabel, die durch Jean de La Fontaine (1621 bis 1695) bekannt geworden ist: Der Affe Bertram bewegt Kater Raton, geröstete Kastanien aus dem Feuer zu holen, die der Affe dann aber selber verzehrt.

Als Kastanien bezeichnet man aber auch, wohl aufgrund ihrer Form, Hornwarzen beim Pferd. An jeder Extremität befindet sich eine, und zwar vorne über der Fußwurzel und hinten, viel

Rehe haben an den Hinterläufen dicht unter-halb des Sprunggelenks je einen dunklen Haarbüschel unter denen Duftdrüsen sitzen. Wohl ausgehend von der Form, vielleicht auch abgeleitet von den Hornwarzen beim Pferd, bezeichnet man diese Haarbüschel als Kasta-nien.

kleiner, dicht unter dem Sprung-gelenk. Die Kastanie ist hier ein rudimentärer Hornschuh für das wegen des fehlenden Mittelfußkno-chens ganz in der Haut hängende Großzehenglied. Auch das Reh hat an den Hinterläufen dicht unterhalb der Sprunggelenke je eine Kastanie. Es sind dies kleine, dunkle Haar-bürsten, unter denen Duftdrüsen sitzen.

Theophrastos (griechischer Philo-soph und der erste Botaniker, um 372 bis 287 v. Chr.) nennt die Eßkastanie Zeus-Eiche. Der Grieche Herodot (Vater der Geschichtsschreibung, ge-storben um 425 v. Chr.) erwähnt eine Stadt Kastaneja. Es gab da-mals allerdings mehrere Städte mit diesem Namen. Somit ist da-von auszugehen, daß sich die Namen dieser Orte von dem Baum Kastanie ableiten und nicht umgekehrt. Nahe dem elsässischen Schlettstadt gibt es einen Ort Kestenholz, dessen Gründung nachweislich bis ins Jahr 679 n. Chr. zurückreicht.

Aufgrund ihrer Herkunft gilt die Eßkastanie bei uns bis heute als ein Symbol des Südens. Sie gilt aber auch als Zeichen des Menschlichen. Dies geht zurück auf den römischen Dichter Publius Vergil (70 bis 19 v. Chr.). Im Jahre 42 v. Chr. besiegten Oktavian und Antonius Brutus und Cassius bei Philippi im östlichen Makedonien. Die Veteranen der Sieger hatten nach römischem Recht Anspruch auf Landzuweisungen – heute völ-kerrechtswidrig von Siegermächten teilweise immer noch prak-tiziert. Um diese Wünsche befriedigen zu können, wurde u.a. auch Vergils Vater von Haus und Hof vertrieben. Im ersten sei-ner erzählenden Gedichte berichtet der Flüchtling: „Tityrus – Dennoch könntest du, Freund, die Nacht hier weilen und ru-hest über der Laubstreu aus. Wir haben saftige Äpfel, Fülle ge-ronnener Milch und Käs und reife Maronen."

Bäume und Geschichte

Eßkastanien werden manchmal sehr alt, und könnten sie er-
zählen, würde wohl manches Geschichtsbuch umgeschrie-
ben werden müssen. So stammt die vielleicht größte Eßkastanie des Südwestens mit ihren 700 Jahren aus dem hohen
Mittelalter. Sie steht mit einem stattlichen Stammumfang
von neun Metern im rheinland-pfälzischen Dorf Dannenfeld
am Ostabhang des 687 m hohen Donnersberg. Nach Hockenjos (1978, S. 143) steht die mächtigste Eßkastanie von Baden-Württemberg in 280 m Seehöhe auf dem Fürsteneck un-
weit des einst straßburgischen Amtsstädtchens Oberkirch.
Ihr Stammumfang mißt etwa 6,3 m, das Alter beträgt über
300 Jahre. Vielleicht hat dieser Baum just zu dem Zeitpunkt
gekeimt, als sich der württembergische Herzog Friedrich I.,
der 1608 verstorbene Sohn des Grafen Georg von Wirtem-
berg-Mömpelgard, von dem in Geldnöten steckenden Straßburger Bischof die Pfandherrschaft Oberkirch mitsamt der
Burg Fürsteneck erkaufte. Kurz danach (1592/1604) ließ
Pfandherr Friedrich aus der Stuttgarter Umgebung 30 000
und aus Reichenweiher im Oberelsaß 10 000 Rebstöcke
kommen und sie bei der Burg Fürsteneck und bei der benachbarten Ullenburg anpflanzen. Der Wert dieser Reben betrug 6 680 Gulden. Es waren Muskateller, Traminer, Gutedel,
im Fränkischen teilweise auch Junker genannt, sowie Wal-
heimer Samen. Unter letzterem versteht man Saatgut oder
Rebreiser aus Walheim, das als Standort eines Römerkastells
eine frühe und bedeutende Weinbaukultur hatte. Nun erst
konnte, dank der schwäbischen Obhut und Entwicklungs-
hilfe, der Renchtäler Weinbau so recht beginnen!
Reichenweiher war seit Graf Ulrich III. württembergisch.
Decker-Hauff und Raff (1995, S. 118) schreiben: „Ulrich hatte 1324 die großen elsässischen Herrschaften Horburg und
Reichenweiher erworben, die nun für Jahrhunderte mit Wirtemberg verbunden blieben. Er selbst liebte das Elsaß und
weilte oft dort. Wie sehr es dem Landesvater in seinen ‚Lan-
den überm Rhein' gefiel, verrät die Notiz über seine Todes-
ursache. Der etwa 60jährige wurde im Sommer 1344 von

einem elsässischen Hochadligen erschlagen, der den lebens-
lustigen Grafen von Wirtemberg an einer Stätte antraf, die er
für sich allein vorbehalten wähnte."

1336, damals gab es die Eßkastanie vom Donnersberg schon,
konnte Ulrich III. die Stadt Markgröningen erwerben, mit
der als Lehen die Reichssturmfahne verbunden war. Und so
taucht diese im späteren württembergischen Wappen auf.

Meine Frau, im Gegensatz zu mir eine Alt-Württembergerin,
kennt von ihrer Kindheit her den vom Württemberger
Wappen abgeleiteten Auszählvers: „Gitterle, Gäbele, Vögele,
Fisch ond du bisch's" (Gitterle = Rauten der Teck, Gäbele =
württembergische Hirschstangen, Vögele = Reichssturmfahne, Fisch = Barben aus dem Wappen der Henriette von Möm-
pelgard, Gemahlin Graf Eberhards IV., gest. 1419).

Ab 1961 war ich viele Jahre Geschäftsführer der Kreisstelle
für Naturschutz- und Landschaftspflege Ludwigsburg. Als
damals in Markgröningen ein altes Haus zum Abbruch frei-
gegeben wurde, habe ich erlebt, wie zunächst die Stadt im
ganzen Gebäude nach der Reichssturmfahne suchte. Diese
hat mit dem Recht der Schwaben auf den Vorstreit in den
Reichsschlachten nichts zu tun, vielmehr wurde Hartmann
von Grüningen bei Riedlingen, der unter dem zweiten Ge-
genkönig, Wilhelm v. Holland, die Würde eines Reichsban-
nerträgers innehatte, 1252 mit der Reichsstadt Markgröningen belehnt. Seitdem sehen sich die Markgröninger mit der
Reichssturmfahne verbunden an.

Die mündliche Überlieferung berichtet, daß vor etlichen
Jahrhunderten ein württembergischer Regent gen Markgröningen geritten sei, um dort die Reichssturmfahne in Augen-
schein zu nehmen. Die Bürger, die Angst hatten, der hohe
Landesherr könnte sie mitnehmen und höheren Orts aufbe-
wahren, versteckten die Reichssturmfahne so gründlich, daß
sie diese bis heute selbst nicht mehr gefunden haben.

Diese Geschichte scheint mir ähnlich zu liegen wie die der
Mantelreliquie des Frankenheiligen Martin. Dieser stammt
aus einer heidnischen Offiziersfamilie und wurde 316 in
Steinamanger in Ungarn geboren. Mit 15 Jahren steckte ihn

sein Vater in eine römische Reiterabteilung in Gallien. Dort kam es nach drei Jahren am Stadttor von Amiens zur Begegnung mit dem frierenden Bettler, dem er die Hälfte seines mit dem Schwert geteilten Mantels schenkte. In der Nacht erschien ihm Christus mit dem Mantelstück bekleidet. Nach dem Tod Martins, zuletzt Bischof von Tours, wurde die dem späteren Nationalheiligen der Franken verbliebene Mantelhälfte im Merowinger Schloß von Paris aufbewahrt.

Die Kappe des heiligen Martin soll den französischen Königen als Heerfahne gedient haben, ohne die sie nicht ins Feld zogen.

Wie mir Monsieur Farges, ein Freund aus unserer Partnerstadt Sucy en Brie, berichtete, befand sich diese Mantelreliquie später im Kloster St. Denis bei Paris (zur Erbauung dieses Klosters siehe im Kapitel Rotbuche, S. 243). Kurz vor der Französischen Revolution soll dann der König die Mantelreliquie in Sicherheit gebracht haben und seither ist sie, trotz intensiver Suche, nicht wieder aufgetaucht.

Unser Wort Mantel heißt im Lateinischen *capa* mit der verkleinerten Form *capella*. Unsere Damen tragen zuweilen heute noch ein sogenanntes Cape. Zu Zeiten der Merowinger, wie auch Karls des Großen, wurde aus dem Capa-Aufbewahrungsraum die Bezeichnung „Capelle" und der Schloßgeistliche war dann der „Caplan". Ein Chor, der a capella auftritt, singt ohne schützenden Mantel, d.h. ohne Begleitmusik.

Brotbaum der Waldwirtschaft

Gemeine Fichte, Rotfichte
Pícea ábies (l.) KARST
Familie Kiefergewächse

Bei der Fichte handelt es sich um einen immergrünen Nadelbaum. Die vierkantigen, spitzen Nadelblätter stehen am Terminaltrieb dichtspiralig, an Seitentrieben dagegen gescheitelt. Sie haben ein kurzes Stielchen, das den Zweig herabläuft und nach dem Abfall der Nadeln am Zweig verbleibt, wodurch dieser rauh gezähnt erscheint. Als Kinder haben wir uns derartige Zweigteile gegenseitig ins Haar gedreht – sie anschließend wieder herauszubringen, war nicht ganz leicht.

Um ihre Pollen möglichst weit zu verbreiten, haben die Fichte und die Kiefer einen besonderen Weg beschritten. Sie senken das spezifische Gewicht der Pollen durch Ausbildung von weit ausladenden dünnhäutigen Luftsäcken. Thermische Aufwinde können so die „Ballonpollen" in Höhen bis zu 2000 m hinauftragen, von wo sie mitunter Hunderte von Kilometern verweht werden.

Die Formen ihrer Verzweigung variieren bei der Fichte sehr stark. Nach Schmidt (1991, S. 13) ist dies das Ergebnis der Auseinandersetzung der „angeborenen Architektur" mit der Umwelt, letztlich also standortbedingt. Am häufigsten tritt die Kammfichte mit ihren waagrechten Ästen und vorhangähnlich herabhängenden Zweigen zweiter und folgender Ordnung auf. Daneben findet man die Bürstenfichte mit der bürstenartigen Anordnung der viel kürzeren Zweige zweiter Ordnung und in höheren Lagen, wo der Schnee kronenformend Einfluß nimmt, die Säulenfichte mit einer mehr oder weniger horizontal angeordneten, aber leicht herunterbiegsamen Verzweigung erster Ordnung.

Die hängenden Zapfen fallen nach der Reife als Ganzes ab und nicht in einzelnen Schuppen, wie etwa bei der Weißtanne (*Abies alba*).

Die Wurzel der Fichte lebt in Symbiose mit dem kegelhütigen, sehr giftigen Knollenblätterpilz (*Amanita virosa*), aber auch mit dem schon von den Römern und meiner Familie hochgeschätzten

Steinpilz (*Boletus edulis*, siehe dazu auch den Beitrag über Pilze im Kapitel Eiche).

Im deutschen Namen steckt das Wort Pech. Dasselbe gilt vom lateinischen Gattungsnamen Picea, in dem *pix, picis*, Pech enthalten ist. Auch das griechische Wort *Pitys* ist wortverwandt. Nach der griechischen Sage war Pitys eine schöne Nymphe, die von Pan, dem Gott der Bergwälder, und von Boreas, dem Gott des Nordwindes, heftig geliebt wurde. Pan war der Begünstigte. Dadurch zog sich die Schöne Boreas' Rache zu, der sie zu Boden warf. Aus Mitleid verwandelten sie die Götter in den Baum ihres Namens. Seither bekränzte sich Pan mit Fichtenzweigen und betrauerte weinend die Geliebte. Der Baumname Fichte ist im indogermanischen Sprachbereich nur im Deutschen gebräuchlich. Eine Nebenform, althochdeutsch *fiuhta*, lebt noch in Ortsnamen wie Feuchtwangen oder in Mundartformen wie Feichten, der südbayerischen Bezeichnung für Fichten, fort.

Hier sitzen an den Trieben des Vorjahres oben die männlichen Blüten der Fichte, rechts unten eine weibliche, bei der man schon die Zapfenanlage erkennt.

Großer Flächenanteil, hoher Nutzwert

Die Fichte ist mit ihren 42% Waldflächenanteil in Baden-Württemberg unser wichtigster Forstbaum. Von der Verbreitung her haben wir es mit einer eurasischen Pflanze zu tun. Diese hatte ihr Eiszeitrefugium auf dem Balkan. Von dort aus wanderte sie mit zunehmender Erwärmung nach Nordwesten und kam mit ihrer Westgrenze im Schwarzwald um ca. 2000 v. Chr. an. Um 800 n. Chr. sah die Artenverteilung im Nordschwarzwald prozentual folgendermaßen aus: 5% Fichte, 40% Buche, 5% Eiche, 50% Tanne. Um 1500 n.Chr. hatte sich dieses Bild wesentlich verändert: 70% Fichte, 10% Buche/Eiche und 20% Tanne.

In die Weinbaugebiete des württembergischen Unterlandes kam die Fichte erst durch menschliches Einwirken. Nach der Kieser'schen Forstkarte, die zwischen 1683 und 1886 entstand, gab es im Raum Stuttgart-Heilbronn nur Laubwälder (Halla 1972, S. 99). Da sie für den im Neckartal verbreiteten Weinbau zu wenig Rebpfähle lieferten, mußten diese aus dem Nadelholzgebiet des Schwäbisch-Fränkischen Waldes herbeigeschafft werden. Zur Erleichterung der Organisation ließ Herzog Eberhard Ludwig im Jahre 1722 durch seinen Liebensteiner Amtmann Becht den Pfahlhof zwischen Neckarwestheim und Winzerhausen als Umschlagplatz erbauen. Der örtliche Mangel an Nadelnutzholz führte wohl auch dazu, daß im Nachbarort Ilsfeld (Kreis Heilbronn) seit 1521 bis heute jährlich ein Holzmarkt abgehalten wird.

An bestimmten, langsamen gleichmäßigen Wuchs bedingenden Standorten, wie etwa im Gebirge, liefert die Fichte bestes Resonanzholz für Musikinstrumente. Dieses Holz ist ein vorzüglicher Schall-Leiter und deshalb für die Schwingungsübertragung besonders geeignet. Schon seit Jahrhunderten verwendet man es, um Decken von Streich- und Zupfinstrumenten oder Resonanzböden von Klavieren herzustellen.

Da die Fichte das Beschneiden der Zweige gut verträgt, ist sie für lebende Hecken geeignet. Es empfiehlt sich, diesen eine leichte Trapezform zu geben, damit die Seitenflächen besser belichtet werden.

Durch Auskochen der Fichtennadeln mit Wasser gewinnt man ein harntreibendes Mittel, das auch für Bäder verwendet wird. Fichtennadelöl, mit Hilfe von Äther ausgezogen, dient zum Inhalieren sowie zum Aromatisieren von Zimmerluft, aber auch als Badezusatz und Seifenöl. Man bekommt es in Apotheken und Drogerien.

Aus dem schnellwüchsigen und leicht zu bearbeitenden Fichtenholz wurden gerne auch Bettgestelle gemacht. In den Bauernhäusern, wo oft Heu und Stroh über dem Schlafraum gelagert war und zuweilen loses Material, etwa Juckreiz verursachende Gerstengrannen, durch die Ritzen der Decken rieselte, spannte man mit Stoff einen sogenannten Himmel über das Bett. Dazu wurde auf den nach oben verlängerten Bettfüßen ein waagrechter Bretterrahmen gezimmert, in den man bogenförmig Weidenruten spannte, um dann darüber den schützenden Stoffhimmel zu ziehen. Hatte die Bauersfrau kleine Ersparnisse, so legte sie diese auf den Rahmen des Betthimmels, also auf die sogenannte hohe Kante.

Um jeden Ast eines Baustammes muß der axiale Kraftfluß herumgeleitet werden, dadurch entstehen Spannungsspitzen. „Diese stören den vom Baum so geliebten Zustand der Spannungskonkurrenz und er beginnt sofort durch Verdickung des gerade zuwachsenden aktuellen Jahrringes im Bereich der Wundstelle diese lokal hohen Spannungen abzubauen" (Mattheck).

Die große Zeit der Flößerei

Im Schwarzwald geschlagene Stämme wurden zu Flößen zusammengebunden und dann die Flüsse hinuntertransportiert. Das erste Floß auf der Enz dürfte vermutlich schon von den Römern gebaut worden sein. Markgraf Rudolf IV. von Baden und Graf Ulrich III. von Württemberg schlossen 1342 in Stuttgart einen Vertrag, in dem sie erklären, daß sie auf Bitten der Reichsstadt Heilbronn die Flüsse Würm, Nagold, Enz und Neckar für die Flößerei öffnen und dies auf „immer und ewiglich" so bleiben solle (Scheifele 1996, S. 53).

Zur Erzeugung von astreinem Holz müssen unter anderem Fichten frühzeitig geästet werden, damit die Astansätze überwallt werden und später saubere Jahresringe zuwachsen können. Hier hat die Überwallung gerade begonnen, und es dauert etliche Jahre, bis sie abgeschlossen ist. Jeder zuwachsende Jahrring hat nur so viel Wert wie der Stamm, dem er sich anlegt. Sparen an der Pflege unserer Wälder kann sich langfristig sehr nachteilig auswirken.

Unter der Regentschaft von Herzog Eberhard Ludwig, dem Erbauer des Ludwigsburger Schlosses, schwammen um das Jahr 1690 die ersten Langholzflöße in die Niederlande. Ziel der bis zu 280 m langen und maximal vier Meter breiten Flöße aus dem Gebiet des oberen Enztales war zunächst der große Umschlagplatz bei Besigheim, wo die Enz in den Neckar mündet. Hier vereinigte man die Gestöre (Flöße) zu wesentlich größeren Einheiten, die dann verstärkt und auch mit zusätzlicher Fracht, der sogenannten Oblast, beladen wurden.

Zum Zusammenbinden der Stämme verwendeten die Flößer sogenannte Wieden – vermutlich abgeleitet von Weide. Die saft-
frischen Wieden müssen aus zähen, zuvor in einem Bähofen
(bähen = feucht erhitzen) mäßig erhitzten Ästen oder schwachen Stengelchen aus Fichte und Tanne, seltener aus Hasel und
Eiche, gedreht werden. Das Einbinden der Rundholzstämme
oder bereits im Schwarzwald gesägter bzw. behauener Balken erfolgte in der Art, daß die Wieden durch eingedrehte eiserne
Wiedösen (Wiedschrauben) oder durch in das Holz gebohrte
Wiedlöcher gezogen und verknüpft wurden. Solche Wiedlöcher
kann man in manchem Gebälk, wie auch in Bietigheim-Bissingen, heute noch finden. Damit die Wieden nicht scheuerten und
brachen, wurden die scharfen Lochkanten durch Heraushauen
eines kleinen Dreiecks etwas entschärft.

Nach dem Ausbau der Eisenbahn – 1853 erbaute Carl Etzel
das eigentliche Wahrzeichen von Bietigheim, den Eisenbahn-
viadukt – kam die Flößerei 1919 zum endgültigen Erliegen.
Beschleunigt wurde dies wohl auch durch den Unmut der zahlreichen Wasserwerksbesitzer – Mahl- und Sägemühlen, Ham-
merschmieden, Loh-, Walk-, Papiermühlen usw. –, die bei jedem die Enz herunterkommenden
Floß ihre Werkskanäle schließen
mußten.

Um den zunehmenden Brennholz-
mangel und die damit verbundene
Holzverteuerung in den waldarmen
Gegenden am Unterlauf von Enz und
Neckar wenigstens etwas zu lindern,
schlossen Markgraf Karl Friedrich
von Baden und Herzog Karl Eugen
1747 den sogenannten Wildbader
Rezeß (Vergleich). Damit wurde die
Trift von Scheiterbrennholz eingeführt. Um die Langholzflößerei nicht
zu behindern, durfte die Trift nur im
Winterhalbjahr erfolgen (11. November bis Ende April).

Mit dem Langholz aus dem Schwarzwald konnten z.B. die großen Bauten

*Der Querbalken dieses Fachwerkhauses im
Schwätzgässle 11 von Bietigheim wurde offensichtlich vom Schwarzwald herabgeflößt,
denn man sieht hier noch das Loch, durch das
die Wieden gesteckt wurden, um die Stämme
zusammenzuhalten. Damit die Wieden an den
scharfkantigen Bohrlöchern nicht brechen,
wurden diese durch Heraushauen eines Dreiecks entschärft.*

in Ludwigsburg und Markgröningen errichtet werden. Neben der reinen Holzmenge war dabei entscheidend, daß die Stämme nun viel länger waren als die der vor Ort vorhandenen Eichen. Wesentlich größere Räume konnten nun freitragend überspannt werden. Diese mußte man allerdings auch heizen und so waren die Bewohner dieser Räume auf das die Enz heruntergetriftete Brennholz angewiesen. In Bissingen wurde mittels eines schräg über die Enz angelegten Holzrechens das den Fluß heruntertriftende Scheitholz seitlich in den sogenannten Holzkanal abgeleitet, von dem heute noch der obere Teil und das Einlaufbauwerk zu sehen sind. Von Bissingen wurde dann das Holz auf dem Landweg in weitere Orte transportiert; die eigens 1775 gebaute Holzstraße nach Ludwigsburg ist in großen Teilen heute noch vorhanden.

Von Papier und Pech

Das Holz der Fichte ist neben der im Unterland weniger häufig vorkommenden Tanne, die mehr Niederschläge benötigt, der wichtigste Rohstoff für die Papierherstellung. Die Fachwelt ist der Meinung, daß in China der kaiserliche Hofbeamte Tsai Lun um 105 n. Chr. erstmals Papier herstellte. Bis dahin mußten die gebildeten Chinesen ihre 7000 bis 10 000 verschiedenen Schriftzeichen auf schmale Bambusstäbe pinseln, die mit Lederschnüren zu Seiten bzw. zu Büchern verbunden wurden. Dadurch entstand die für uns ungewohnte Schreibweise von oben nach unten. Eine chinesische Erfindung, die mit dem Papier zusammenhängt, ist auch die Tapete; französische Missionare brachten sie im 15. Jahrhundert nach Europa.
Im Raum des heutigen Deutschlands galt bis ins 14. Jh. hinein Pergament, das aus Ziegen-, Schaf- und Kalbshäuten hergestellt wurde, als das übliche Schreibmaterial, dann führten Kaufleute Papier, das Wort ist abgeleitet von der dazu verwendeten Papyrusstaude, aus Italien ein. Heute ist Papier als beschreibbarer Stoff auf der ganzen Erde eines der grundlegenden Kulturmittel. Zur Papierherstellung wurden ursprünglich Pflanzenfasern so zertrennt und vereinzelt, daß sie, in viel Wasser schwimmend, einen dünnen Brei bildeten. Aus diesem wird mit einem

Normalerweise trägt die Fichte etwa alle vier Jahre Zapfen. Dieser Zweig hat sowohl Zapfen aus dem Vorjahr wie auch neue Zapfenanlagen. Durch Luftschadstoff kranke Bäume fruktifizieren häufiger, was sie zusätzlich schwächt und auch zu Nadelverlusten führt.

sehr feinen, rechteckigen Messingsieb, das der Größe des gewünschten Papierbogens entspricht, eine abgewogene Menge geschöpft. Das Wasser läuft ab, die Fasern verfilzen zu einer dünnen Schicht, die, aus dem Sieb gehoben und getrocknet, die älteste und einfachste Form des Papiers darstellt – handgeschöpft aus der Bütte. Sollte ein Wasserzeichen das Papier zieren, nähte man entsprechend geformte Drahtfiguren auf den Siebboden auf. An diesen Stellen lagerte sich weniger Papiermasse ab, wodurch der Bogen dort etwas durchsichtig erscheint. Diese individuellen Markenzeichen können heute helfen, undatierte Schriftstücke, Pläne und Drucke zeitlich näher einzuordnen. Das hier beschriebene Verfahren ist auch bei der modernen maschinellen Papierfabrikation vom Grundsatz her gleich geblieben.

Der von Ulmann Stromer 1390 errichteten ersten deutschen Papiermühle in Nürnberg folgte innerhalb weniger Jahrzehnte eine Vielzahl weiterer Betriebe, denn die Papiernachfrage stieg ständig. Natürlich auch durch die Erfindung Johannes Gutenbergs, dem der Druck mit beweglichen Lettern aus Metall um die Mitte des 15. Jahrhunderts gelang. Ob er als alleiniger Erfinder dieser Kunst gelten kann, sei dahingestellt, denn bereits während der Tang-Dynastie (618 bis 907) druckte man in China mit auswechselbaren Schriftzeichen aus dem Holz der chinesischen Gleditschie und des Birnbaums.

Die neuen Papiermühlen verarbeiteten ausschließlich Lumpen, also Hadern. Dieses Material konnte jedoch durch die eingesetzten Hadernsammler – im Volksmund auch „Hadernlumpen" genannt – nicht unbegrenzt zusammengetragen werden. Die Suche nach einem Ersatzstoff ist daher verständlich. Erfolglos versuchte man es im 18. Jh. u.a. mit Stroh, Holz, Tannenzapfen, Torf und Moos. Erst nach 1800 wurden Stroh und Altpapier zum wichtigen Rohstofflieferanten für Papier. Mit Erfindung des Holzschliffverfahrens durch den sächsischen Weber Keller um

1840 wurde Holz der Rohstoff für geringere Papiersorten, die allerdings nicht sehr alterungsbeständig waren. Bei Rinden- bzw. Holzverletzungen an Fichten können zuweilen größere Mengen Harz austreten, das sich, ähnlich wie abtropfendes Kerzenwachs, am Stamm zu mehr oder minder großen Klumpen verdichtet und eintrocknet. Wenn mein Vater im Herbst ins Revier ging, hatte er meist ein kleines Säckchen dabei und sammelte, wie auch seine Holzhauer, dieses sogenannte Scharrharz. Es wurde für das große Winterfest, den jährlichen Schlachttag, benötigt. Für mich als Bub war das zwar immer ein herausragendes Ereignis. Weil damals das Fleisch noch tierwarm, also in höchstmöglicher Frische, verarbeitet wurde, hatten das Kesselfleisch sowie die Blut- und Leberwürste einen besonders feinen und typischen Hausschlachtungsgeschmack. Aber ein beklemmendes Gefühl mußte ich an diesem Tag doch stets überwinden, hatte ich doch übers Jahr so manches Mal unseren zwei Schweinen über den großen Hof des Forstgehöfts hinweg Futter und Leckerbissen gebracht, und wenn es zuweilen nur ein fetter Engerling war. Ein dankbares Grunzen war mir stets sicher, und so entstand eben eine innere Verbindung zwischen diesen Haustieren und mir. Die langen Rückenborsten sitzen sehr tief und fest – der Jäger rupft sich dort beim Wildschweinkeiler seinen „Saubart" für den Hut. In der Brühmulde hat man daher das Hausschwein zunächst auf den Bauch gelegt und den nassen Rücken mit zerklopftem Fichtenharz bestreut. Das anschließend darüber geschüttete heiße Brühwasser machte das Harz weich, so daß dieses mit den Borsten verklebte. Nun ging es wesentlich leichter mit Ketten oder mit der Brühglocke, auch Scherre genannt, die Borsten zu entfernen. Bei Hausschlachtungen wird diese Methode heute noch angewandt. Jedoch ist man hinsichtlich des Harzes meist nicht mehr Selbstversorger.

Diese sogenannten Ananasgallen verursacht die große Fichtengallenlaus (Sacchiphantes viridis). Die an den Knospen überwinternde Laus legt im Frühjahr Eier und verursacht dadurch den Wuchs dieser Gallen um die Eier herum. Im Juli/August öffnen sich die im Bild sichtbaren Kammern und entlassen junge Läuse, die auf die Lärche überfliegen.

Die Fichtenscharrharzgewinnung, die mein Vater und seine Holzhauer im kleinen betrieben, ist bereits seit 1450 im sächsischen Vogtland belegt. In den Krisenzeiten des Ersten und des Zweiten Weltkrieges lebte die Gewinnung von Fichtenscharrharz wieder auf. Nach dem statistischen Jahrbuch der ehemaligen DDR von 1989 wurden 1987 noch 23,4 Tonnen Fichtenscharrharz gewonnen. Die größte Ernte wird 1953 mit 792 Tonnen vermerkt. Sehr bekannt ist seit 1795 die Vogtländer Pechsiederei Piering. „Ein besonderes Produkt der Firma war das Original Vogtländer Fichtenpech mit Exporten in alle Welt. Das Fichtenpech wurde mit offener Flamme in die Lagerfässer von Bieren gepicht. Es verursacht bei Bieren mit Pilsnercharakter einen leichten Pechgeschmack und macht es süffiger. Pilsner Kenner wissen, daß beim dritten bis vierten Glas ein bitterer Geschmack in der Kehle entsteht, der zum Mehrtrinken anregt. Damit konnte der Bierkonsum gesteigert werden… Noch heute stellt die Pechsiederei Piering nach einer Produktinformation neben einer Reihe weiterer chemisch-technischer Erzeugnisse dreizehn verschiedene Brauereipeche, acht Optikpeche und neunzehn Industriepeche her" (Hevers 1992, S. 65).

Pech war bereits zur Zeit der Geburt Mose ein bedeutendes Abdichtmittel: „Und da sie ihn nicht länger verbergen konnte, machte sie ein Kästlein von Rohr und verklebte es mit Erdharz (Asphalt) und Pech und legte das Kind herein und legte ihn in das Schilf am Ufer des Wassers" (Ex 2,3). Mose wurde um 1350 v. Chr. geboren, als der Befehl des Pharao in Geltung war, alle hebräischen Knaben in den Nil zu werfen (Ex 1,22). Nachdem ihn seine Mutter drei Monate verborgen hatte, setzte sie ihn in einem Rohrkästchen aus. Die Tochter des Pharao fand ihn und übergab ihn seiner Mutter als Amme. Als sie ihn nach ein bis drei Jahren der Tochter des Pharao zurückbrachte, nannte diese ihn Mose.

Noch zu Beginn der fünfziger Jahre habe ich in dem mir einst anvertrauten Hofkammerforstamt Bietigheim Fichtengerbrinde aufbereitet. Dies geschah jeweils in den ersten Sommermonaten, also in der Saftzeit, wenn sich die Rinde leicht löst. Von einem Festmeter Holz lassen sich zwischen 55 und 65 kg Rinde mit einem Gerbstoffgehalt von etwa 8% gewinnen (siehe auch den Beitrag zum Gerben im Kapitel Eiche, S. 76).

Vom Stubensandstein zum Gold-Dollar

Die oberste geologische Schicht des Strombergs bildet der Stubensandstein, in Bayern Burgsandstein genannt. Die einzelnen Körner dieses Keupersandsteins sind noch ziemlich eckig. Daraus ist zu folgern, daß sie einst nicht so lange vom Wasser transportiert wurden, sonst wären sie stärker gerundet. Wegen ihrer Kantigkeit wurden sie zum Sandeln (Scheuern) der weichen Fichtenböden verwendet, daher die Bezeichnung Stubensandstein.

Als ich im Jahre 1949 als junger Assessor des Forstdienstes in das Hofkammerforstamtsgebäude in Freudental und damit in die Wohnung meiner damals noch nicht als Schwiegermutter erkannten Wirtin kam, wurde noch wöchentlich das Treppenhaus, meist am Freitagabend, mit Stubensand bestreut. Das anschließende Begehen hatte bereits eine gewisse Scheuerwirkung, die am Samstagnachmittag mittels eines nassen Lappens ergänzt und zu Ende gebracht wurde. Nach dem Trocknen und Abkehren des Sandes zeigten sich die Fichtentreppen in einem ansprechenden, gelblich- bis rötlich-weißen Holzton.

Diesen Fegsand, der im übrigen auch für die in allen öffentlichen Räumen einst aufgestellten Spucknäpfe Verwendung fand, hat man im Stromberg nur zum Teil gegraben, meist wurde fester Stubensandstein gebrochen und in Mühlen zu Sand gemahlen. Zentrum dafür war einst Sternenfels mit zeitweise über 50 Sandbauern, die den aufbereiteten Sand mit ihren Pferdefuhrwerken bis an den Neckar, an die Enz nach Pforzheim, aber auch ins Rheintal vertrieben. Der Bedarf an Stubensand war derart groß, daß die Sandbauern das 1760 von der Gemeinde erworbene örtliche Schloß der Herren von Sternenfels in kurzer Zeit bis auf den letzten Stein zu Sand vermahlen haben.

Ein findiger Pforzheimer Goldwarenfabrikant namens Christian Bechtler erwirkte 1819 ein groß-herzoglich-badisches Patent auf seine Flußgoldwaschmaschine (Wielandt 1968, S. 66). Da er im aus Sternenfels kommenden Fegsand seiner Frau Spuren von Gold gefunden hatte, suchte er bei der württembergischen Regierung um Erlaubnis nach, dort Gold waschen zu dürfen. Nach zehn Tagen Tätigkeit in Sternenfels hatte er 1820 tatsächlich etwas Gold zusammengebracht, welches in Württemberg lange stolz als das Gold des Landes vorgezeigt wurde.

Eine Fünf-Dollar-Goldmünze, die Christian Bechtler aus Pforzheim in North-Carolina geprägt hat. Das Gold schürfte er zum Teil in eigenen Minen.

1829 wanderte Christian Bechtler mit seinem damals 16-jährigen Neffen Johann Bechtler nach Rutherford/North-Carolina aus. Christopher Bechtler, wie er sich nun nannte, wurde mit seiner Goldwaschmaschine ein vermögender Mann. Er soll auch, zwischen 1831 und 1840, die ersten Eindollarstücke in Gold hergestellt haben. Später kamen 2- und 5-Dollar Münzen hinzu. Das Unternehmen Bechtler wurde von seinem Sohn August bis 1852 fortgeführt.

Zum Zeitpunkt der Auswanderung Bechtlers nach Nordamerika war in Deutschland der Taler die wichtigste Silbermünze. Sie ist nach dem Prägungsort Joachimstal im südlichen Erzgebirge benannt. Aus dem deutschen Wort Taler wurde dann in dem amerikanisch eingefärbten Englisch das Wort Dollar. Vor einigen Jahren hatte ich eine Gruppe Amerikaner zunächst in der Stadt und dann im Stromberg zu führen. Ich erzählte ihnen auch die Geschichte ihres Dollars. Nach einer etwas überschwenglich ausgefallenen Dankesrede der Gäste erwiderte ich, daß ein großer Dank in keiner Weise erforderlich sei, ich wäre schon zufrieden mit so einem alten Bechtler-Dollar. Ein Teilnehmer, der anscheinend Münzsammler war, klärte mich dann auf, daß sich heute die Sammler um die Bechtlerdollars reißen und für gut erhaltene Stücke hohe Summen bezahlen. Und so bin ich eben noch heute lediglich im Besitz des Wissens um die Geschichte, aber nicht des Ur-Golddollars.

Sie grünt nicht nur zur Sommerzeit

Als Weihnachtsbaum dient im württembergischen Unterland, wo es wegen der geringen Niederschläge kaum Tannen gibt, vor allem die Fichte. In der Mittwinter- oder Sonnwendfeier, dem Julfest der Germanen, dürften die ältesten Wurzeln des Weihnachtsbaum-Brauches liegen. Viele alten Volksbräuche wurden nach anfänglichen Verboten seitens der christlichen Kirche von dieser übernommen und mit christlichem Symbolgehalt erfüllt. Die erste überlieferte Feier eines Festes zu Christi Geburt am 25. Dezember fand im Jahre 338 in Rom statt. Da die Römer bis dahin während der Wintersonnenwende zu Ehren des Sonnengottes das dreitägige Fest Sol Invictus (Die unbesiegbare Sonne) gefeiert hatten und nun Jesus als das Licht der Welt verkündet worden war, erscheint es ganz natürlich, daß das eine Fest durch das andere ersetzt wurde. Bei uns bot sich, ähnlich wie in Rom, die Zusammenlegung der Feier von Christi Geburt, die ursprünglich am 06. Januar begangen wurde, mit der Mittwinterfeier und dem Kult der 12 Rauh-Nächte an – rauh wohl in der alten Bedeutung ‚haarig, behaart‘ in Anspielung auf die mit Fellen bekleideten Dämonengestalten. Im religiösen Jahreskreis der altnordischen Völker waren in diesen Nächten nach der Wintersonnwende die Götter am nächsten und brachen in die Welt der Menschen ein, wie niemals sonst im Jahr. Das wilde Heer Wotans stürmte in den Winternächten über die Waldgebirge und Frau Holle zog mit dem Heer der toten Kinder, die ihren Müttern weggestorben waren, über das Land. Die christliche Weihnachtsgeschichte erzählt im Gegensatz dazu nicht mehr von dem Wirbel der Götter und Unterweltmächte, sondern von dem Frieden, den Gott auf dieser Erde stiftet. Heute gibt es in Bethlehem drei offizielle Weihnachtsfeiern: 24./25. Dezember – katholisch und protestantisch; 06. Januar – orthodox und 18. Januar, wegen Nichtakzeptierung des gregorianischen Kalenders von Papst Gregor XIII. 1582 eingeführt – armenisch. Die Verwendung des grünen Weihnachtsmaien zur Festausschmückung wird für unsere Gegend erstmalig 1494 durch den Straßburger Sebastian Brant in seinem „Narrenschiff“ erwähnt. Die katholischen Gebiete Deutschlands, in denen die Bescherung durch St. Nikolaus sowie der Weihnachtskrippen-

Der Legende nach wollte der Fichtenkreuzschnabel die Nägel aus dem Kreuz Christi ziehen und hat sich dabei den Schnabel zu seiner seltsamen Form verbogen. (Foto: W. Halla)

kult – u.a. zurückgehend auf den Heiligen Franz von Assisi, der 1223 im Wald von Greccio eine hölzerne Krippe, also einen Futtertrog aufbaute und Ochs und Esel zur Weihnachtspredigt mitbrachte – besonders ausgeprägt waren, übernahmen wesentlich langsamer und auch später den lutherischen Weihnachtsbaum. Lukas Cranach der Ältere, genannt nach seinem Geburtsort Kronach in Oberfranken, befaßte sich als Maler und Grafiker auch mit für die Reformation werbenden Themen. 1509 schuf er in den Jantafeln einen Kupferstich, der im Hintergrund einen geschmückten Weihnachtsbaum zeigt.

Müssen wir uns eigentlich nicht dagegen wehren, daß der jahrhundertealte Brauch des buntgeschmückten Weihnachtsbaumes heute vielfach geschäftlichen Interessen untergeordnet wird und selbst von unseren Stadt- und Gemeindeverwaltungen lange vor dem Heiligen Abend überall sinnentleert gezeigt wird, so daß im Gegensatz etwa zu meiner Jugend der Lichterbaum die Kinderaugen kaum noch so richtig zum Strahlen bringt? Die Geschenke rücken dadurch zwangsläufig mehr in den Vordergrund. Verantwortlich für diese bedenkliche Hinwendung der Herzen unserer Kinder zum Materiellen sind eigentlich wir alle, die den Mißbrauch des Weihnachtsbaumes stillschweigend hinnehmen.

In seinem Brief an die Römer schreibt Paulus: „Denn wir wissen, daß alle Kreatur sehnt sich mit uns und ängstet sich noch immerdar. Nicht allein aber sie, sondern auch wir selbst, die wir haben des Geistes Erstlinge, sehnen uns auch bei uns selbst nach der Kindschaft und warten auf unseres Leibes Erlösung" (Röm 8,22).

Wohl davon inspiriert, daß auch die Natur auf die Stunde der Erlösung, den Kreuzestod Jesu Christi wartet und ihn mitleidet, versuchten gläubige Menschen, Namen und Erscheinungen in der Natur mit dem Leiden des Herrn in Verbindung zu bringen. So wollte der Sage nach der Fichtenkreuzschnabel die Nägel aus dem Kreuz und den Gliedern des Herrn ziehen und ihn von den Qualen befreien. Dabei verbog er sich den Schnabel. Der Heiland segnete den Vogel und gab ihm das Zeichen der Stunde: Ewig Blut – Hauptfarbe des Männchens – und Kreuzeszier.

Ein anderes weithin bekanntes Beispiel, die Natur mit den Leiden Christi in Verbindung zu bringen, ist die Blüte der Passionsblume, in der die Leidenswerkzeuge des Herrn gesehen werden.

Der Borkenkäfer ist besonders in heißen trockenen Sommern, in denen bis zu drei Generationen heranwachsen, ein gravierender Schädling in unseren Fichtenbeständen. Jedes Jahr an Pfingsten ziehen die Bauern aus dem niederbayerischen Holzkirchen bei Vilshofen zwei Tage lang mit einer dreizehn Meter hohen Kerzenstange zu einem 75 km langen Fußmarsch zur Mutter Gottes auf den Bogenberg bei Straubing. Sie erfüllen damit ein Gelübde aus dem Jahr 1462, das sie zur Rettung ihrer Wälder, die damals durch Heerscharen von Borkenkäfern verwüstet wurden, abgelegt haben.

Fichte – Ameise – Specht

Ein Stamm, in dem der größte europäische Specht, der Schwarzspecht *(Dryocopur martius)*, wohl eine ergiebige Nahrungsquelle gefunden hat. Es ist eine von der Rotfäule befallene Fichte, die von der großen Roßameise *(Campotonus berculeanus)* bewohnt ist. Ihre Gänge gehen oft viele Meter im Stamm nach oben, sie nagt dabei in den Jahrringen das weichere Frühholz heraus und läßt den harten Teil, das Spätholz, stehen. Da die Gänge der Ameise auch weit innen im Stamm liegen, muß sich der Specht über 10 bis 15 cm breite Löcher Zugang zu seiner Nahrungsquelle verschaffen, um mit seiner 10 cm über die Schnabelspitze hinausgreifenden klebrigen und mit Widerhaken besetzten Zunge an die Ameisen zu kommen. Von unten nach oben zimmert der Specht seine Löcher und folgt damit der aufsteigenden Rotfäule und den sie begleitenden Ameisen. Ist das Stammholz zufällig gedreht, legt der Specht seine Löcher spiralförmig um den Stamm an. Solche Bäume überläßt der Förster dem normalen Zerfall, sofern sie am Wegrand nicht eine Gefahr für Spaziergänger darstellen.

Hier hat ein Schwarzspecht auf der Jagd nach Roßameisen fleißig gearbeitet.

Waldameisen und Bienen

„Geh zur Ameise, du Fauler, betrachte ihr Verhalten, und werde weise!" – so die Bibel (Sp. 6,6).

Der Imker sucht im Wald die Nester der roten Waldameise (*Formica rufa*) und stellt seine Bienenstöcke gerne in deren Nähe auf. Diese Ameisen ernähren sich im Sommer mit Vorliebe vom „Honigtau", einer zuckerhaltigen Ausscheidung von Blattläusen, mit denen sie in einem engen Verhältnis leben. Tatsache ist, daß sich z.B. bei Waldameisen Baumlauskolonien der verschiedensten Arten beträchtlich vermehren; die Ameisen schützen sie vor Räubern und Parasiten oder tragen sie nach Abschwemmung durch heftige Regenfälle wieder auf die Bäume zurück (Gößwald 1985 S.128). Bei Störungen oder gar Nestbeschädigungen stürmen die Ameisen scharenweise aus ihrem Bau hervor und spritzen in wildem Getümmel ihre scharfe Ameisensäure bis 60 cm weit nach allen Richtungen von sich.

Heute ist Säure ein bewährtes natürliches Mittel zur Bekämpfung der für die mitteleuropäischen Bienenvölker tödlich wirkenden Varroa Milbe (*Varroa jacobsoni*). In der Bundesrepublik Deutschland wurde diese 1977 in

Ameisenhaufen am Rande eines Fichtenbestandes.

Völkern des Institutes für Bienenkunde in Oberursel zum ersten Mal festgestellt. Nach Ritter wurde sie bereits 1974 durch Importe von *Apis cerana*-Völkern aus Pakistan eingeschleppt.

Zweilappige Silberaprikose

Ginkgobaum, Tempelbaum, Fächerblattbaum,
Entenfußbaum, Elefantenohrbaum
Ginkgo biloba L.
Familie Ginkgo-Gewächse

Ein laubabwerfender, bis 30 m hoher, zweihäusiger Baum (es gibt männliche und weibliche Pflanzen) mit keil- bis fächerförmigen, parallel-nervigen Blättern und einem Einschnitt in der Mitte, daher lateinisch *biloba,* zweilappig. Diesen ausgeprägten Einschnitt weisen nur die wechselseitig stehenden Blätter der Langtriebe auf, nicht aber die der älteren Zweige, wo wir büschelig stehende Kurztriebe vorfinden.

Männliche und weibliche Pflanzen sind auch bei älteren Bäumen ohne Blüten bzw. Beeren nicht mit Sicherheit zu unterscheiden. Jahrzehntelange Beobachtungen scheinen darauf hinzuweisen, daß bei den männlichen der Blattaustrieb im Frühjahr etwa 14 Tage vor dem der weiblichen einsetzt. Dafür fallen im Herbst die dann goldgelb gefärbten Blätter bei den männlichen Pflanzen entsprechend 14 Tage früher ab.

Zeitzeuge der Erdgeschichte

Der Ginkgo ist im südöstlichen China beheimatet. Er gehört zu den Baumarten, die sich in langen Zeiträumen kaum weiterentwickelt haben. In Versteinerungen konnte er vor etwa 290 Millionen Jahren, also an der Grenze Carbon/Perm, erstmals nachgewiesen werden. Vor etwa 65 Millionen Jahren wurde die Erde von einem Asteroiden mit etwa zehn Kilometer Durchmesser heimgesucht. Diese Katastrophe war nach Einschätzung von Wissenschaftlern eine der Hauptursachen für das damalige Aussterben der Dinosaurier sowie vieler anderer Tier- und Pflanzenarten. Der Ginkgo hat diese Weltkatastrophe überlebt.

Man bezeichnet solche langlebenden Arten als stabile Formen oder auch als lebende Fossilien. Beim Ginkgo hat sich über diesen langen Zeitraum nur das Blatt etwas verändert; wie die

Ein alter Ginkgosolitär im Schloßpark zu Weinheim an der Bergstraße.

Versteinerungen zeigen, war es früher etwas feiner und tiefer gelappt.

Der Ginkgo bildet einen entwicklungsgeschichtlich interessanten Übergang zwischen Nadel- und Laubbäumen. Die Befruchtung des zweihäusigen Baumes ist nur bei warmem Wetter möglich. Der männliche Pollen kann über mehrere Kilometer Entfernung zum Fruchtgriffel der weiblichen Blüte wehen, die, ähnlich wie bei der Eibe, von einem feuchten, fast abtropfenden Film umgeben ist (Günther 1998, S. 33). Aufgrund seiner Fortpflanzung ist er gleichzeitig das einzige noch lebende Bindeglied zwischen den Farnen und den Blütenpflanzen und somit die älteste Baumart der Erde. Seine entfernte Verwandtschaft mit den heutigen Nadelbäumen scheint der Ginkgo selbst noch in hohem Alter mit seinem stämmigen Erscheinungsbild und dem Blatt, das aussieht wie ein Fächer aus zusammengewachsenen Nadeln, zu verraten. Wegen dieser Besonderheit hat die Deutsche Dendrologische Gesellschaft – eine Vereinigung, die sich mit Holzgewächsen befaßt – einst das Ginkgo-Blatt als ihr Signet gewählt.

Der Ginkgo sowie die als Nadelbäume zusammengefaßten Koniferen (Zapfenträger) und die Eibengewächse bilden die uralte Gruppe der nacktsamigen Pflanzen. Ihnen allen ist gemeinsam, daß ihre Samenanlagen unbedeckt auf den Samenschuppen der Zapfen liegen. Dies ist auch der Hauptunterschied gegenüber den entwicklungsgeschichtlich jüngeren, bedecktsamigen wie den Laubbäumen, deren Samenanlagen von Fruchtblättern umhüllt sind, aus denen sich später Samen und Frucht entwickeln. Die nacktsamigen Bäume haben keine eigentlichen Früchte.

In der erdgeschichtlichen Entwicklung ist die große Zeit der Nadelbäume schon vorüber. Seit vielen Millionen Jahren (etwa untere Kreide vor etwa 135 Millionen Jahren) befinden sie sich, sowohl in ihrer Zahl als auch in ihrer Verbreitung, auf dem Rückzug.

Bevor die heutigen Nacktsamer entstanden und lange vor der Entwicklung der Laubbäume, war der Ginkgo über die ganze nördliche Halbkugel, sogar bis nach Grönland (Grünland) verbreitet. Sein Rückzug oder Niedergang begann zwar schon vor den Eiszeiten, aber er blieb am Leben, denn irgendwo in

China gab es noch eine Nische für diesen seltsam differenzierten Primitiven.

Der Baum, der ein Alter von 2000 Jahren erreichen kann, ist in Europa erstmals wieder 1730 als Sämling im Universitätsgarten von Utrecht und 1754 im königlichen Garten zu Kew bei London nachweisbar.

Ein Ginkgozweig mit männlichen Blüten in Kätzchenform. Deutlich ist zu sehen, daß die Blütenstaubträger aus den Kurztrieben herauswachsen, deren Blätter im Gegensatz zu denen der Langtriebe nicht gelappt sind.

Eine Besonderheit ist die Samenbildung an Ginkgo-Blättern. Im Herbst 1997 fand Frau A. Bähr unter einem Ginkgo-Baum in Frankfurt/Main, Stadtteil Borheim in der Habsburger Allee neben einigen normal entwickelten Samen auch etwa 30 Blätter, die am Rand jeweils einen mehr oder weniger gut entwickelten Samen trugen. Derartige Mißbildungen sind allerdings sehr selten und wurden 1899 erstmals von dem japanischen Botaniker K. Fuji beschrieben (Bärtels 1998, S. 12).

Der Überlebenskünstler

Lebewesen, die sich einfach geweigert haben, an der Entwicklung vom Niedrigen zum Höheren teilzunehmen, fordern uns schon einen gewissen Respekt ab. Es gibt Krabben und auch Insekten, die sich seit 100 Millionen Jahren so gut wie nicht weiter entwickelt haben. Aber wenn eine Baumart ihre Verwandten und Abkömmlinge überlebt und dem Drift der Kontinente, der Entstehung der Gebirgsketten, dem Kommen und Gehen von Reptilienzeitaltern und Eiszeiten unbewegt zuschaut und all das über 200 Millionen Jahre fast unverändert übersteht, dann zeugt das schon von einer einzigartigen Zähigkeit und von einem gesunden Bauprinzip.

Vielleicht ist auch dies einer der Gründe, warum der Ginkgo selbst in den Straßenschluchten Manhattans jeden Smog- und Industrieauswurf auszuhalten vermag. Selbst gesehen habe ich 1988 in verschiedenen japanischen Großstädten viele Ginkgo-

Bäume, die einen verhältnismäßig gesunden Eindruck machten. Daß der Ginkgo ein Überlebenskünstler ist, hat sich auch nach dem amerikanischen Atombombenabwurf auf die Menschen von Hiroshima im August 1945 gezeigt. Der sogenannte „Atombombenginkgo" steht nur 800 m vom Explosionszentrum entfernt und hat 1949 aus dem Wurzelhals wieder ausgetrieben. Dadurch wurde der Ginkgo weltweit zum Symbol für die Hoffnung und die ewigen Kräfte der Natur.

Wegen seiner Widerstandsfähigkeit gegen Insekten aller Art bedeutet der Ginkgo ökonomisch gesehen für „seine Umwelt nicht viel mehr als ein Telefonmast", wie es im Buch „Bäume der Welt" formuliert wird. Während beispielsweise Eichen und Linden Tausende von Lebewesen beherbergen, werden Ginkgos von Insekten und Vögeln gemieden. In den Blattnerven liegen nämlich Balsamschläuche, die keineswegs linden Balsam enthalten, sondern Insektizide und hautreizende Stoffe, die merkwürdigerweise chemisch denen von Sumach-Arten gleichen, welche diese Stoffe aber erst sehr viel später erfunden haben. Auch Säugetieren werden die Blätter durch viele Gerbstoffzellen verleidet. So gesehen sind Ginkgos in unserer Pflanzengesellschaft fast steril (Vieth 1995, S. 126).

Selbst den größten Unfall in der Erdgeschichte, als vor 65 Millionen Jahren 95% aller Arten, darunter auch die Dinosaurier, ausgestorben sind, konnte der Ginkgo überleben. Offen ist bis heute, wodurch dieses verheerende Massensterben ausgelöst wurde. Es gibt verschiedenste Theorien darüber, so die eines riesigen Meteoriteneinschlags oder eines Zusammenstoßes zweier Sterne im Weltall.

1690 in Japan entdeckt

Während meiner ersten Studiensemester 1942/43 hatten wir Forstleute mit den Medizinern noch viele gemeinsame botanische Vorlesungen und Praktika, eine botanische Grundausbildung, die ich für wichtig halte und von der ich viel profitiert habe. Auch dem 1651 im westfälischen Lemgo geborenen Engelbert Kaempfer wird sie bei seinem Medizinstudium in Königsberg zuteil geworden sein. 1690 ging der Arzt für zwei

Jahre nach Japan. Dort hat er als erster Europäer neben dreißig anderen Pflanzen den Ginkgo-Baum beschrieben. Hierzulande kann er somit als Entdecker dieses Baumes gelten. Im Japanischen nannte man damals den Baum „Ginkyo". Nach Kaempfers Schreibweise „Ginkjoo", zu deutsch Silberaprikose. Durch einen damaligen Schreibfehler entstand der falsche und eigentlich unsinnige Name Ginkgo. Als eingedeutschter Name wäre also „zweilappige Silberaprikose" derjenige,

Die Scheinfrucht des Ginkgobaumes entsteht ähnlich wie bei der Eibe aus einer Wucherung der Sproßachse, die den Beerensamen mantelartig umgibt (Arillus).

der dem Originalnamen am nächsten kommt. Heute heißt der Baum in Japan „Icho", was in Anspielung auf die Form seiner Blätter Entenfuß bedeutet. 1988 ist mir in Japan aufgefallen, daß unsere botanischen lateinischen Pflanzennamen, mit denen man sich über viele Länder hinweg verständigen kann, zumindest in der Forstwirtschaft dieses Inselreiches nicht gebräuchlich sind.

Im französischen Sprachraum heißt der Baum *arbre aux quarante écus* – 40-Talerbaum. Zu diesem Preis wurden wohl einst die ersten begehrten Ginkgobäumchen gehandelt. Écu hieß die alte französische Währungseinheit, u. a. die erste französische Talermünze, der Louis blanc, „weißer Ludwig".

Grund für den Anbau des Ginkgobaumes in Japan als Kulturpflanze waren einerseits sein gutes, unserer Tanne ähnelndes Holz, andererseits seine Samen.

Das Holz wurde für den Tempelbau benötigt, und die gerösteten Kerne mit ihren 68 % Stärke, 13 % Eiweiß und 3 % Fett ißt man zu alkoholischen Getränken, etwa so wie bei uns Nüsse. Auch verwendet man sie, wie ich es selbst in Japan kenengelernt habe, gekocht als Beilage zu erlesenen Speisen. Das Erhitzen ist allerdings erforderlich, um den etwas herben Geschmack zu mildern.

Der äußere Teil der Samenummantelung des Ginkgo wird fleischig, während der innere Teil verholzt. Beim Abfallen der Früchte, die dann überreif sind, stinkt der weiche Teil der

Samenwand widerlich nach Buttersäure, daher bevorzugt man in den Straßen- und Fußgängerzonen sowie in kleineren Hausgärten männliche Bäume.

Baum der Liebe

Ginkgo gilt in Ostasien als sexuelles Anreizmittel (Aphrodisiakum). Im übrigen – und hier haben wir wohl den Zusammenhang – sind vor allem Wirkstoffe aus seinen Blättern ein bewährtes Mittel zur Gefäßerweiterung und damit zur Förderung der Durchblutung. Bereits die chinesische Rezeptsammlung Chen Noung Pen Ts'ao aus dem Jahr 2800 v. Chr. preist die Heilwirkung seiner Blätter, der Früchte und sogar des Holzes.

Mir erscheint es faszinierend, daß gerade ein Baum, der aus der Urzeit der Erde stammt und als einziger seiner Art Jahrmillionen unverändert überstanden hat, das Ausgangsmaterial für Arzneimittel gegen altersbedingte Durchblutungsstörungen liefert. Die Inhaltsstoffe des Ginkgo wirken stimulierend auf die Mikrozirkulation im menschlichen Gehirn und tragen zum besseren Sauerstofftransport bei. Ungefähr ein Drittel der heute auf dem deutschen Markt verkauften Präparate zur Durchblutungsförderung sind Ginkgopräparate!

Von dem Baum gibt es zwei Geschlechter. „Dieses Prinzip der Zweiteilung zieht sich durch das ganze Wesen des Baumes, bis hin zu der merkwürdigen gespaltenen Form des Blattes. So kann der Ginkgo zum Symbol für die – nach fernöstlichen Glaubensvorstellungen – totale Polarität des gesamten Kosmos werden". Yin und Yang „das Gesetz von Gut und Böse, Tag und Nacht, Zeit und Raum, beherrscht den Kosmos und das menschliche Leben. Im beständigen Kampf dieser Gegensätze besteht das Leben, deshalb sind beide, Yin und Yang, nötig – und deshalb wird der Ginkgo bei den Tempeln immer paarweise gepflanzt" (Fellmeth 1999, S. 12)

Der Umstand, daß die Blätter der Längstriebe durch einen mehr oder weniger tiefen Einschnitt seltsam gelappt sind, hat Goethe angeregt, diese Form als poetisches Symbol der Liebe zu feiern: „Fühlst du nicht an meinen Liedern, daß ich eins und doppelt bin?"

Ginkgobaum

Wohl die erste Reinschrift des folgenden Gedichtes auf den japanischen Fächerblattbaum *Ginkgo biloba* sandte Johann Wolfgang von Goethe 1815 aus Heidelberg an Rosine Städel, Tochter des Frankfurter Bankiers Johann Jakob von Willemer. Diese war mit dessen dritter Gattin Marianne eng vertraut. Das Gedicht entstand somit zum Zeitpunkt der intensivsten Hinwendung zu Marianne von Willemer, der „Suleika" seiner west-östlichen Diwangedichte (erschienen 1819), daher auch „von Osten meinem Garten anvertraut".

Um sich an dem Liebesgedicht Goethes und dessen Handschrift zu erfreuen, muß man nicht einmal mehr ein Buch zur Hand nehmen, sondern kann dies gemütlich beim Kaffee tun,

„Fühlst du nicht an meinen Liedern, daß ich eins und doppelt bin" – das seltsam gelappte Blatt des Ginkgo soll Goethe zu diesem poetischen Liebesbekenntnis angeregt haben.

denn seit 1998 bietet die Porzellanmanufaktur Ludwigsburg ein Kaffeeservice mit *Ginkgo biloba* als Dekor.

Ginkgo-Biloba

Dieses Baumes Blatt, der von Osten
meinem Garten anvertraut,
gibt geheimen Sinn zu kosten,
wie's den Wissenden erbaut.

Ist es ein lebendig Wesen,
das sich in sich selbst getrennt?
Sind es zwei, die sich erlesen,
daß man sie als Eines kennt?

Solche Fragen zu erwidern
fand ich wohl den rechten Sinn;
fühlst du nicht an meinen Liedern,
daß ich Eins und doppelt bin?

Baum fürs „Umhegen"

Gemeine Hainbuche, Weißbuche,
Hagbuche, Rauhbuche, Eisenholz, Hornbaum
Carpinus bétulus L.
Familie Birkengewächse

Nach der Eiszeit war sie die letzte Baumart, die bei uns wieder heimisch geworden ist. Trotz des Namens Hainbuche gehört die Pflanze nicht zu den Buchen, sondern zu den Birkengewächsen. Hinsichtlich der Verbreitung ist es eine europäisch-südwestasiatische Baumpflanze. In Baden-Württemberg reicht das Vorkommen von 100 m ü.NN. bis 970 m am Plettenberg auf der Schwäbischen Alb (Sebald, Seybold, Philippi 1990, I, S. 355).

Die weiblichen Hainbuchenkätzchen gehen aus den oberen, die männlichen Kätzchen aus den unteren Knospen der vorjährigen

Blick vom Mittleren Stromberg auf Häfnerhaslach. Die vorhangartige Kulisse bildet ein Hainbuchentraufbaum, der seine Früchte bis ins Frühjahr hinein trägt. Derartige Baumarten werden auch als „Wintersteher" bezeichnet.

Zweige hervor. Bei der verwandten Birke und der Roterle ist es genau umgekehrt. Die männlichen Blütenstände überwintern nackt und sind dadurch gut sichtbar, während die weiblichen in Knospen eingepackt sind und erst im Frühjahr austreiben. Die besonders auf der Schwäbischen Alb gebräuchliche Bezeichnung Rauhbuche bezieht sich auf die Blätter, die bei der Hagbuche etwas rauher sind als bei der Rotbuche. Dies hat nebenbei zur Folge, daß ein Quadratmeter Blattmasse dieses Baumes viel Staub

Blütenstände der Hainbuche, rechts der weibliche, links der männliche. Am Blütenaufbau wird die nahe Verwandtschaft zu Birke, Erle und Hasel deutlich.

aus der Luft auffangen kann. Nach Paskova (1990, S. 143) sind dies 1,49 g/qm Blattfläche, etwa dreimal soviel wie bei anderen Baumarten! Der Baum trägt also, ähnlich wie die Sommerlinde (*Tilia platyphyllos*), hervorragend zur Verbesserung der Luft bei. Die Weißbuche nimmt in Baden-Württemberg 0,8% der Waldfläche ein. Sie wird vom Wild gerne verbissen, hat aber eine große Ausschlagfähigkeit und ist deshalb in Niederwäldern mit einem relativ hohen Anteil anzutreffen. Auf schwerem tonigem Boden dient sie im Wirtschaftswald auch als Hilfsmittel zur Stammpflege bei Eichen, da diese möglichst ständig beschattet sein sollten, um dadurch das Entstehen der holzentwertenden Wasserreißer zu verhindern. Sie ist somit ökologisch außerordentlich wertvoll. Ihre Streu, die sich leicht zersetzt, gehört zum Lieblingsfraß der Regenwürmer.

Wachstumswunder mit gutem Holz

Die Hagbuche hält selbst größte Verstümmelungen aus. In den Barock- und Rokokogärten hat man sie zu ganzen Laubengängen zurechtgeschnitten und ihr selbst Nachbildungen von Gegenständen oder Lebewesen aufgezwungen. Das Beschneiden sollte jedoch nicht im Frühjahr vorgenommen werden, da hier der Blutungssaft besonders stark austritt und so für die Pflanze wertvolle Stoffe verloren gehen.

Die Hainbuche hält größte Verstümmelungen aus und läßt sich in fast beliebige Formen schnei-den. Nach Jahren ohne Schnitt wächst sie sich wieder aus, wie diese ehemalige Hecke vom „Kirchbachhof" bei Sachsenheim.

Hübsch angeordnet hängen die Hainbuchen-früchte meist zu acht Paaren übereinander. Wie bei Esche und Ulme sind es Flügelnüsse. Die dreiteiligen Schraubenflügler können vom Wind weit verfrachtet werden.

Da das Holz der Hainbuche nicht verkernt, sondern im Bereich des ganzen Stammes im Saft bleibt, zählt die Hainbuche zu den Splintholzbäumen. Mit einem Trockengewicht von 0,80 g/ccm ist es das härteste und festeste Holz der deutschen Wälder. An zweiter Stelle kommt dann das Holz unseres Speierlings. Das Weißbuchenholz wird deshalb auch Eisenholz und der Baum Hornbaum (englisch: hornbeam) genannt. Zu Zeiten, als Metall knapp und teuer war, fertigte man aus diesem harten Holz Maschinen- und Fahrzeugteile, wie etwa Zahnräder für wassergetriebene Mühlen, Achsen und Speichen,

An dieser starken Hainbuche im Schaichtal erkennt man ihre sogenannte Spannrückigkeit, die zu langen, oft auch spiralig am unteren Stammteil herablaufenden Wülsten führt.

Zwei zusammengewachsene Hainbuchen im Oberen Wald von Bietigheim. Offensichtlich wurde ein Ast des rechten Baumes über mehrere Jahre fest an den Stamm des linken gedrückt. (Foto: W. Halla)

Hackstöcke für Metzger oder auch Molkereigeräte wie Milchkübel und Butterfässer. Heute noch werden die Gleitflächen von Hobeln aus Weißbuchenholz gemacht. Schwarz eingefärbt, dient es sogar als Ebenholzersatz.

Ich habe mir vom alten Wagner Bäuerle in Neckarwestheim aus einem besonders starken Hainbuchenstamm ein großes Kuchen- bzw. Bratenbrett sowie Vesperbrettl machen lassen. Diese weißen Gebrauchsbretter – wegen der Farbe des Holzes spricht man auch von Weißbuche – sind zwar schwer, aber zeigen wegen ihrer Härte kaum Messereinschnitte. Um ein wirklich schönes, weißes Holz zu bekommen, ist es allerdings erforderlich, daß der Weißbuchenstamm alsbald nach der Winterfällung eingeschnitten und luftig aufgehölzelt gelagert wird, da das Holz zu diesem Zeitpunkt gegenüber Pilzen sehr anfällig ist und dann schnell einen grauen, etwas schmuddelig wirkenden Farbton bekommt.

In Räumen mit starker Bodenbeanspruchung wird heute gerne Holzpflaster aus Hagbuche verlegt. Ebenso werden Kegel und Kegelkugeln aus diesem harten, schwer spaltbaren Holz herausgedreht.

Hieronymus Bock schreibt in seinem Kräuterbuch aus dem Jahre 1539, daß Weißbuchenspäne „den trüben Wein lauter machen".

Was ist ein Hagestolz?
Das Wort Hagbuche geht auf die Verwendung dieses sehr stockausschlagfähigen Baumes beim Einhegen oder Einfrieden von Grundstücken zurück.

Nach dem Niedergang der Staufer, der mit der Enthauptung des 16jährigen Konradin als letztem Herzog von Schwaben 1268 in Neapel seinen Abschluß fand, konnten die Grafen von Württemberg ihr Herrschaftsgebiet hierzulande bedeutend ausdehnen. Zur militärischen Absicherung, aber auch um die Zolleinnahmen zu optimieren, ließ Graf Ulrich V., der Vielgeliebte, 1456 sein Gebiet im Norden durch ein „Landgeheg" absichern. Es führte über 31 Kilometer vom Braunersberg, nördlich Gronau bis zu der von Graf Eberhard im Bart 1482 erbauten Heuchelberger Warte. Von den einst fünf Zolldurchgängen, die fast 300 Jahre lang den Landesfürsten finanziell Ertrag brachten, sieht man heute noch den Landturm zwischen Neckarwestheim und Talheim sowie den bei Wüstenhausen. Dieses Landgeheg, bestehend aus Graben mit Wall und dicht meist mit Hainbuchen bestockt, ist in Teilabschnitten heute noch zu erkennen. Zuweilen wird dieses Landgehege auch als „Schwäbischer Limes" bezeichnet, was der Tatsache nicht gerecht wird, daß der Wall im fränkischen Gebiet verläuft und somit nie die Grenze Schwabens bildete.

Ein Hagestolz ist für uns heute ein eingefleischter Junggeselle, der von der Ehe nichts wissen will, also ein Einzelgänger, Weiberfeind, Sonderling. Das Wort hat ursprünglich aber weder etwas mit Stolz noch mit Ehegegnerschaft zu tun. Das Wort kommt nämlich vom althochdeutschen *hagustalt*, dem armen Hagbesitzer her. Bei den Germanen ging das Hauptgut auf den Erstgeborenen über; die jüngeren Söhne mußten sich mit Nebengütern, Hagen genannt, begnügen. Dies waren relativ kleine, durch eine Hecke abgegrenzte Grundstücke, deren Ertrag ihnen keine Heirat erlaubte, vor allem, weil der Freier damals einen ansehnlichen Kaufpreis für die Braut zahlen mußte. Der Hagestolz war also bei Licht besehen Junggeselle wider Willen.

Als eine „hanebüchene Unverschämtheit" bezeichnet man eine grobe Frechheit, die einen sehr empört. Auch dieses Wort „hanebüchen" kommt wie der Hagestolz von der Hainbuche, denn im Plattdeutschen heißt sie Hanebuche.

Vorhut des Laubwaldes

Haselnuß
Córylus avellána L.
Familie Birkengewächse

Die Haselnuß ist in ganz Europa verbreitet. Auf etwas feuchterem Boden findet man sie bei uns fast überall, karge Sand- und Sumpfböden meidet sie allerdings. Die Blüten sind eingeschlechtlich, die Pflanzen einhäusig und die Frucht von einem zerschlitzten Hochblatt umgeben, das wir als Kinder die Haselnußhosen nannten.

Die männlichen Kätzchen der Haselnuß sind schon im Sommer vor der Blütezeit an blattlosen Kurztrieben voll entwickelt. Lange vor dem Laubausbruch, oft schon im Februar, blühen sie auf. Aus den in Knospen eingeschlossenen weiblichen Fruchtanlagen ragt zur Blütezeit nur ein Büschel karminroter Narben hervor (oben Mitte). (Foto: M. Halla)

Wie bei der Buche und Eiche erfolgt die Ausbreitung der Haselnuß durch Tiere. Sehr viel trägt dazu der Kleiber (*Sitta europaea*) bei. Dieser Vogel klemmt die reifen Haselnüsse in Baumspalten und öffnet sie mit kräftigen Schnabelhieben. Die Härte der Schale begünstigt die Ausbreitung insofern, als ihre Öffnung Zeit kostet und damit die Wahrscheinlichkeit steigt, daß der Vogel im Genuß gestört wird oder die Frucht verliert. Auch legt der Kleiber (Spechtmeise) wie das Eichhörnchen Vorratskammern an, die er nicht immer wiederfindet.

Die prächtigen Kätzchen der Hasel, die Frühjahrsboten für unsere Honigbienen, tragen die männlichen Blüten und jedes kann bis zu 4 Millionen Pollenkörner ausstreuen. Diese eiweißreichen Kätzchen der Hasel sind neben denjenigen der Aspe und Birke Hauptnahrung unseres in Deutschland stark zurückgegangenen Haselhuhnes (*Tetrastes bonasia*).

Die Haselnüsse reifen im Süden schon im August, im Norden jedoch erst Mitte Oktober. Dieser trotz der frühen Blütezeit späte Reifetermin hängt damit zusammen, daß während der Entwicklung der vegetativen Organe das Wachstum der Früchte nur wenig Fortschritte macht. Dieses wird erst lebhafter, nachdem die Zweige sich voll entfaltet haben.

Auf dem Speiseplan der Steinzeit

Als das Klima etwa ab 8000 v. Chr. wärmer wurde, unterwanderte die Hasel, verbreitet durch Tiere, den hier vorhandenen Birken-Kiefern-Wald, veränderte die Vegetations- bzw. Keimbedingungen und bereitete damit die Eichenmischwaldzeit vor. Die Menschen der damaligen Mittleren Steinzeit waren noch Sammler, Fischer und Jäger. Sie verzehrten auch Haselnüsse, deren Schalenstücke sich oft massenhaft neben Haufen von Muschelabfällen, Fischgräten, Wildknochen und Geweihstangen in der Umgebung ihrer Wohnstätten und Herdstellen finden.
Wir sind in der glücklichen Lage, im nördlichen Gebiet des Kreises Ludwigsburg zwei der wenigen im württembergischen Unterland pollenanalytisch auswertbaren Moore zu haben. Es handelt sich um eine Gipskeuperdoline auf der Markung Sersheim, das „Bodenseele", und auf der Markung Geisingen, das „Geisinger Seele". Beide „Naturarchive" reichen bis in die Würmzeit – Stufe VII Eichenmischwaldzeit mit viel Hasel – zurück und zeigen uns über den dort konservierten Blütenstaub, was einst hier gewachsen ist.

Leckere Früchte – zähes Holz

Als Kulturpflanze wird die Haselnuß vor allem in den Mittelmeerländern angebaut. Es gibt zahlreiche Sorten. Schon der römische Zensor Cato (234 bis 149 v. Chr.), Begründer der lateinischen Prosa, empfahl, die Nüsse von Arvello, dem heutigen Arvellino östlich Neapel, zu pflanzen. Nach diesem Ort werden in Italien alle Haselnüsse heute noch benannt: *avellane*. Auch der große Linné, dem wir die Nomenklatur unserer Pflanzen zu

Gut biegsame Haselnußstöcke wurden oft beim Fachwerkbau benutzt, um die Gefache auszufüllen. Die Technik ist auf diesem Bild deutlich erkennbar. In ihr hat das Wort „Wand" seinen Ursprung. Die Dreiecke in den Balken sind unverkennbare Hinweise auf die einstige Flößerei.

verdanken haben, trug mit dem Artnamen *Avellana* dieser Tatsache Rechnung.

Aus den Nüssen, die in ihren Speicherkeimblättern etwa 60% fettes Öl und 20% Eiweiß enthalten, wird kaltgeschlagen ein wohlschmeckendes Speiseöl gewonnen, das auch in der Ölfarben- und Parfümherstellung geschätzt ist.

Wegen des leicht spaltenden und sehr biegsamen Holzes wurden früher aus den jungen Haselnußraiteln (Ruten) Faßreifen gefertigt. Es gab sogar eine Zunft, die sich Faßraitelschneider nannte.

Mit meinem Vater und später mit meinen Kindern habe ich Fischreusen mit Vorliebe aus den meist geraden Haselruten und Drahtgeflecht gefertigt. Bei Hochwasser ist uns allerdings trotz des Anbindens so manche Reuse davongeschwommen oder wurde von Treibholz zerdrückt.

Haselnußruten wurden auch benützt, um die Gefache unserer Fachwerkhäuser auszufüllen. In diese Gefache wurden in bestimmten Abständen stärkere senkrechte Hölzer, meist Spaltstücke aus Eichenschälwaldungen, sogenannte Stickstecken, eingespannt und quer dazu meist Haselnuß- oder Weidenruten hineingewunden. Das Ganze wurde dann mit einem Gemisch aus Lehm und Spreu ausgestrichen. Von diesem Hineinwinden der Ruten ist unser deutsches Wort Wand abgeleitet. In den romanischen Ländern kennt man nur mur = Mauer. Auch die Redewendungen „wo der Zimmermann das Loch gelassen hat" oder „etwas unter Dach und Fach bringen" leiten sich vom alten Fachwerkhausbau ab.

Das leichte, zäh biegsame Holz findet u.a. auch als Haselspäne Verwendung beim Schnellessigverfahren. Dabei läßt man die Maische durch bis zu zwei Meter hohe belüftete Holzspäne, den sogenannten Essigbildner, rieseln, wo dann Bakterien den Alkohol zu Essig umwandeln.

Als Wünschelrute wird von Rutengängern neben gebogenem

Draht vielfach eine Haselnußgabel genommen. Dieser „Wunsch" soll, mit beiden Händen in Spannung gehalten, an Stellen, wo Wasser oder Bodenschätze in der Erde sind, ausschlagen. Nach einer überlieferten Regel mußte die Rute bei Neumond in der Johannisnacht oder am Dreikönigstag geschnitten werden.

Viele Nüsse – viele Kinder

Die einst starke Verbreitung der Hasel, althochdeutsch *hasal*, lieferte den Namen für den Ort Hohenhaslach. Der heutige Hase im Wappen dieses Ortes ist somit irreführend. Allein in Bayern gibt es nach Hegi nicht weniger als 36 Orte, die Haslach heißen. Der Name Hasala weist auf ältestes deutsches Volksrecht hin. Haslach hießen die germanischen Mahl- und Gerichtsstätten, weil sie mit Haselgebüschen und Haselgerten abgegrenzt waren.

„Tief eingewurzelt war der Glaube an eine Wesensgleichheit zwischen Mensch und Baum. So sprach man den Haselbusch als ‚Frau Hasel' an und der Flieder wurde bei Krankheitsbeschwörungen als ‚Herr Flieder' begrüßt und es wurde von den Bäumen gesagt, sie könnten reden und singen" (Zink 1998, S. 23).

Leider wurde dieses Haus im Bereich meines einstigen Forstbezirks in Häfnerhaslach abgebrochen. Am Ort gab es zahlreiche Töpfer (Häfner), weil hier gutes Material für ihre Arbeit anstand. Einer von ihnen hat offensichtlich seine Ausschußware verwendet, um an seinem Haus ein Gefach auszufüllen. „Damit's Kind g'sund bleibt" wurden solche Töpfe auch verwendet, um darin die Plazenta, den Mutterkuchen, zu begraben. Der Brauch, die Nachgeburt an einem speziellen Platz unterzubringen, ist weltweit verbreitet. Die ältesten Hinweise finden sich aus dem Jahre 3400 v.Chr. In Ägypten und in Indien kann man noch heute schwarze tönerne Töpfe für die Nachgeburt kaufen (K. Sartorius, Geschichtsverein Bönnigheim, Kreis Ludwigsburg).

„Haselsaft" steht zuweilen scherzhaft für Prügel, weil die Haselrute zum Züchtigen dient: „Was ihr Diebsgesindel! gleich bezahlt oder ich will euch mit grünem Haselsaft waschen."

Nach altem Volksglauben und Volksbrauch gilt die Haselnuß als Sinnbild der Fruchtbarkeit. Das Haselgebüsch, vor allem in den einst weit verbreiteten Mittelwäldern, war unübersichtlich, und die wohlschmeckenden Nüsse sollten die Liebeskraft stärken. Deswegen gingen die jungen Leute gern „in die Haselnüsse". Eine alte Volksweisheit besagt daher: „Viele Haselnüsse – viele uneheliche Kinder." Sehr versteckt finden wir das Nußmotiv in dem Märchen vom Aschenputtel. Dreimal bekam es ein jeweils schöneres Kleid in einer Nußschale geschenkt, bis es endlich die richtige Braut des Königssohnes wurde. Schiller in „Kabale und Liebe": „Einem Liebhaber, der den Vater zu Hilfe ruft trau ich – bitte erlauben Sie – keine hohle Haselnuß zu."

Zahlreiche weitere Bauernregeln beziehen sich auf die Haselnuß. Etwa die: „Auf Margareten Regen und Sturm – bringt der Haselnuß den Wurm" (Margaretentag ist der 20. Juli). Aber auch die: „Haber sät man, wenn die Haseln stauben."

Die Hasel soll vom Blitz verschont bleiben, was das Volk damit begründet, daß die Gottesmutter auf der Flucht nach Ägypten unter diesem Strauch Schutz vor einem Gewitter fand.

Das Holz bzw. die Borke von Hasel und Eßkastanie scheint auch eine das Erbgut verändernde Wirkung zu haben. Dies muß zumindest aus Gen 30, 37–39, geschlossen werden: „Jakob aber nahm Stäbe von grünen Pappelbäumen, Haseln und Kastanien und schälte weiße Streifen daran, daß an den Stäben das Weiße bloß ward, und legte die Stäbe, die er geschält hatte, in die Tränkrinnen vor die Herden, die kommen mußten zu trinken, daß sie da empfangen sollten, wenn sie zu trinken kämen. Also empfingen die Herden über den Stäben und brachten Sprenklige, Gefleckte und Bunte."

Ob man nicht dem Deutschen Teckelklub in Duisburg empfehlen sollte, dieses Verfahren in die Zuchtrichtlinien für Tigerteckel aufzunehmen?

Maulwurfsjagd oder Erlebnisse, die uns zum Nachdenken anregen

In meiner Jugend habe ich mir zum Fangen von Maulwürfen kräftige Haselnußruten geschnitten. Folgende Methode hatte ich nämlich Anfang der Dreißiger Jahre von Herrn Diermeier, einem Vollblutförster und Jäger meines Vaters, erlernt:

Mit einem Spaten habe ich aus dem Wiesenboden ein Viereck herausgestochen und so die Maulwurfsröhre offengelegt. Etwa einen Meter dahinter, wo ich vermutete, daß der Maulwurf herkommen würde, um seinen Gang wieder zu schließen, steckte ich einen etwa 1,2 m langen Haselnußstecken, leicht schräg nach vorne geneigt, fest in den Boden. Am oberen Ende wurden hintereinander zwei Schnüre befestigt. An die vordere knüpfte ich ein ca. 15 cm langes vierkantiges Querholz. Mit diesem spannte ich den Haselnußstecken herunter und hängte das kurze Holz in zwei Heringe ein, die ich unmittelbar links und rechts der geöffneten Maulwurfsröhre geschlagen hatte. Die Heringe mußten an der Außenseite genau in Höhe des Maulwurfsganges eine Kerbe haben, in die das Querholz mit dem heruntergezogenen Haselnußbogen eingehängt wurde. Einige Zentimeter hinter dieser Einspannvorrichtung habe ich quer zum Maulwurfsgang mit dem Spaten einen schmalen Schlitz gestochen, zu dem die zweite, locker hängende Schnur führte, an der eine Drahtschlinge befestigt war, die von oben in die Maulwurfsröhre geschoben wurde. Wollte der Maulwurf die ihn störende, geöffnete Röhre wieder zuschieben, so passierte er mit dem Vorderkörper zunächst die Schlinge und drückte gleichzeitig mit dem vor sich herschiebenden Erdmaterial das nur leicht eingespannte Querholz weg, was zur Folge hatte, daß die Haselnußrute hochschnellte und die Schlinge den Maulwurf durch ruckartiges Hochziehen tötete. Die Maulwurffelle habe ich aufgespannt, getrocknet und für 10 bis 20 Pfennig pro Stück an einen Kürschner verkauft. Mit meiner Fangmethode war ich in dieser kritischen Zeit, etwa 1930/32, nicht allein, Scharen von Arbeitslosen, die aus dem nahegelegenen Straubing kamen, taten in ihrer Not dasselbe. Die Bauern waren darüber froh, weil die Maulwürfe die Wiesen mit Erdhaufen übersäten. Durch das Bundesnaturschutzgesetz vom 12. 03. 1987 ist der Maulwurf jetzt geschützt.

Bettler und arbeitslose Handwerksburschen gab es damals in großer Zahl. Im alten Schloß in Rain bei Straubing, wo wir wohnten, versorgte meine Mutter in einem Erker auf halber Stockhöhe fast täglich solche wandernde Gesellen mit warmem Essen.

Drückende Spannung herrschte im Hause immer dann, wenn es um die Wildererbekämpfung ging. Es waren weniger Wilderer aus Jagdleidenschaft als solche, die sich auf diese Weise dringend benötigte Nahrung für sich und ihre Familien beschaffen wollten. War ein Fest im Dorf oder in einer der nahegelegenen Ortschaften, haben die Förster manchmal pro forma kräftig gezecht und gesungen, so daß die Wilderer der Meinung sein mußten, die sind heute sicherlich nicht draußen. Mein Vater ging dann vom Fest nach Hause, hat sich kurz umgezogen und setzte sich hinten über die Schloßgartenmauer wieder ab, um in der Dunkelheit ungesehen ins Revier zu kommen. Die geradezu knisternde bange Stimmung, die dann in meinem Elternhaus herrschte, spüre ich heute noch, denn es kam auch zu Festnahmen und Schußwechseln.

In diesen turbulenten Zeiten (siehe auch die Ausführungen über die Schaffung eines Zündwarenmonopols bei der Aspe) hörte ich öfter das Wort „Nazi". Als ich meinen Vater fragte, was denn dies sei, bekam ich zur Antwort: „Das verstehst Du noch nicht, das sind solche, die Ordnung machen wollen." Die Sehnsucht der Menschen nach Ordnung und Sicherheit spürte ich schon als damals Zehnjähriger.

Für mich heute sind die Ereignisse von damals immer wieder Mahnung und Ansporn, und ich denke dabei häufig an meinen Namenspatron, Johannes den Täufer. Dieser Mann, in der Wildnis und Einsamkeit des Jordantals lebend, wollte wachrütteln und aufmerksam machen auf das, was kommt. Er war entschieden dagegen, sich in Gewohnheiten einzurichten, zufrieden zu sein mit dem Gang der Welt. Deshalb protestierte er auch gegen die Bequemlichkeit seiner Mitmenschen, gegen den Alltagstrott, und forderte zum Umdenken und Nachdenken über ein sensibleres, einsichtigeres Leben auf. In der ganzen Absonderlichkeit seines Aussehens und Redens war er ein Streiter nicht gegen, sondern für das Leben. Auch ich denke, daß wir heute wieder eine Freiheit in Verantwortung vor der Gemeinschaft und der Schöpfung brauchen – eine Verantwortung aus dem Dreiklang: griechische Freiheit, römische Ordnung und christliches Dienen.

Ein Baum schwitzt

Roter Holunder, Traubenholunder,
Hirschholunder, Bergholunder
Sambúcus racemósa L.
Familie Geißblattgewächse

Der Traubenholunder bleibt kleiner als der schwarze und erreicht nur Strauchform. Das Mark ist, im Gegensatz zum schwarzen Holunder, nicht weiß, sondern gelbbraun. Insgesamt ist dieser Holunder seltener und beschränkt seine Verbreitung auf Mitteleuropa, wo man ihn vor allem in den Bergwäldern antrifft. In jungen Forstkulturen kann der Rote Holunder wegen seiner weitreichenden Wurzeln und deren reichlichem Ausschlag lästig werden.

Der Rote Holunder gilt, wie auch die Vogelbeere, als Frostkeimer, deren Samen erst ordentlich ausfrieren müssen. Damit verhindert die Natur, daß sie schon vor Winterausbruch keimen und dann in der ungünstigen Jahreszeit zugrunde gehen. Auch läßt es die Natur bei Wildpflanzen in der Regel nicht zu, daß alle Samen in einem Jahr auskeimen. Sie verteilt die Keimung über viele Jahre und mindert so das Aufwuchsrisiko.

Der Traubenholunder hat, ähnlich wie die Linde oder der Frauenmantel (*Alchemilla*), Blätter mit „Träufelspitzen" (Engel 1986, S. 163). Wenn bei warmem Wetter die Luft sehr feucht ist und die Wasserdampfabgabe der Pflanze infolgedessen praktisch auf Null sinkt, sind die Blätter wasserübersättigt. Die Folge ist, daß das von den Wurzeln kommende Wasser mit den gelösten Nährstoffen nicht mehr in die Krone gelangen kann. Die Assimilation, d.h., die Umwandlung von Nahrung in körpereigene Stoffe ist damit nicht mehr möglich. Hier kann sich der Traubenholunder helfen. Er preßt an besonderen in der Außenhaut der

Die Form der Blütenrispe des roten Holunders unterscheidet sich deutlich vom schwarzen, dessen Blüten doldenartig in einer Ebene angeordnet sind.

Die in einer eiförmigen Rispe stehenden scharlachroten Steinfrüchte des roten Holunders ergeben einen vorzüglichen Saft oder auch Gelee.

Blätter liegenden Wasserspalten das überschüssige Wasser, das auch Stoffwechselprodukte enthält, aus sich heraus (Guttation). Besonders schön zu beobachten ist dieser Vorgang beim Frauenmantel.

Der botanische Name *Sambucus* ist abgeleitet von dem griechischen Wort *sambux* (rot), *racemosa* (traubenartig) kommt dagegen aus dem Lateinischen.

Im Südwesten Deutschlands wird er auch, ausgehend von den Landesfarben, als badischer Holunder bezeichnet: Blüte gelb, Früchte rot – im Gegensatz zum schwarzen Holunder, der als preußischer Holunder gilt: Blüte weiß, Früchte schwarz.

Wegen des angeblichen Giftgehalts der Samenkörner, der allerdings nicht nachgewiesen ist, verwertet man die in einer eiförmigen Rispe stehenden scharlachroten Steinfrüchte meist nur zu Saft oder Gelee. Unreife Beeren können, wie beim schwarzen Holunder, Bauchschmerzen verursachen. Der angenehme, durch einen hohen Vitamin-C-Gehalt in den Beeren bedingte, leicht säuerliche Geschmack ist hervorzuheben.

Frau Holles schmucker Baum

Schwarzer Holunder, Holder, Höller
Sambúcus nigra L.
Familie Geißblattgewächse

In Deutschland sind drei Holunderarten anzutreffen, zwei verholzende, auf die ich hier eingehe, und eine krautige.

Der schwarze Holunder, ein Strauch oder kleiner Baum, ist fast über ganz Europa verbreitet. Er fehlte früher bei keinem Haus und beschattete oft die Feierabendbank. Hier schloß einst nach getaner Arbeit der Tag im Kreis der bergenden Familie, woraus heute, was ich sehr bedaure, meist nur noch ein Halbkreis vor dem Fernseher geworden ist.

Mit der im Alter zunehmenden toten Gewebeschicht an der Außenhaut der Holundertriebe gehen naturgemäß auch die für den Gasaustausch lebenswichtigen Spaltöffnungen verloren. Ihre Funktion übernehmen hier besondere Korkporen, die sich an jungen Zweigen bzw. Stämmchen als warzenartige Vorsprünge abheben. Mit dieser Korkbildung kann die Pflanze bei Bedarf auch verletzte Gewebeteile schließen. Selbst vor dem Laubabfall bildet sich an der Blattabbruchstelle eine Wundkorkschicht aus.

Der Holunderspanner (*Ourapteryx sambucaria*), wegen seiner Flügelform auch Nachtschwalbenschwanz genannt, erhielt den Namen nach der Wirtspflanze seiner Raupen, dem schwarzen Holunder. Der gelblich-weiße Schmetterling gehört mit einer Flügelspannweite bis 50 mm zu den größten europäischen Spannern. Spannerraupen bewegen sich, da die vorderen Bauchfüße fehlen, „spannend" fort, indem sie sich abwechselnd krümmen und strecken. Manche halten sich in der Ruhe nur mit den Hinterfüßen fest und strecken den Körper frei in die Luft, so daß sie kleinen Zweigresten täuschend ähnlich sehen und von ihren Feinden schwer ausgemacht werden können.

Gesund und zum Genießen

Wie jungsteinzeitliche Funde vom Federsee belegen, haben bereits vor 5000 Jahren die Menschen der Pfahlbausiedlungen schwarzen Holunder gesammelt.

Bei Tauchsondagen in der spätbronzezeitlichen (ca. 1050 v. Chr.) Siedlung Burg (Gemeinde Hagnau, Bodenseekreis), die das Landesdenkmalamt 1984 und 1986 durchführte, fand man ein Flötenfragment aus Holunderholz mit reicher Oberflächenverzierung, das bislang in Mitteleuropa keine Entsprechung hat (Schöbel 1986, S. 60).

Eine andere Verwendung, nämlich die Harfenanfertigung aus Holunderholz, bezeugt der botanische Gattungsname Sambucus, der sich vom lateinischen *sambuca*, die Harfe, ableitet.

Im Raum Freiburg wird seit 1976 Holunder erwerbsmäßig angebaut. Nach Auskunft des Landratsamtes Breisgau/Hochschwarzwald sind heute etwa 46 ha mit schwarzem Holunder bestockt. Die Ernte erfolgt meist maschinell, bei Hektarerträgen von 10 bis 15 Tonnen. Ein kleiner Teil der Beeren wird privat in Form von Saft abgesetzt. Den größten Teil nimmt der Erzeugergroßmarkt Niederrotweil auf. Dessen Abnehmer ist die Saft- und Farbstoffindustrie. Die dunklen Pigmente des Holunders haben den Vorteil, daß sie resistent sind gegen ultraviolette Strahlen und deshalb gut geeignet zum biologischen Färben. Lieferanten aus den ehemaligen Ostblockländern sind für die hiesigen Anbauer die größten Konkurrenten. Vor kurzem habe ich auch eine größere Holunderkulturfläche bei Löwenstein im Kreis Heilbronn gesehen.

Taucht man die creme-weißen, in einer Schirmrispe stehenden Blüten des schwarzen Holunders in Pfannkuchenteig und bäckt das Ganze im schwimmenden Fett heraus, erhält man die begehrten Holunderküchle. Diese sind für meine Begriffe geschmackvoller als die Robinienblütenküchle. Meine Mutter und später auch meine Frau, haben aus den Blüten Gelee und eine wunderbare Limonade, oder vielleicht müßte man heute besser sagen eine Art Sekt, zubereitet. Da man damals in meinem Elternhaus kaum den Namen, noch dieses teuere Getränk selbst kannte, verwendete meine Mutter zum Abfüllen lediglich Sprudel- bzw. Bierflaschen, die dann wegen des entstehenden

Die creme-weißen Blüten des schwarzen Holunders sind nicht nur schön anzusehen, in Pfannkuchenteig getaucht und schwimmend ausgebacken geben sie feine Holunderküchle.

Die reifen schwarzen Beeren des Holunders sind in der Küche vielseitig verwendbar. Meine Mutter machte eine hervorragende Marmelade daraus und verwendete sie auch als Fülle von Hefeteignudeln.

Kohlesäuredrucks wiederholt explodierten.

In der Volksmedizin stand Holunder schon früh in hohem Ansehen. Wegen der schweißtreibenden und fiebersenkenden Wirkung des Blütentees ist er bei Erkältungen und Grippe ein altbewährtes Mittel. Blätter und unreife Beeren sollte man weder beim schwarzen noch beim roten Holunder essen, da sie wegen des Gehalts an blausäurebildendem Sambunigrin Magen-Darmstörungen, Durchfall und Erbrechen hervorrufen können. Die im Herbst gesammelten, vollreifen, schwarzen Früchte enthalten viel Vitamin C und geben einen guten Saft, eine hervorragende Marmelade – Vorsicht, brennt leicht an! – und einen exzellenten Holunderwein.

Quicklebendige Kostgänger an den Holunderbeeren in meinem Garten kann ich jährlich beobachten. Nach dem Heft „Heimische Sträucher" von 1997 des Deutschen Bundes für Vogelschutz, heute NABU, laben sich an den süßen schwarzen Beeren 62 Vogel- und 8 Säugetierarten.

Aus den Stämmchen, die beim schwarzen Holunder vor allem im Jugendstadium viel weißes, schwammiges Mark enthalten, das sich leicht herausbohren läßt, bauten wir als Kinder Wasserleitungen. Die dicken älteren Stammteile dienten für Knallbüchsen. In der ausgeräumten Markröhre preßten wir mit einem Rundholz zwei wassergetränkte

Wergpfropfen gegeneinander bis die dazwischen entstehende Preßluft den vorderen Pfropfen mit kräftigem Knall hinaustrieb. Dies erzählte ich im letzten Herbst anläßlich einer Waldführung so ganz nebenher einer Schulklasse. Die Jungen waren wie elektrisiert und jeder wollte ein Stück Holunderholz mit nach Hause nehmen. Mir wurde dabei wieder bewußt, wie sehr unsere heutige in der Stadt aufwachsende Jugend die Natur und das Naturerlebnis zumindest unterschwellig vermißt.

Ein Reim aus meiner Kindheit:

> *Ringel, ringel Reihe,*
> *sind der Kinder zweie,*
> *sitzen auf dem Holderbusch,*
> *schreien alle husch, husch, husch.*

Bewacher der Toten

Da die Blüten süß duften, die Blätter jedoch bitter schmecken, sah das christliche Mittelalter im schwarzen Holunder ein Gleichnis für die Christen. Sie waren die Blüten, die Juden dagegen die Blätter, und beide gehen auf einen Stamm und eine Wurzel, nämlich Abraham, zurück.

Im Althochdeutschen hieß der Holunder *holuntar* und bedeutete wegen des weichen Markes „hohler Baum". In Norddeutschland ist auch die Bezeichnung Flieder in Gebrauch.

Die Sagen- und Märchengestalt der Frau Holle leitet ihren Namen vom Holunder ab, der Baum ist sozusagen ihr geweiht. Das Märchen von der Frau Holle kennen wir ja alle. In der germanischen Mythologie tritt Frau Holle als Anführerin des wilden Heers der Holden, zuweilen auch der Unholden auf. Auch der Familienname unseres 1770 in Lauffen am Neckar geborenen Dichters Hölderlin geht auf diesen Wortstamm zurück.

Botaniker wissen, daß Richard Wagners Hans Sachs in den „Meistersingern von Nürnberg" den Holunder besingt, wenn er vom duftenden Fliederbaum schwärmt. Zum Meisterfest an Johanni (24. Juni) blüht der Flieder (*Syringa vulgaris*) nämlich schon lange nicht mehr. Der Duft der Holunderblüten ist fast betäubend, und so nimmt es nicht wunder, daß Träumereien wie beim Käthchen von Heilbronn auf dem abgebrannten Schloß Wetterstrahl unter dem Holder zustande kamen.

Im Reich der Toten spielte der Holunderstrauch eine bedeutende Rolle. Den Ursprung für diesen Glauben finden wir in frühgermanischer Zeit. Bei den Leichenverbrennungen wurde Holunderholz verwendet. Dies sollte den Toten in jeder Hinsicht begleiten und beschützen. Holunderbüsche auf Gräbern und Friedhöfen galten lange Zeit noch als Bewacher der Toten.

Der Baum aus Judäa

Gemeiner Judasbaum, Judaslinde
Cércis siliquástrum L.
Familie Caesalpiniáceae

Dieser bis etwa 15 m hohe Baum ist eigentlich im Mittelmeerraum zu Hause. Ich habe in meinem ehemaligen Forstamtsgarten 1958 ein Exemplar gepflanzt, das heute noch an der Südost-Ecke des Hauses steht und sich dort wohlfühlt. Wenn der Baum im Mai blüht, was fast in jedem Jahr der Fall ist, biegen sich die Äste unter einer Fülle kleiner, fliederblauer Blüten. Leider habe ich den Fehler gemacht, den wunderschönen Baum unmittelbar neben einen Fliederbusch zu setzen, der jeweils in derselben Zeit und fast in derselben Farbe blüht.

Wie schon der botanische Name sagt, ist dem Blatt des Judasbaumes das des *Cercidiphyllum japonicum*, im Deutschen Kuchenbaum genannt, sehr ähnlich. Beide Baumarten gehören jedoch zwei ganz verschiedenen Familien an.

Zu den Eigenarten dieses Baumes gehört, daß er nicht nur seine jüngeren Zweige, sondern auch dicke Äste und selbst seinen Stamm mit Blütenbüscheln dekoriert. Er gehört somit zu den wenigen Bäumen, die unmittelbar aus dem Stamm heraus blühen (*Cauliflori*). Heute noch gibt es in den Tropen Bäume oder hohe Stauden, bei denen neben Vögeln auch Fledermäuse eine Bedeutung für die Bestäubung der Blüten haben. Um diesen Tieren den Anflug zu erleichtern, hängen die Blütenstände bei derartigen Pflanzen weit aus dem Kronendach heraus (Bananen) oder sind unter den Blättern am Stamm angeordnet, wie hier zum Teil beim Judasbaum.

Hartnäckig hält sich die Legende, Judas Ischariot habe sich an einem

Der Judasbaum gehört zu den wenigen Pflanzen, die direkt aus dem Stamm heraus zu blühen vermögen. Selbst an stark verborkten Stämmen wie hier im Bild erscheinen ganze Blütenbüschel.

solchen Baum erhängt. Der französische Artname stellt dies richtig: *L'arbre de Judée*, der Baum aus Judäa.

Das schwarz und grün geaderte Holz wird von Schreinern verwendet, dient aber auch zum natürlichen Färben in Braun- und Gelb-Tönen.

Holz und Harz vom Kienbaum

Gemeine Kiefer, Föhre, Fohre, Forche, Forle, Käner
Pinus sylvestris L.
Familie Kieferngewächse

Die Kiefer, die in Baden-Württemberg auf 8% der Waldfläche stockt, besitzt ein außergewöhnlich großes natürliches Verbreitungsgebiet, das vom Polarkreis bis zum Äquator reicht. Bei unserer Gemeinen Kiefer sitzen zwei etwas gedrehte Nadeln in einer hautigen Scheide, dem Kurztrieb. Es gibt aber auch Kiefernarten mit drei, vier oder fünf Nadeln in einem Kurztrieb. Die jungen Triebe dienen in England und Kanada zur Bereitung des sogenannten Sprossenbieres.

Durch die ungemein große Menge von schwefelgelbem Blütenstaub der Nadelbäume im allgemeinen und im besonderen der Kiefer entstand die Fabel vom „Schwefelregen". In Blütejahren liegt er zuweilen zusammengeschwemmt als gelbe Puderschicht auf den Pfützen im Wald.

Man rechnet, daß in Mitteleuropa jährlich etwa 10 bis 15 Millionen Pollenkörner aller Art pro Quadratmeter auf den Boden fallen. In Anbetracht zunehmender Allergien wäre eventuell zu untersuchen, ob die vielen, heute durch Krankheit geschädigten und somit verstärkt Blütenstaub produzierenden Bäume – jeder legt noch schnell ein Ei und dann kommt der Tod herbei – eventuell einen geschädigten bzw. nicht mehr so gut verpackten Blütenpollen

Geradschaftig und spitzkronig sind Kiefern vor allem in den nördlichen Breitengraden und in Höhenlagen. Die Last des Schnees im Winter bewirkt eine derartige Auslese. Tieflandkiefern, wie sie etwa im Rheintal wachsen, sind dagegen krummschäftig und schirmkronig.

Von der vorangegangenen Waldgeneration sind diese sogenannten Überhälter stehengeblieben. Die einzeln stehenden Kiefern sollen noch wertvollen Zuwachs an den furniertauglichen, astlosen Stämmen bekommen.

freisetzen, der u.U., je nach menschlicher Veranlagung, zu Allergien führt. Nach Hürrelmann, Universität Bielefeld, sollen sich bei Jungen und Mädchen innerhalb einer Generation die Allergien verdoppelt haben.

Die Borke ist im oberen Stammteil, wo sie Spiegelrinde genannt wird, dünn und fuchsrot mit abschilfernden, dünnen Borkenschuppen. Im unteren Stammbereich bildet sich eine tiefrissige Borke mit hellgrauen Korkschichten aus. Diese dicke Borke haben wir als Kinder zum Schnitzen von Schiffchen und anderen leichten Dingen benützt. Heute erfreue ich damit meine Enkel. Bei der Kiefer ist das Zustandekommen der Jahrringgrenzen besonders deutlich erkennbar. Das Dickenwachstum des Stammes beginnt im Frühjahr, entsprechend den erhöhten Anforderungen an den Wassertransport, von der Wurzel zur Krone mit der Bildung weitlumigen Frühholzes, d.h. mit röhrenförmigen Zellen (Tracheiden). Für den Transport der Assimilate (Kohlenhydrate, Fette) nach unten werden sogenannte Siebröhren in langen Reihen angelegt, die in ihren Wänden Aussparungen (Tüpfel) mit Membranverschluß haben. Die Funktion dieser Röhren überdauert nur eine Vegetationsperiode, im Herbst werden sie enger und dickwandiger, um ihrer mechanischen Funktion innerhalb des Baumstammes Genüge zu leisten. Sofern die Jahrringe, wie zuweilen bei der Fichte, nicht deutlich zu erkennen sind, lassen sie sich wegen des weichen Frühholzes und des harten Spätholzes mit einem spitzen harten Gegenstand verhältnismäßig einfach abtasten.

In dem mir einst anvertrauten Forstbezirk habe ich mittelalte, schöne und ebenmäßig gewachsene Forchenstämme als „Überhälter" stehen lassen. Da jeder Holzzuwachs nur so viel Wert ist wie der Stamm, an dem er sich anlegt, war damit eine gewisse Voraussetzung geschaffen, um in späteren Jahrzehnten wertvolle Furnierstücke ernten zu können.

Ein Blitz hat eine Kiefer bei Königsfeld im Schwarzwald gestreift.

Im Laufe meiner Dienstzeit mußte ich dann einige Male feststellen, daß derartige einzeln stehende Überhälter der Natur als Blitzableiter dienen. Dabei war für mich beim ersten Anblick aus der Ferne in Einzelfällen erstaunlich, daß der Blitz nicht senkrecht, entsprechend der natürlichen Borkenrisse herunterlief, sondern ausschließlich entlang der Holzfaser.

Dr. Fink, Professor für Forstbotanik an der Universität Freiburg, hat mir in dankenswerter Weise die Richtung der Zellen in einer Blitzforche untersucht und teilt mir folgendes mit: „Hinsichtlich der übersandten Borkenprobe der Kiefer können wir bestätigen, daß die Borkenzellen die gleiche Richtung wie der Blitzeinschlag haben und somit identisch mit der Richtung der Holzzellen sind. Dies ist auch verständlich, da Holz und Rinde ja gleichermaßen von Kambium gebildet werden und die

Orientierung der Kambiumzellen sich auch damit spiegelbildlich in der Orientierung der Holzzellen und der Rinden- bzw. Borkenzellen wiederfindet." Der Blitz geht somit dem besseren Leiter nach, also dem Saftstrom der noch lebenden Holzzellen, und kümmert sich nicht um die äußerlich sichtbaren Risse der ja trockenen Borke. Letztere ist senkrecht rissig auf Grund des Dickenwachstums des Stammes in Verbindung mit der verhältnismäßig weichen und leichten Forchenborke.

Geradschaftig (zweischnürig) und spitzkronig sind Kiefern vor allem in den nördlichen Breitengraden und in Höhenlagen. Man spricht im Südwesten Deutschlands von der Schwarzwaldhöhenkiefer, die hinsichtlich ihres Nutzwertes durch die jährlichen großen Schneelasten positiv selektiert wird. Solchen, meist hochwertigen, vielfach furnierfähigen Stämmen entspricht links des Rheins, etwa an der elsässisch-lothringischen Grenze, die sogenannte Wangenburger Kiefer. Tieflandkiefern, wie sie beispielsweise im Rheintal wachsen, bekannt ist die Darmstädter Kiefer, sind dagegen krummschäftig und schirmkronig.

Die Eiszeit überstanden

Als einzige nordeuropäische Art hat die Gemeine Kiefer die Eiszeiten im Bereich der ungarischen Tiefebene überlebt. Man geht heute davon aus, daß die Kiefer bei der Rückwanderung nach der Eiszeit rund ein Jahrtausend brauchte, bis sie etwa das Gebiet von Hamburg erreichte.

Die maximale Ausbreitung der Kiefer nach der Eiszeit ist etwa zwischen 8 000 und 5 000 v. Chr. anzusetzen. Sie wurde danach durch einwandernde Klimaxbaumarten wieder etwas zurückgedrängt. Man versteht darunter Baumarten, die bei gegebenen Klimaverhältnissen wüchsiger sind als die bereits ansässigen Arten, wie in diesem Fall die Kiefer.

Eine durch den Menschen bedingte verstärkte Ausbreitung der Kiefer gab es dann im Spätmittelalter und in der früheren Neuzeit (1500 bis 1800 n. Chr.). Wegen ihres verkernten Holzes war die Kiefer nach der Eiche beliebtestes Bau- und Deichelholz. Wasserleitungsröhren aus Kiefernholz werden bei Bauarbeiten heute noch immer wieder gefunden und sind in Museen zu sehen. Aus dem lateinischen *canalis*, Röhre, Rinne, entstand bei uns im 15. Jahrhundert das Wort Kanal, und der Baum, aus dem die Röhren und Dachrinnen gemacht wurden, war der Käner. Davon abgeleitet sprechen wir noch heute von der Kandel, etwa entlang einer Straße.

Klebrig und wohlriechend

Fossile Harze sind Bernstein und einige Asphaltarten. Bernstein stammt von Kiefern des Alttertiär, das vor etwa 53 Millionen Jahren begann. Bernstein, der häufig pflanzliche und tierische Einschlüsse aufweist, wird vor allem an der samländischen Küste der Ostsee immer wieder freigespült. Schon zur Zeit des römischen Kaisers Nero, 54 bis 68 n. Chr., war Bernstein sehr in Mode. Bernstein ist als fossiles Naturharz im Gegensatz zum rezenten Naturharz Kolophonium gegen organische Lösungsmittel resistent.

Wenn eine Kiefer eine natürliche oder etwa durch das Harzen künstlich beigebrachte Wunde mit ihrem Harz verschließen muß, wird gleichzeitig auch das in der Nähe der Wunde gelegene Splintholz mit Harz durchtränkt. Ein Vorgang des Selbstschutzes vor Insekten- und Pilzbefall, den man als Verkienung bezeichnet. Diesen hohen Harzgehalt in dem dann ewas speckig aussehenden Holz machte man sich früher zunutze und schnitt fingerdicke Stäbe heraus, die dann abends, schräg in einen eisernen Halter gesteckt, als Kienspäne dienten. Diese brannten, je nach Länge, etwa ein bis zwei Stunden und beleuchteten fackelähnlich und rußend die Stuben.

In meiner frühen Kindheit, die ich auf dem Steinbuckl, einem einsamen Forsthaus im Bayerischen Wald, verbrachte, verwendete man zum Beleuchten bereits Petroleum und Kerzen. Trotzdem wurde aber jährlich ein Raummeter – damals Ster genannt – Kiefernholz mit einem besonders hohen Gehalt an verkientem Holz gekauft, dieses wurde dann zu dünnem Anfeuerholz, schwäbisch Spächtele, gespalten. Die Zapfen der Kiefer, die ein kräftiges, aber kurzes Feuer, etwa zum Kaffeekochen, gaben, nannten wir Kienäpfel.

Verkientes Holz, aber auch die Rückstände beim Harz- oder Pechsieden, die sogenannten Pechgrieben, verschwelten unter Sauerstoffdrosselung einst die Kienrußbrenner in der sogenannten Schwelhütte. In einem Seitenraum derartiger Hütten wurde der Ruß abgefangen. Der grobe Ruß, der sogenannte Malerruß, sammelte sich an den unteren Wänden sowie auf dem Boden und wurde hauptsächlich zu schwarzer Ölfarbe verarbeitet. Der ganz feine Pfundruß, der entsprechend teuer pfundweise verkauft wurde, unter anderem für die Tuscheherstellung, fing sich, weil die Partikel kleiner und leicht waren, weiter weg vom Rußofen in den Tüchern, die vor dem Abzug im Dach der Rußfangkammer hingen. In Enzklösterle im Schwarzwald wurde bis etwa 1860 auf diese Weise Ruß gewonnen und als schwarzer Farbstoff für Druckerschwärze, Schuhcreme usw. verkauft. Allein Europa benötigt heute jährlich rund eine Million Tonnen Ruß für die Fabrikation von Autoreifen (Schoch 1994, S. 109).

Heute bedient man sich natürlich anderer, technisch modernerer Methoden zu seiner Herstellung.

Auch Räucherharze waren wegen ihres wohlriechenden Rauches lange Zeit von großer Bedeutung. Unser Wort Parfüm – per fumum, ringsum duftender Rauch – hat hier seinen Ursprung. Vereinzelt kann man Kiefern in jüngerem und mittlerem Alter finden, bei denen fast am gesamten Stamm in dicht übereinanderfolgenden, querliegenden Bändern Harz ausfließt. Bei genauer Betrachtung zeigt sich, daß diese Querbänder aus einzelnen, eng nebeneinanderliegenden, in die Rinde und zum Teil bis ins Holz reichenden, kleinen Löchern bestehen, aus denen das Harz austritt. Diese Querringel stammen von kräftigen Schnabeleinhieben der Spechte, vor allem des Buntspechts (Galter 1972). Da dies im zeitigen Frühjahr geschieht, ist anzunehmen, daß die durch den austretenden Saft angelockten Insekten ankleben oder bei Sonnenuntergang erstarren und der Specht sie sich dann bequem einverleiben kann, ehe sie zu Einschlüssen in Bernstein werden. Eine erste literarische Angabe über das interessante Phänomen der Spechtringel findet man bei G. König in seinem Buch „Waldpflege" (1849).

Die Erziehung starker Altkiefern wird auf manchen Standorten durch einen Pilz beeinträchtigt, der das Holz am wertvollsten unteren Stammstück, äußerlich nicht sichtbar, zerstört. In Württemberg spricht man von Spreuerfleckigkeit und in Bayern von Bienrösigkeit. Die Fruchtkörper dieses Pilzes, die bis zu einem Kilo und mehr wiegen, kann man standorttreu, Jahr für Jahr, am Fuße befallener Kiefern finden, selbst noch einige Jahre nach Fällung des Baumes. Es handelt sich um die Krause Glucke (*Sparassis crispa*) – aus der Ferne meint man, eine Glucke, also eine brütende Henne, dasitzen zu sehen. Die Fruchtkörper des Pilzes sind in viele flache, aber gewellte und gekräuselte Äste zerteilt – ein Mittel zur Vergrößerung der sporenbildenden Oberfläche. Da die Sporen nicht nach oben weggeschleudert werden können, sondern lediglich in Richtung der Schwerkraft abfallen, werden sie nur auf den nach unten weisenden Seiten der Ästchen gebildet (Schmid/Helfer 1995, S. 79). Das gelbliche, wachsartige, elastische und fasrige Fleisch der Pilze strömt einen angenehm süßlichen, aromatischen Geruch aus. Ältere Exemplare sind bitter und unbekömmlich.

Fruchtkörper der Krausen Glucke am Fuß eines Kiefernstammes.

Das Werk der Krausen Glucke an einem starken Kiefernstamm. In Württemberg nennt man es Spreuerfleckigkeit und in Bayern Bienrösigkeit. Weil das astfreie untere Stammstück befallen wird, ist der Schaden besonders groß.

Schneidet man den Pilz nur bis zur Hälfte ab, wachsen sehr bald neue Fruchtkörper nach. Durch die krause Form (lat. *crispa*) läßt sich der Pilz von der Hausfrau oft nur mühsam und selten vollständig von den in seinen vielen Hohlräumen meist zahlreich vorhandenen Kiefernnadeln und Humuspartikeln befreien. Eine gewisse Fremdkörpertoleranz muß daher beim Verspeisen des wohlschmeckenden Pilzes bei evtl. geladenen Gästen vorausgesetzt werden.

Der Fliegenpilz (*Amanita muscaria*) bildet mit den Wurzeln der Kiefer, wie auch der Fichte und Birke, eine Wuchsgemeinschaft

Fliegenpilz

(Mykorrhiza), die aus einem für beide positiven Geben und Nehmen besteht. Dieser rotkappige Lamellenpilz zeigt auf dem Hut flockige, von der glatten Haut abwischbare Hüllreste. Er gehört zu unseren beliebtesten Glückssymbolen. Jedes Kind weiß aber zugleich auch, daß dieser Pilz giftig ist. Vermutlich wurzelt die positive Deutung des Fliegenpilzes in der seit Jahrtausenden praktizierten Verwendung als Rauschdroge. Der Arzt und Naturforscher Georg Wilhelm Steller erzählt von seinem Aufenthalt in Kamtschatka, 1739: „Die Koräken und Jukagiri sind dieser Speise noch mehr ergeben und darauf dergestalt erpicht, daß sie ihn überall von denen Russen aufkaufen; die sich aber aus Armuth keinen anschaffen können, fangen den Urin von den Besoffenen auf und trinken ihn aus, werden davon eben so rasend und noch toller, und wirket der Urin bis auf den vierten und fünften Mann" (Schmid/Helfer 1995, S. 112). Demnach wird ein beträchtlicher Teil der für den Fliegenpilzrausch verantwortlichen psychoaktiven Substanzen nicht im Körper abgebaut, sondern mit dem Harn ausgeschieden.

Die aus der altnordischen Sage bekannte Berserkerwut ist angeblich auf den Genuß des Fliegenpilzes zurückzuführen (Lowie).

Unserem Wort „betrunken" entspricht in einigen uralischen Sprachen ein Begriff, den man eigentlich mit „bepilzt" übersetzen müßte. Diese Wahl der Ausdrucksweise ist für uns heute ein deutlicher Hinweis auf die in alten Zeiten gebräuchliche Rauschdroge der jeweiligen Kultur.

August Heinrich von Fallersleben (1798 bis 1874), der Verfasser des Deutschlandliedes, besingt in seinem Kinderlied „Ein Männlein steht im Walde ganz still und stumm. Es hat von lauter Purpur ein Mäntlein um…" nicht, wie man zuweilen der

Literatur entnehmen kann, den Fliegenpilz, sondern die Hagebutte mit ihrem schwarzen Käppelein.

Die Giftstoffe des Fliegenpilzes zeigen nicht nur beim Menschen Wirkung. Jahrhundertelang verwandte man den Pilz bei uns als Mittel gegen Fliegen: „Die Fliegen wurden durch gesüßte Milch, in der Fliegenpilzhüte gekocht waren, angelockt und durch deren Genuß getötet. Diese Praxis soll dem Pilz auch seinen Namen verliehen haben. Aufmerksame Beobachter berichten uns freilich, daß die Fliegen dadurch oft nur betäubt werden und sich nach etwa zwei Tagen wieder erholen, sofern sie während dieser Zeit nicht zur leichten Beute von Insektenvertilgern oder rachsüchtigen Menschen werden" (Schmid/Helfer 1995, S. 114).

Der verwunschene Gott

Die Phrygier waren ein Volksstamm in der Mitte von Kleinasien, westlich der keltischen Galater. Ihre Naturgöttin Kybele, die große Mutter alles irdischen Lebens, verzauberte ihren ungetreuen Geliebten, den jungen Schäfer- und Vegetationsgott Attis in eine Kiefer. Zeus versprach ihr zum Trost, daß dieser Baum immer grün sein werde. Über Griechenland gelangte der Kybele-Kult auch nach Deutschland. Im Stromberg haben wir davon noch ein Zeugnis aus der Zeit Herzog Eberhards III. (1628 bis 1674), dem Stifter der heutigen Hofkammer des Hauses Württemberg. Ich meine die Steinplastik der Naturgöttin Kybele in der Mitte des nach ihr benannten, einst für die Eisgewinnung benötigten Kibannele- oder richtiger Kybele-Sees beim Kirbachhof, Gemeinde Sachsenheim-Ochsenbach. Ganz unumstritten ist diese Kybele allerdings nicht, manche meinen, es könnte sich auch um die Jagdgöttin Diana handeln.

Das Wort Kiefer, althochdeutsch *kienforha*, läßt sich vor dem 16. Jahrhundert nicht nachweisen und ist wohl aus dem Zusammenziehen von Kien und Föhre entstanden. Martin Luthers Bibelübersetzung ist wohl eines der ältesten schriftlichen Zeugnisse, in denen die Kiefer als solche Erwähnung findet: „Ich will in der Wüste geben Zedern, Akazien, Myrten und Kiefern" (Jesaja 41,19). Kiefer scheint vor allem den süddeutschen Mundarten fremd zu sein. Dort ist gebräuchlich Föhre, Forche, Fuhre. In Österreich und Böhmen spricht man allgemein von Kienföhre. Der Volksmund kürzt auf Föhre, in Nordböhmen Kimfer und in Franken Kinfir. „Nach einer finnischen Sage erwuchs die Föhre aus dem Blute des Erlösers, wohl wegen ihrer rötlichen Rinde" (Guggenbühl 1963, S. 72).

„Für die Japaner ist die Kiefer ‚der Baum‘ an sich: sie symbolisiert Feierlichkeit, Zeitlosigkeit, Beständigkeit, langes Leben und verkörpert das männliche Prinzip unter den Bäumen" (Laudert, S. 153).

Japan hat ebenso wie Deutschland den Krieg total verloren. Doch wie vollkommen anders reagierte dieses Volk auf seine Niederlage! Ein halbes Jahr nach der Kapitulation richtete der Tenno, der japanische Kaiser, eine Botschaft an sein Volk, um ihm Mut und Vertrauen in die Zukunft zuzusprechen. Er kleidete seine Worte in Versform, wie es in Japan üblich ist:

> *Sei tapfer und treu*
> *wie die Föhre*
> *die ihre Farbe nicht wechselt*
> *auch wenn der Schnee*
> *die Zweige zu Boden drückt.*

Harz – ein wertvoller Grundstoff

Fast alle Nadelbäume scheiden Harz, Rohbalsam genannt, in Harzgängen aus, die in Rinden und jungem Holz verlaufen. Neben der europäischen Lärche ist die Kiefer wohl die harzreichste einheimische Holzart. Nach einer Verletzung des Baumes überzieht dieser Balsam die Wundfläche. Im Laufe der Zeit verdunstet das darin enthaltene Terpentinöl. Das zurückbleibende Kolophonium erhält allmählich eine goldgelbe bis braune Färbung, erhärtet und bildet letztlich einen festen und zugleich desinfizierenden Wundverschluß. Für eine wirtschaftliche Gewinnung des Rohbalsams, also für eine Lebendharzung, eignet sich die Kiefer am besten. Die Fichte kommt daneben wegen ihres trägen Harzflusses und der raschen Verhärtung ihres Balsams weniger in Betracht.

Stamm einer von 1916 bis 1918 zur Harznutzung herangezogenen Kiefer im staatlichen Forstamt Winnenden. Die fischgrätigen Lachten sind von der Seite her bereits wieder etwas überwallt.

Die Gewinnung von Harz an lebenden Kiefernstämmen war einst weit verbreitet, während sich heute die Harznutzung in Europa mehr auf die südlichen und östlichen Länder beschränkt. Der Beginn einer nennenswerten Nutzung in Deutschland hängt mit dem Ersten Weltkrieg zusammen. Allein in Mitteldeutschland, im Bereich der ehemaligen DDR, wurden 1988 immer noch etwa 12 000 Tonnen Harz pro Jahr gewonnen mit einem Wert von ca. 5 000 US-Dollar pro Tonne. Dabei erreicht ein Arbeiter eine Ernteleistung von 5 bis 20 Tonnen pro Jahr. Im Mai 1990 wurde die Harzernte auch hier offiziell eingestellt. Hierzulande, im näheren Bereich meines einstigen Forstamtes kenne ich nur einen heute noch stehenden, 1916/18 geharzten Kiefernbestand. Es ist dies im Staatswald Zwerenberg, nördlich Birkmannsweiler, Forstamt Winnenden.

Die zu harzenden Stämme werden etwa zehn Jahre vor der Fällung der Altkiefern fischgrätartig verwundet. Man nennt diese nach unten verlaufenden Reißerwunden Lachten, aus denen dann ab Ende April das flüssige Harz austritt und etwas weiter unten in einem am Stamm befestigten Töpfchen aufgefangen wird. Vor dem eigentlichen Harzen muß die grobe Kiefernborke entfernt werden. Wegen der dann sichtbaren, rot erscheinenden jungen Rindenschicht wird der Vorgang Röten genannt. Die Klinge des Harzhobels, mit dem man oben beginnt, sollte 3 mm tief in das Holz einschneiden. Dadurch werden sowohl waagerecht wie auch senkrecht verlaufende Harzkanäle angeschnitten. Die tiefer im Stamm liegenden senkrechten Kanäle sind durch radiale waagrechte Kanäle mit den Schnittrillen verbunden, so daß auch dieses Harz abfließen kann.

Eine Kiefer gibt ein bis zwei Kilo Harz pro Jahr ab. Um das Harz in Fluß zu halten, müssen alle drei bis vier Tage neue Rillen gerissen werden. Eine solche Harznutzung kann über einen Zeitraum von fünf bis zehn Jahren ohne größere Schädigung des Baumes ausgeübt werden.

Mit dem Harzhobel schneidet man 3 mm in das Stammholz hinein. Das herablaufende Harz wird mit am Stamm befestigten Gefäßen aufgefangen. (Foto: J. Hevers)

Durch Wasserdampfdestillation bei etwa 100 °C wird der am lebenden Stamm gewonnene Rohbalsam u.a. in die Bestandteile Terpentinöl (ca. 20%) und Kolophonium (ca. 70%) zerlegt. Derartige Einrichtungen sind schon aus dem 3. Jahrhundert v. Chr. bekannt. Im Ersten Weltkrieg mußte das

Rohmaterial in Südwestdeutschland der bis 1936/37 beste-
henden chemisch-technischen Fabrik Wizemann in Stutt-
gart-Obertürkeim zugeführt werden.

Das Terpentinöl, d.h. die im Harz enthaltenen ätherischen
Öle, eine farblose bis gelbliche, leicht flüchtige Flüssigkeit,
dient als Grundlage für Kosmetika, Lacke, Firnisse und An-
streichmittel. In meinem Elternhaus war dies das Mittel zum
Entfernen von Flecken. Aber auch bei der Porzellanbema-
lung, etwa in der 1758 von Herzog Karl Eugen gegründeten
Manufaktur in Ludwigsburg, wird Terpentinöl als Malhilfe
zum Auftragen der Porzellanfarben verwendet. Dies geschieht mit feinen Pinseln aus Nackenhaaren einer russisch-
sibirischen Eichhörnchenart, deren Fell der Kürschner mit
Feh bezeichnet.

Der wertvolle Destillationsrückstand, die nicht flüchtigen
Harzbestandteile, Kolophonium genannt, eine elastische
Masse, je nach Gehalt an Verunreinigungen von weißer bis
dunkelbrauner Farbe, diente schon den Ägyptern, neben anderen Materialien, zur Einbalsamierung der Toten. Heute
verwendet man Kolophonium zur Herstellung von Lacken,
Kitt, Siegellack, als Zusatz zu Leimen, Papier und Linoleum
sowie als Geigenbogenharz und für viele andere technische
Zwecke. Chemisch umgewandeltes Kolophonium dient
auch als Grundmaterial für die Herstellung von Kaugummi.
Der Name kommt von der antiken griechischen Stadt Kolo-
phon, die in Kleinasien an der türkischen Westküste nördlich von Ephesos lag und wohl Haupthandelsplatz für Kolophonium war.

Die Blockade gegen das Deutsche Reich im Ersten Weltkrieg
stoppte die wichtigen Harzeinfuhren, die etwa 80% des Be-
darfs ausmachten. Besonders die Munitionsfabriken ver-
brauchten Harz in großen Mengen. Die feinen Gänge der
Granatzünder legte man mit einem kolophoniumhaltigen
Gemisch aus, wobei die elektrostatischen Eigenschaften des
Kolophoniums genutzt wurden. Bei den Schrapnells füllten
Harz und Paraffin die Zwischenräume der Kugelladungen
(Schoch 1994, S. 115).

„Kolophonium verbrauchte man in der DDR fast zur Hälfte bei der Papierherstellung. Ungeleimtes Papier besitzt eine große Saugfähigkeit, Tinte verläuft und schlägt durch. Daher wird dem Holzschliff oder dem Halbzellstoff beim Zermahlen Hartleim zugesetzt, der sich auf der Papierfaser verteilt. Die Dosierung muß so erfolgen, daß das Papier die Tinte aufnimmt, sie aber nicht verlaufen läßt. Chemisch veredeltes Kolophonium verhindert auch das Vergilben von Papier" (Hevers 1992, S. 71).

„Eine Bundesharzverordnung vom 07. 09. 1916 übertrug die gesamte Harzwirtschaft der Rohholzabteilung im ‚Kriegsausschuß für pflanzliche und tierische Öle und Fette' mit Sitz in Berlin" (Hevers 1992, S. 15).

In Württemberg leitete ein Erlaß der Königlichen Forstdirektion Stuttgart vom 27. 04. 1915 die kriegsbedingte Harznutzung ein. Sie dauerte bis etwa 1920.

Im Zweiten Weltkrieg gab es ein Reichsharzamt, das man 1944 von Eberswalde nach Neudorf verlegte. In diesem Jahr wurden im Reich ca. 6 800 Tonnen Harz gewonnen.

Die Weltproduktion an Kolophonium beträgt – soweit Zahlen erhältlich sind – 1,32 Millionen Tonnen. Davon stammen 65% aus der Harzung lebender Kiefern und 30% aus Tallharz (Hevers, 1992, S. 12). Tallharz, vom schwedischen Wort *Tall* für Kiefer, fällt als Nebenprodukt mit einer Menge von 2,8 kg bei der Verarbeitung eines Festmeters Kiefernfaserholz zu Zellstoff nach dem Sulfatverfahren an. Aus Mitweltgründen werden derartige Anlagen, die für harzreiche Hölzer erforderlich sind, zumindest in den alten Bundesländern praktisch nicht zugelassen. Hierin ist auch der Grund zu sehen, weshalb in Deutschland Douglasienzellstoffholz nicht absetzbar ist.

Die Schuppenschürzenkiefer

Heinrich Kuhbier vom Überseemuseum Bremen schickte mir vor einiger Zeit nebenstehendes Foto. Er wollte über derartige, ganz vereinzelt auftretende Erscheinungen an der Borke unserer Kiefer Näheres in Erfahrung bringen.

Mir sind derartige Ausformungen bei Kiefernstämmen an folgenden Standorten bekannt:

• Wellen, südlich Beverstedt, etwa 45 km nordöstlich von Bremen, hier wurde das Foto von Heinrich Kuhbier gemacht (Abb. S. 169). Persönlich konnte ich diesen Standort in der Nähe der fünfringigen Monsilienburg als einzigen nicht begehen.

• Hessischer Odenwald bei Höchst. Ein Zufallsfund, den ich anläßlich einer Hundeprüfung gemacht habe.

In meinem früheren Forstbezirk Bietigheim, der zur Hofkammer des Hauses Württemberg gehört:

• Revier Pfahlhof (H. Grieß), Distrikt Steudach, Abteilung 7, Raingrund,
Kreis Ludwigsburg, Markung Mundelsheim.
Standort: Buchen-Eichen-Wald auf Feinlehm, mäßig frische bis grundfrische Flachlagen örtlich im Unterboden gering pseudovergleyt.
Brusthöhendurchmesser 56 cm.

• Revier Buchenbach (M. Hess), Distrikt Buchenbach, Abteilung 12, Sandacker, Kreis Rems-Murr, Markung Buchenbach
Standort: Eichen-Hainbuchen-Wald auf mäßig frischem Ton, mäßig frische (selten mäßig trockene) Flachlagen, Pelasol bis Braunerde, Pelasol vielfach schwach pseudovergleyt.
Brusthöhendurchmesser 54 cm

• Staatliches Forstamt Schorndorf, Revier Winterbach, Distrikt Lehenbach, Abteilung 3, Dreibuchenweg, Kreis Rems-Murr, Markung Winterbach
Standort: wechselfeuchte abflußträge Flachlagen, zweischichtige Pseudogley-Braunerde bis Pseudogley, zum Teil schwach podsolig.
Brusthöhendurchmesser 44 cm.

Diese Schuppenschürzenkiefer wurde im norddeutschen Raum bei Bremen aufgenommen (Foto: H. Kuhbier).

Bilder oben: 56 cm Durchmesser in Brusthöhe weist dieser Stamm aus dem Revier Pfahlhof auf. Er wurde in Blickrichtung des Fotografen durchgeschnitten. Das Brett aus der Mitte des ca. 115 Jahre alten Stammes zeigt einen einst abgetrennten Ast. Die Überwallung der Wundstelle mit breiteren Jahrringen verläuft waagerecht und ist an der heutigen Grenze von Kern- zu Splintholz in etwa abgeschlossen. Später werden dann aber wieder kleinräumig breitere Jahrringe gebildet, die sich nun schräg nach oben fortsetzen und zu einer Beule am Stamm führen. Diese Erscheinung verläuft bei den Ästen darunter und darüber im selben Winkel zur Stammachse.

An einer Kiefer im Revier Buchenbach kann man gut erkennen, wie die Altborke durch den entstandenen Wulst nach außen gedrückt wird.

Der Kiefernstamm im Revier Buchenbach, Abt. 12 Sandacker, zeigt sehr gleichmäßige Schuppenschürzen, die um den ganzen Stamm herumgehen.

In all den von mir begangenen Standorten fand ich im jeweiligen Bestand – im Revier Winterbach auch in der weiteren Umgebung – noch einige wenige weitere Stämme mit mehr oder minder ähnlich ausgeformter Borke. Daraus ist wohl zu schließen, daß es sich um ein ererbtes Merkmal handelt.

Die Schuppenschürzenkiefer (*Pinus sylvestris* var. *exprimens* Halla*), wie ich sie nenne, konnte im Winter 1996/97 im Hofkammerdistrikt Steudach dank der Hilfe von Revierleiter Grieß aufgesägt werden. Wie in der Abb. S. 170 links zu sehen, gingen die Schuppen hier nicht um den ganzen Stamm herum. Eine etwa von der Himmelsrichtung oder Stammneigung abhängige Einseitigkeit der Schuppenbildung war aber in keinem der mir persönlich bekannten Fälle auszumachen. Der Einschnitt des ca. 115 Jahre alten Stammes erfolgte in Blickrichtung des Fotografen, also durch die Schürzen hindurch.

Das Brett aus der Mitte des Stammes (Abb. S. 170 rechts) zeigt einen Ast, der an der einstigen Abtrennstelle einen Durchmesser von 19 mm hat. Die einsetzende Überwallung mit breiteren Jahrringen erfolgt zunächst in etwa waagrecht und ist im großen gesehen mit der heutigen Grenze Kern/Splintholz mehr oder minder abgeschlossen.

Nun fällt aber auf, daß später schräg nach oben kleinräumig in verstärktem Maße breitere Jahrringe gebildet werden, die zwangsläufig zu einer Beule an der Stammaußenseite führen. Sämtliche im Brett zu sehenden Jahrringausbuchtungen wachsen mit etwa 45° schräg nach oben. Unter Umständen ist dieser Winkel bestimmt durch die ursprüngliche Astrichtung (Abb. S. 171 oben).

Die schräg nach oben sich bildende Holzausbuchtung trifft nun auf eine normale dicke, senkrechtrissige Forchenaltborke, die so zwangsläufig nach oben hinausgedrückt wird (Abb S. 171 rechts unten). Ginge die Wuchsrichtung der Beule nach unten, würden Schuppen entstehen, die von unten nach oben abstehen.

Es liegt nahe, daß die Schuppenschürzen, die von den einstigen Astquirlen ausgehen, aufgrund einer genetischen Information mit Zeitverzögerung entstehen.

Beim Menschen – besonders bei Negern und Kaukasiern – kennt man eine Wundheilungsstörung, die besonders nach Brand- und Schnittverletzungen auftritt. Dabei wölbt sich die Narbe über das Hautniveau und wird als „Keloid" bezeichnet. Wie keloidale Narben entstehen ist nicht vollständig geklärt. Vererbte Disposition zu gestörter Wundheilung scheint aber eine entscheidende Rolle zu spielen. Wundheilungsstörung infolge Verschmutzung oder Infektion begünstigen Keloide ebenso wie hormonelle Einflüsse während Schwangerschaft und Pubertät. Das Keloidrisiko schwindet mit zunehmendem Lebensalter.

Einer polnischen Arbeit (Falinski 1986, S. 59), die mir freundlicherweise Prof. Dr. Roloff, Dresden, überlassen hat, entnehme ich:

„Die sogenannte ‚Kragenkiefer' (*Variatio annulata Caspary*) wird als Kuriosum angesehen. Ihre Rinde löst sich teilweise an den alten Wirteln und steht in Form von Flügeln, Schindeln oder Kragen vom Stamm ab. Die Ursache für dieses Loslösen der Rinde ist unklar. Nach Meinung einiger Autoren ist die größere Erwärmung der Stämme auf der Sonnenseite der Grund. Die ‚Kragenkiefern' kommen im allgemeinen in Gruppen von mehreren Exemplaren vor, z. B. im Koniferenmischwald (Pino-Quercetum) des Nationalparks Bialawieza. Sie wurden auch im Augustowwaldkomplex beobachtet und sie wurden kürzlich in den Wäldern Zentralpolens gefunden in einem Mischwald (Pino-placetum) mit charakteristisch nach oben gebogener Rinde an den Wirteln alter Zweige."

Von der *Pinus sylvestris* var. *exprimens Halla* aus dem Distrikt Buchenbach wurden im Frühjahr 2000 in dankenswerter Weise Absaaten gemacht, und zwar von
- der Bayerischen Landesanstalt für forstliche Saat- und Pflanzenzucht, Herr Ruetz, Teisendorf
- der forstlichen Versuchs- und Forschungsanstalt Baden-Württemberg, Herr Franke, Freiburg
- der Bundesforschungsanstalt für Forst- und Holzwirtschaft, Institut für Forstgenetik und Forstpflanzenzüchtung, Herr Dr. Liesebach, Großhansdorf

Am 23. 07. 2000 schrieb mir Herr Liesebach:
„Aus den Zapfen wurde zuerst das Saatgut gewonnen und für zwei Monate eingelagert. Ende April haben wir die Kiefern gesät. Die Keimrate war hoch. Nach weiteren vier Wochen sind die Sämlinge pikiert worden. Auffallend hoch war die Anzahl weißer Sämlinge (= Sämlinge ohne Chlorophyll). Die Anzahl war besonders hoch bei den Sämlingen von den Zapfen der *Pinus sylvestris* var. *exprimens* und von dem im Westen beernteten Baum. Für eine

weitergehende Interpretation dieser Beobachtung ist es noch zu früh."

Dagenbach berichtet über Inzuchterscheinungen beim Speierling (2001, S. 11): „Bei der Nachzucht von isoliert stehenden Altspeierlingsbäumen kommt es bei den Nachkommen häufig zu Inzuchtdefekten durch Selbstbestäubung. Diese zeigen sich, teils schon früh, mit Albinoanteilen bei den Keimlingen oder dann auch später durch Mattwüchsigkeit oder Resistenzschwäche gegen Blatt- und Rindenkrankheiten.
Albinokeimlinge sterben nach einigen Tagen ab sobald der Vorrat an Assimilaten in den Keimblättern verbraucht ist."
Es wäre zu prüfen, ob es sich bei der ‚Schuppenschürzenkiefer' um einen Inzuchtdefekt durch Selbstbestäubung handelt, vielleicht auf Grund weit auseinanderliegender Blühzeiten gegenüber der normalen Kiefer.

Blühende Pracht, saftige Früchte

Kirsche – Süßkirsche, Vogelkirsche,
Wald- oder Wildkirsche
Prúnus ávium (L.) L.
Familie Rosengewächse

Die Arten unserer Süßkirschen leiten sich von der in hiesi-gen Wäldern verbreiteten Vogelkirsche ab, die 0,2% der Waldfläche einnimmt. Aus ihr haben wahrscheinlich schon die Alemannen oder gar ihre Vorgänger eine Kulturform gewonnen, die später von Württemberg aus weite Verbreitung fand. Ande-re meinen, daß die heute bekannten großen, süßen Früchte aus Kleinasien stammen und mit den Römern über die Alpen zu uns kamen.

In Wald und Flur ist die Kirsche ein belebendes, landschaftsprägen-des Element, da sie, wie der Spitz-ahorn, sehr früh blüht und so vor al-lem Berghänge besonders schön ziert. Für unsere Honigbienen bildet sie eine bedeutende Frühtracht. Selbst noch im Sommer spendet sie in zwei roten Drüsennäpfchen an der Blattbasis Nektar, also außerhalb der Blüte (extrafloral).

Die Baumrinde ist in der Jugend glänzend-glatt und rötlich-grau. Spä-ter löst sie sich ringförmig in bandar-tigen Lappen ab und wird dann flach-rissig und dunkel. Der Kirschbaum gehört zu den Kernhölzern. Sein Splint ist von weißlich-gelber Fär-bung und wird im allgemeinen mit-verarbeitet, da sich im Laufe der Jah-re die beiden Farben immer mehr angleichen. Das Holz der Waldkirsche ist meist dunkler als das auf freiem

Wie Trauben hängen Früchte an diesem üppig tragenden Kirschbaum. (Foto: W. Halla)

*Ein Los Kirschenstammholz ist an der Stra-
ße so aufgereiht, daß die Kaufinteressenten
es von allen Seiten betrachten können.
(Foto: F. Geiger)*

Feld gewachsene, das des Kulturbaumes eher heller und etwas weniger schön. Das mittelschwere Holz ist zäh, fest und hart. Getrocknet hat es ein Raumgewicht von 0,64 g/ccm. Wegen seiner dichten Faserung ist es schwer spaltbar, dagegen elastisch und biegsam. Das schöne, glatt zu bearbeitende und gut polierbare Material ist äußerst begehrt für die Herstellung von Möbeln. Bekannt sind die klassizistischen Kirschholzschränke des 19. Jahrhunderts. Stämme bester Qualität brachten in Württemberg schon Preise bis zu 8 000 DM pro Festmeter.

Gummifluß am Kirschbaum wird nicht gerne gesehen, da er zum Absterben von Stammteilen führen kann. Der ausschwitzende Saft ist blaß weingelb bis rotbraun. Mit Wasser und Soda (Natriumkarbonat) aufgekocht, lieferte er einen guten Leim. Gummiarabikum, wie man ihn nannte, war zu meiner Jugendzeit ein gebräuchliches Wort. Auf dem väterlichen Schreibtisch stand immer eine Flasche davon, die auf uns Kinder große Anziehungskraft ausübte, da wir etwa unsere Drachen damals nur mit „Mehlpapp" kleben konnten. Gummi ist übrigens ein Lehnwort aus dem Ägyptischen, das über Griechenland zu uns kam, daher Gummiarabikum.

Die Landesforstverwaltung von Baden-Württemberg hat in den Waldungen die schönsten Vogelkirschexemplare ausgesucht und in den Kronen durch Zapfenpflücker Reiser zum Veredeln schneiden lassen. Damit wurden in Liliental am Kaiserstuhl Pfropfungen für eine 3,3 ha große Samenplantage vorgenommen. Die Bäume werden durch Schnitt niedrig gehalten, so daß die Kirschen ohne größere Schwierigkeiten gepflückt werden können. Nur bei Verwendung eines so hochwertigen Saatgutes hat man einigermaßen die Gewähr, später im Wald gute Schaftformen zu bekommen. Kreuzungen der Waldform – nach Stammform ausgelesen – mit den Kulturformen – nach der besten Frucht ausgelesen – lassen sich leider nicht verhindern.

Blütenzweige als Orakel

Wegen schlechter Wege- und Transportverhältnisse war der Verkauf der leicht verderblichen Kirschen früher nur eingeschränkt möglich. Die Bauern waren daher vielfach an kleinen, aber sehr zuckerhaltigen Sorten interessiert. Was man nicht im eigenen Haushalt verbrauchte, wurde gedörrt oder zu Schnaps gebrannt. Das heute berühmte Schwarzwälder Kirschwasser wurde so zu einer Erwerbsquelle. Später ermöglichten Eisenbahn und Auto den raschen Transport der süßen Früchte in die Städte, wodurch der Anbau von Tafelkirschen einen starken Aufschwung nahm. „Der Name Kirsche stammt aus dem Griechischen, wo der Baum *keresea* und die Frucht *kerasion* hieß. Die Stadt Kerasus am Südufer des Schwarzen Meeres ist nach den dort vorkommenden Kirschenwäldern benannt. Aus den pontischen Gebirgen in Südrußland bringt Lukullus, römischer Feldherr und Feinschmecker, im Jahre 76 v. Chr. den *cerasus* (Kirschbaum) nach Rom. Vulgärlateinisch hieß die Frucht *ceresia*, wovon das altfranzösische *cherise* und das englische *cherry* abgeleitet sind. Sowohl das französische *cerise/cerisier* und das deutsche Kirsche/Kirschbaum haben den gleichen Ursprung" (Guggenbühl 1963, S. 294).

Die Kirsche blüht früh und eignet sich deshalb bestens für den Schnitt von Barbarazweigen. Die heilige Barbara, heißt es, sprengt die winterlichen Knospen auf und bringt sie zum Blühen. Es ist daher ein alter Brauch, an ihrem Tag, dem 4. Dezember, vor allem Kirsch-, Apfelbaum- und Schlehdornzweige zu schneiden, um sie in der warmen Stube oder auch im Stall ins Wasser zu stellen. Sie gelten als Glücksbringer. Je kräftiger sie zur Weihnachtszeit blühen, desto größer der Segen für Haus und Hof, für Mensch und Vieh. Außerdem geht, was man sich beim Schneiden der Barbarazweige wünscht, der Sage nach in Erfüllung.

Heiratslustige Mädchen benutzten Barbarazweige als eine Art Liebesorakel: Jeder erhielt den Namen eines jungen Mannes, der als Bräutigam in Frage kam. Derjenige, dessen Zweig zuerst in Blüte stand, würde, so hoffte man, das Mädchen im nächsten Jahr zum Traualtar führen. Brechen aber die Blüten vor Weihnachten nicht auf, so kommt eine Heirat vorerst nicht zustande.

Mit Gottes Geist Mauern gesprengt

Die Heilige Barbara wurde als Tochter des reichen Dioscuros von Nikomedien, dem heutigen Izmit am Marmarameer im Westen der Türkei, geboren. Um seine schöne, mit scharfem Verstand ausgestattete Tochter u.a. vor dem Christentum zu bewahren, schloß er sie in einen Turm ein, wenn er fortging. Mit einem Brief richtete Barbara Fragen zum Christentum an Origines (185 bis 254), der zu ihrer Zeit als gelehrtester Weiser von Alexandria galt. Durch den Priester Valentinus ließ Origines ihr Antwort zukommen. Da der Bote sich als Arzt ausgab, erlaubte der Vater Barbara, ihn zu empfangen, woraufhin Valentinus sie taufte.

Der Heiligen ist es sozusagen gelungen, den Turm, in den sie gesperrt war, mit dem Geist Gottes zu sprengen. Sie gilt daher als Heilige aller Handwerker und Gewerbetreibenden, die mit Sprengstoff zu tun haben. Besonders bei der Artillerie, wo ich diente, war der Barbaratag immer ein herausragendes Fest.

Seit dem 14. Jahrhundert ist Barbara eine besonders beliebte und häufig dargestellte Heilige: Auf dem Haupt eine Krone, trägt sie den Kelch mit der Hostie darüber und hat einen Turm neben sich. Vom 15. Jahrhundert an gehört sie als Beistand der Sterbenden zu den Vierzehn Nothelfern. Sie gilt auch als die Blitzheilige, denn nur sie vermag nach altem Volksglauben das durch Blitzschlag ausgebrochene wilde Feuer zu löschen, was menschlicher Hand nie gelänge. Das hängt damit zusammen, daß ihr erboster Vater sie eigenhändig enthauptete und daraufhin durch Feuer getötet wurde, das vom Himmel fiel.

Fast alle Legenden um St. Barbara bringt Jörg Rathgeb besonders reizvoll und ausführlich 1510 auf der Altartafel von Schwaigern (Kreis Heilbronn) zur Darstellung.

Biblischer Baum

Libanonzeder
Cédrus líbani A. RICHARD
Familie Kieferngewächse

Die Libanonzeder kommt im Libanon, Syrien, im Taurus-
und Antitaurusgebirge sowie auf Zypern vor. Ausgewach-
sen ist sie ein majestätischer Baum von beeindruckenden Aus-
maßen und tiefen, starken Wurzeln. Sie bringt es auf 35 m Höhe
und ist in Brusthöhe teilweise mehr als zwei Meter dick. Der immergrüne Nadelbaum kann zwei- bis dreitausend Jahre alt werden. Mit zunehmendem Alter verändert sich die ursprüngliche
Pyramidenform der Krone in eine flache Kegelform mit dicken,
weit auskragenden Ästen. Die Zweige bilden deutlich ausgeprägte waagrechte Schichten oder Lagen, sie tragen als Kurz-

*Mit zunehmendem Alter wird die ursprünglich pyramidenförmige Krone der Libanonzeder im-
mer flacher, ihre Äste kragen weit aus. Dieses Exemplar aus dem Weinheimer Schloßpark ist
mit 250 Jahren das größte seiner Gattung in Deutschland.*

triebe runde Büschel hellgrüner Nadeln von 2 bis 2,8 cm Länge. Die bis zu 10 cm hohen, faßförmig-kompakten Zapfen sind gestielt, stehen aufrecht und sondern ein wohlriechendes Harz ab. Sie reifen im zweiten bzw. dritten Jahr nach der Blüte und zerfallen in diesem Zustand. Die Blütezeit der Zedern ist, im Gegensatz zu den meisten anderen Nadelbäumen, der Herbst.

Das Holz mit seinem warmen rötlichen Ton ist sehr haltbar und wird von Schadinsekten gemieden. Wegen seiner Schönheit und seines aromatischen Duftes hatte es große Bedeutung als Baumaterial. Aus dem Holz des Baumes wird aber auch das wohlriechende Zedernöl gewonnen. Es diente unter anderem zum Einbalsamieren der Toten, aber auch zur Herstellung von kosmetischen und medizinischen Salben. Als Brennholz wird es geschätzt, denn es sondert kaum Rauch ab und hinterläßt wenig Asche. Zedernholz wird auch für bestimmte Reinigungsopfer vorgeschrieben (Num 19,6): „Und der Priester soll Zedernholz und Ysop (vermutlich Oreganum, eine Art wilder Majoran) und scharlachrote Wolle nehmen und auf die brennende Kuh werfen."

In dem mir einst anvertrauten Hofkammerforstamt Bietigheim hatte ich in den Waldungen des Strombergs verschiedene, damals etwa 40 Jahre alte Libanonzedern. Leider sind diese, wie auch die Stämme der Atlas- und Himalayazedern, 1956 alle erfroren. Nach einem sehr milden Januar, der in den Zedern bereits den Saft zum Steigen gebracht hatte, folgte ein extrem kalter Februar, in dem der schon verdünnte Saftstrom gefror und dadurch die Zellwände sprengte. Die Kälte war damals so enorm, daß an einem Jagdtag meinem Dackel Wastl der Hodensack erfror. Obwohl ich bis heute Dachshundrüden führe, habe ich so etwas nie mehr erlebt.

Vom Umgang mit der Natur – gestern wie heute

„Die Wälder gehen den Völkern voran, die Wüsten folgen ihnen" (Chateaubriand).

Das biblische Land zwischen Mittelmeer und Jordan, vom Negev im Süden bis zum Libanon im Norden, war zwar zur Hälfte Wüste, doch die andere Hälfte, das Gelobte Land, in dem

Milch und Honig floß, war Wald-
land. Sechzigmal kommt das hebräische Wort *jaar* für Wald in der Bibel
vor, allerdings nur im Alten Testament. Das Neue Testament erwähnt
weder Wald noch Waldbäume (Sperber 1994, S. 12). Von Absalom, der
sich gegen seinen Vater, König David,
erhob, finden wir unter 2 Sam 18, 9:
„Und Absalom begegnete den Knechten Davids und ritt auf einem Maultier. Und da das Maultier unter eine
große Eiche mit dichten Zweigen
kam, blieb sein Haupt an der Eiche
hangen und er schwebte zwischen
Himmel und Erde; aber sein Maultier
lief unter ihm weg."

Die Zweige der Libananonzeder breiten sich schichtartig waagerecht aus und tragen als Kurztriebe runde Büschel mit grünen Nadeln. Bis zu 10 cm hoch werden die gestielten, eiför-migen Fruchtzapfen. Wie die im Herbst er-scheinenden kleineren, aber zahlreicheren männlichen Blüten stehen sie auf den Ästen senkrecht nach oben.

Der Libanon und große Teile des kilikischen Taurus waren in
biblischer Zeit mit Zedernwäldern bedeckt. Der Staat Libanon
führt daher eine Zeder auf weißem Grund in seinem Wappen.
Dieser Gebirgsbaum, im Winter mit Schnee bedeckt, wächst auf
felsigen Böden in Höhen von 1500 bis 1900 m. Von den ausgedehnten Zedernwäldern, die einst den Libanon bedeckten, sind
leider nur noch an drei Stellen klägliche Reste vorhanden.
„Von der Verantwortung der Menschen gegenüber der Natur",
so hatte 1993 mein Corpsbruder Ulrich Ammer seine Festrede
anläßlich des 125jährigen Stiftungsfestes des Corps Hubertia zu
Freiburg überschrieben. Ich möchte diesen Gedanken hier auf-
greifen: Denn eigentlich wäre alles ganz einfach! – zumindest
für Menschen, die sich zum Christentum bekennen. In der modernen Einheitsübersetzung der Bibel heißt es nämlich in Gen
1, 26–30: „Vermehrt Euch, breitet Euch über die Erde aus und
nehmt sie in Besitz. Ich setze Euch über die Fische, die Vögel
und alle anderen Tiere und vertraue sie eurer Fürsorge an."
Damit ist nicht nur gesagt, daß der Mensch die Erde und ihre
Ressourcen nutzen kann und soll, ihm wird gleichzeitig Verantwortung für das Land – „Ihr sollt den Garten Eden bebauen
und bewahren" (Gen 2, 15) – und das Leben auf der Erde übertragen. Dazu gibt es dann erstaunlich genaue Anweisungen für

Vom Baum zum Bleistift

Eine besondere Bedeutung erlangte das Holz für die Herstellung von Bleistiften. Diese Bezeichnung ist, zumindest im ersten Wortteil, irreführend. Blei wurde zwar in früheren Zeiten zum Schreiben tatsächlich verwendet. Um die Mitte des 16. Jahrhunderts entdeckte man dann aber Graphit als Schreib- und Zeichenmaterial. Die Ende des 18. Jahrhunderts aufgekommene Bezeichnung dieses Minerals aus reinem Kohlenstoff ist abgeleitet vom griechischen *graphein* also schreiben. Schreibminen bestehen aus geschlämmtem und geglühtem Graphit, je höher der Tonanteil ist, er kann zwischen 10% und 80% betragen, desto härter der Bleistift. Für den Holzkörper wird neben Zedern- hauptsächlich Erlen-, Linden-, Aspen-, Pappel- und Kiefernholz verwendet.

den Umgang mit der Natur. Moses teilt nach einer Unterredung mit Gott auf dem Berg Sinai dem Volk mit: „Wenn Ihr in das Land kommt, das ich Euch geben werde, müßt Ihr dafür sorgen, daß das Land mit jedem siebten Jahr seinen Sabbat feiert. Sechs Jahre dürft Ihr Eure Felder bearbeiten, Eure Weinstöcke beschneiden und den Ertrag einsammeln; aber jedes siebte Jahr muß das Land ruhen, es feiert einen Sabbat zu Ehren des Herrn; Ihr dürft in diesem Jahr kein Feld bestellen und keinen Weinberg pflegen." Diese von Mose überbrachte Weisung des Herrn verlangt von den Menschen, die Schöpfung nachhaltig zu bewahren. Auch schon Heraklit, der Dunkle, erkannte vor etwa 2500 Jahren: „Alles hängt mit allem zusammen."

Bei diesen biblischen Regelungen ist durchaus an die bis ins 18. Jahrhundert bei uns übliche Dreifelderwirtschaft zu denken. Sie bedeutet das gewannweise Ruhenlassen eines Teiles der Felder. Dies konnte erst aufgegeben werden, als mit der Einführung der stickstoffsammelnden Leguminosen in den Landbau die Fruchtbarkeit des Bodens auf andere Weise gewährleistet war. Kennzeichen der alttestamentlichen Landethik war auch, daß der Besitz an Grund und Boden nicht endgültiges Eigentum Einzelner werden durfte, „weil das Land nicht Euer, sondern mein Eigentum ist, spricht der Herr;

Ihr lebt bei mir wie Fremde, denen das Land nur zur Nutzung
überlassen worden ist".

Trotz dieser deutlichen Ermahnungen und Vorgaben dauerte
es nur wenige Jahrhunderte, bis ausgerechnet mit dem Wirt-
schaftswunder unter der Regentschaft des großen Königs Salomo (972 bis 932 v. Chr.) eine der größten Umweltzerstörun-
gen der alten Zeit ausgelöst wurde:

„Also war Salomo ein Herr über alle Königreiche, von dem
Strom an bis zu der Philister Land und bis an die Grenze Ägyp-
tens, die ihm Geschenke zubrachten und ihm dienten sein Leben lang. Und Salomo mußte täglich zur Speisung haben 30 Kor
Semmelmehl, 60 Kor anderes Mehl, 10 gemästete Rinder und
20 Weiderinder und 100 Schafe, ausgenommen Hirsche und Rehe und Gemsen und gemästetes Federvieh. Denn er herrschte
im ganzen Lande diesseits des Stromes, von Tiphjah bis gen Ga-
za, über alle Könige diesseits des Stromes, und hatte Frieden
von allen seinen Untertanen umher, daß Juda und Israel sicher
wohnten, ein jeglicher unter seinem Weinstock und unter seinem Feigenbaum, von Dan bis gen Beer-Seba, solange Salomo
lebte" (1 Kön 5, 1–5).

Unter David und Salomo erreichte das Reich Juda und Israel seine größte Ausdehnung. Die wirtschaftliche Hochkonjunktur
wurde aber erkauft durch eine unvorstellbare Ausbeutung von
Mensch und Natur. Die gefährliche Arbeit des Holzfällens war
den Stämmen Israels von Ägypten und der Wanderung her nicht
geläufig. Man übertrug dies daher den Einheimischen. So wurden die Bewohner von Gibeon, eine der ersten eroberten Sied-
lungen, entgegen dem sonstigen Brauch nicht umgebracht, sondern versklavt. Jos 9,21: „Die Obersten sprachen: Laßt sie leben,
daß sie Holzhauer und Wasserträger seien der ganzen Gemeinde." Allein in Israel wurden 30000 Menschen zum Frondienst
ausgehoben, um mit den Holzfällern Phöniziens im Reich des
Königs Hiram von Tyros die Zedern des Libanons für die Prunk-
bauten Salomos bereitzustellen. Die Tempel waren ganz mit ver-
goldetem Zedernholz ausgekleidet. „Und der König machte,
daß des Silbers zu Jerusalem so viel war wie die Steine, und Zedernholz so viel wie die wilden Feigenbäume in den Gründen"
(1 Kön 10, 27).

Salomo war aber nicht der erste, der massiv in die Zedernwälder des Libanon eingriff. Der sumerische Priesterkönig Gudea herrschte von 2141–2122 v. Chr. Er baute Lagasch im unteren Mesopotamien zu einem sumerischen Kulturzentrum aus. Viele seiner Statuen und zwei literarisch bedeutsame Tonzylinder, die das jährliche Ritual des „Wiederaufbaus des Tempels" von Gott Ningirsu schildern, sind heute im Pariser Louvre. Wegen der Waldarmut im Zweistromland wurden bereits damals große Mengen Zedern in Längen bis zu 30 m aus dem Libanon herbeigeschafft.

Auch brauchte man große Mengen Holz, um die Schiffe zu bauen, die im Tausch gegen Holz Weizen, Olivenöl und Gold transportieren mußten. Daß zumindest die Herrscher damals aus dem Vollen schöpfen konnten, verdeutlicht eine Sentenz aus dem Buch 1 Kön 11, 3, wo es heißt: „Und der König hatte 700 Weiber zu Frauen und 300 Kebsweiber" (Nebenfrauen).

Die Folgen dieser Übernutzung beschreibt Jes 33, 9: „Das Land liegt kläglich und jämmerlich, der Libanon steht schändlich zerhauen, und Saron ist wie eine Wüste und Basan und Karmel ist öde."

Weite Teile Israels, so z.B. das Bergland Judäa und Galiläa, vormals mit Eichenwäldern bedeckt, sind bis heute baumlos geblieben oder tragen allenfalls Reste einer Macchie.

Verantwortungslosigkeit und Fehlverhalten im Verhältnis zur Mitwelt wird also bestraft. Betrachtet man das Handeln bzw. Nichthandeln unserer Generation, so ist festzustellen, daß die Menschen heute wie damals nicht fähig oder willens sind, sich angemessen mit dem Schöpfungsauftrag, nämlich nachhaltig Verantwortung zu übernehmen, auseinanderzusetzen. Es darf doch nicht sein, daß unser heutiger Lebensstandard und unsere heutige Lebensweise auf Kosten der Lebensqualität unserer Kinder und Enkel geht.

Dem Brief an die Kolosser (Übersetzung „Gute Nachricht") ist unter 1,20 zu entnehmen:

„Durch ihn wollte Gott alles versöhnen und zu neuer, heilvoller Einheit verbinden. Alles, was gegeneinander streitet, wollte er zur Einheit zusammenführen, nachdem er Frieden gestiftet hat durch das Blut, das Jesus am Kreuz vergoß; alles, was auf der Erde und im Himmel lebt, sollte geeint werden durch ihn und in ihm als dem letzten Ziel."

185

Gott wollte a l l e s versöhnen, was auf Erden und im Himmel lebt. Leider versteht ein Großteil der heutigen Menschheit unter Versöhnung und Friede nur noch das Verhältnis der Menschen untereinander oder lediglich den persönlichen inneren Frieden, aber nicht mehr die schöpfungsumspannende Verantwortung. Profit, die Gesetze des Marktes und der Globalisierungseifer werden immer mehr zur einzigen Richtschnur. Die menschlichen Belange einschließlich deren Wurzeln in einer ethisch motivierten, unverwechselbaren Heimat bleiben auf der Strecke. Zerstören wir weiterhin im derzeitigen Ausmaß unsere Mitwelt, so geht die „neue, heilvolle Einheit", die vom Kreuz ausgeht, zu irgendeinem Zeitpunkt vielleicht im Kampf ums Überleben unter. Der amerikanische Wirtschaftswissenschaftler John K. Galbraith faßte einmal zusammen: „Das endlose Wachstum materiellen Wohlstands, von dem wir die Lösung aller Probleme erhofften, ist selbst zum Hauptproblem geworden. Es gleicht dem unkontrollierten Wuchern der Krebszellen."
Kommende Generationen werden uns daran messen, wieviele Lebensmöglichkeiten, wieviele Tiere und Pflanzen, wieviel Glück und Hoffnung wir ihnen zurückgelassen haben. Zum positiven Abschluß sei Dietrich Bonhoeffer zitiert: „Es gibt Menschen, die es für unernst, Christen, die es für unfromm halten, auf eine bessere irdische Zukunft zu hoffen. Sie glauben an das Chaos, die Unordnung, an die Katastrophe als Sinn des gegenwärtigen Geschehens und entziehen sich in Resignation oder frommer Weltflucht der Verantwortung für die kommenden Geschlechter. – Mag sein, daß der Jüngste Tag morgen anbricht, dann wollen wir gerne die Arbeit für eine bessere Zukunft aus der Hand legen – vorher aber nicht!"

Am Brunnen vor dem Tore…

Linde, Winterlinde, Steinlinde
Tília cordáta MILL.
Familie Lindengewächse

Das Holz der Linde, sie bedeckt in Baden-Württemberg 0,4% der Waldfläche, ist mit einem Trockengewicht von 0,49 g/ccm weich und daher leicht zu bearbeiten. Forstlich gesehen wird die Winterlinde wegen ihrer besseren, durchgehenden Stammform gegenüber der Sommerlinde (*Tilia platyphyllos*) bevorzugt.

Der Lindensamen benutzt das bandförmige „Pergament"-Hochblatt am Fruchtstand als Flugapparat, der in langsam kreisenden Bewegungen das Fruchtnüßchen zur Erde bringt. Wenn wir im Spätsommer unter unserer alten Winterlinde beim Essen zusammensitzen, müssen zuweilen neben Wespen auch Lindensamen aus Suppe oder Weinglas gefischt werden. Der Samen hat ein geringes Keimprozent und daher den Vorteil, daß der Garten nicht ständig von Lindensämlingen freigehalten werden muß.

Lindenblätter werden gerne von Läusen bewohnt, deren Ausscheidungen als Honigtau bekannt sind. In diesem Milieu entwickeln sich Rußtaupilze, wodurch die Blätter oft eine unansehnlich schwärzliche Farbe annehmen, die sich beispielsweise auch auf darunter stehenden Gartenmöbeln niederschlägt.

Vom Wachstum der Linde sagt der Volksmund, daß sie 300 Jahre kommt, 300 Jahre steht und 300 Jahre vergeht. Auf die 1000jährige Linde von Meimsheim (Kreis Heilbronn), von der nur noch ein Rumpfstück der äußeren Schale vorhanden ist, möchte ich ebenso hinweisen wie auf die Wolframslinde in Ried (Landkreis Cham). Die Linde bildet kein widerstandsfähiges Kernholz. Das hat zur Folge, daß alte Stämme vielfach von innen her faulen, so daß ideale Behausungen für Bienen und höhlenbrütende Vögel entstehen. Das hatte in früheren Zeiten wirtschaftliche Bedeutung, denn noch zu Luthers Zeit, als es noch keinen Rübenzucker gab, kostete in Nürnberg ein Bienenvolk drei, eine Kuh lediglich fünf Gulden.

Das alte deutsche Kartenspiel ist wesentlich reicher in seiner Ausgestaltung als das bei uns inzwischen vorherrschende französische. Im „Laub" finden wir die Herzgestalt des Lindenblattes wieder, mit der „Farbe Eichel" verbindet der Künstler ganz selbstverständlich das Schwein.

Bienenweide und Bast

In manchen Gegenden honigen unsere einheimischen Winter- und Sommerlinden so gut, daß der Bienenvater den hellen, reinen Lindenhonig schleudern kann. Es gibt aber fremdländische Lindenarten – Krimlinde *(Tilia euchlora)*, Hängesilberlinde *(Tilia petiolaris)*, Silberlinde *(Tilia tomentosa)* –, unter denen zur Blütezeit der Boden zuweilen mit sterbenden Bienen und Hummeln übersät ist (Wasner 1990). Als Ursache hierfür wird der Einfachzucker Mannose in den Blüten der fremdländischen Bäume angenommen, aber wissenschaftlich ist das nicht eindeutig geklärt. Bartels (1996, S. 22) ist aufgrund von Untersuchungen Surholds der Meinung, daß die Ursache des Bienen- und Hummelsterbens unter Silberlinden in mangelndem Nahrungsangebot in der meist urbanen Umgebung der Bäume gesehen werden muß. Sie blühen später als die einheimischen, wenn das Angebot an blühenden Pflanzen gegenüber dem Frühjahr schon stark reduziert ist. Als eine der letzten Nahrungsquellen suchen Hummeln und Bienen dann Silberlinden auf und treffen dort auf so viele Artgenossen, daß das Nahrungsangebot nicht ausreicht. Dies würde bedeuten, daß durch Silberlinden keine Insekten zu Tode kommen, sondern ohne diese fremdländischen Bäume in unseren urbanen Landschaften noch mehr Hummeln und Bienen eingehen müßten.

Vom lateinischen Namen Tilia ist das französische *tille* abgeleitet, das die Fasern bezeichnet, die unter der äußeren Rinde der Lindenbäume liegen und vielfältig genutzt werden. Die Angelsachsen verwendeten bereits im 5. und 6. Jahrhundert auf ihren Schiffen Taue und Stricke aus Bast.

Die Redewendung vom „roten Faden", der sich durch die Ausführungen etwa eines Redners zieht, ist keineswegs volkstümlichen Ursprungs, sondern ein viel gebrauchtes Zitat aus

Um an den unter der Borke liegenden Lindenbast zu kommen, den sie gerne zum Nestbau verwenden, schälen Rabenkrähen ganze Lindenäste.

Goethes „Wahlverwandschaften" (2. Teil, Kap. 2). Bevor der Dichter die Redensart dort zum ersten Mal gebraucht, schiebt er folgenden Hinweis auf ihre Herkunft ein: „Wir hören von einer besonderen Einrichtung bei der englischen Marine. Sämtliche Tauwerke der königlichen Flotte, vom stärksten bis zum schwächsten, sind dergestalt gesponnen, daß ein roter Faden durch das Ganze durchgeht, den man nicht herauswinden kann ohne alles aufzulösen und woran auch die kleinsten Stücke kenntlich sind, daß sie der Krone gehören. Ebenso zieht sich durch Ottiliens Tagebuch ein Faden der Neigung und Anhänglichkeit, der alles verbindet und das Ganze bezeichnet." Vom roten Faden, auf den Goethe hinweist, macht die englische Flotte seit 1776 Gebrauch. Übrigens wußten auch die nordamerikanischen Indianer schon Bastteile zu verwenden.

Den unter der äußeren Rinde liegenden Bast schält man im Mai von gefällten Stangen, die 20 bis 30 Jahre alt sind, in Streifen von 6 bis 8 cm Breite. Diese werden, wie Flachs, zunächst in eine Wasserrotte gelegt, bis der Zersetzungsprozeß so weit fortgeschritten ist, daß sich die sehr dickwandigen, ein feines Maschennetz bildenden Bastzellen leicht von Borke und Holz trennen lassen, ohne selbst den Zusammenhang zu verlieren. Die einzelnen Jahreslagen können nun voneinander getrennt werden. Ein Baum mit etwa 10 m Höhe und 30 bis 40 cm Durchmesser liefert ca. 45 kg Bast. In Rußland, wo der meiste Lindenbast erzeugt wird, fertigt man daraus Körbe, Decken und besonders zum Verpacken dienende Bastmatten.

In Deutschland werden die Fasern der Lindenrinde vor allem in Gärtnereien als Bindebast verwendet. Auch „Ötzi", der Mann aus dem Eis, der vor 7200 Jahren lebte, hatte neben Schnüren aus Gras auch solche aus Baumfasern, wohl Linde, bei sich. Die Schilde der alten Krieger wurden außen mit mehreren

Schichten geflochtenem Lindenbast belegt. So konnten sie stärkere Schläge abfedern.

Eine interessante Beobachtung kann ich alljährlich an einer alten Linde in meinem Garten machen. Die klugen Rabenkrähen haben erkannt, daß der Lindenbast sich vorzüglich zum Nestbau eignet, und entrinden dazu die Äste. Damit sie dem Baum keinen allzu großen Schaden zufügen, muß ich die Vögel im Frühjahr immer wieder verjagen, wobei mir mein Dackel Heiko behilflich ist.

An manchen Linden, aber auch an Aspe, amerikanischer Roteiche, an Kiefer und Eibe, fallen eng nebeneinanderliegende, zum Teil bis ins Holz reichende kleine Löcher auf, die sich wie Ringe um den Stamm legen. Auf solche Spechtringel wies schon 1849 G. König in seinem Buch „Waldpflege" hin. Diese Querringe gehen auf kräftige Schnabelhiebe vor allem des großen Buntspechts zurück (Gatter 1972). Man nimmt an, daß sich die Vögel im zeitigen Frühjahr einen kleinen „Biergarten" anlegen. Sie trinken nämlich nicht nur den austretenden Baumsaft, sondern nehmen auch die angelockten Insekten

Spechtringel an einem Lindenstamm. Der Specht schätzt den würzigen Saft des Baumes, außerdem werden durch diesen zahlreiche Insekten angelockt, die der Vogel auch nicht verschmäht. Beides, Saft und Insekten motivieren den Specht zu dieser enormen Fleißarbeit.

in ihre Speisekarte auf. Dies erscheint logisch, da sich Insekten zu dieser Jahreszeit gern an frischen Saftstellen aufhalten. Da die Nächte noch kühl sind, werden sie steif und verharren dort bis zum ersten Sonnenstrahl, so daß der Specht am nächsten Morgen einen reich gedeckten Tisch vorfindet.

Hohe Kunst und Holzwurmfraß

Wie gut das weiche Lindenholz sich bearbeiten läßt, bringt der Name zum Ausdruck, wenn man ihn vom althochdeutschen *linta* ableitet, das wohl auf lateinisch *lentus*, biegsam, zurückgeht. Auch heute ist dieser Wortstamm noch gebräuchlich: gelinde gesagt, Linderung von Not oder Schmerzen, lind schmecken, linde Maienluft, Lindgrün. Der Lindwurm ist ein biegsam sich windendes Tier, und schließlich gibt es, heute nicht mehr ohne weiteres verständlich, das Geländer gleich Gelinder, eine Latte oder Stange aus Lindenholz.

Zwar schwindet das gelblich-weiße, seidenglänzende Lindenholz beim Trocknen stark, aber dann arbeitet es nur noch wenig. Schon bei den Künstlern der Romanik war es für Schnitzereien begehrt. Auch der Cyriakus-Altar von 1520 in der Stadtkirche zu Besigheim, der mich besonders anspricht, wurde meisterhaft aus Lindenholz, dem *lignum sacrum*, geschnitzt. Er wird Christoph von Urach zugeschrieben.

Wegen seines hohen Eiweißgehalts ist Lindenholz leider eine Lieblingsnahrung des Holzwurms.

Alleenbaum und Dorfmittelpunkt

Thing- oder auch Dingstätten waren in germanischer Zeit die Orte, an denen die Volks-, Heeres- und Gerichtsversammlungen abgehalten wurden. Zu verurteilende Täter wurden zum Verfahren verhaftet, „dingfest gemacht". Der Angeklagte wurde dreimal vor das Thing geladen, daher die Redewendung „aller guten Dinge sind drei". Zur Kennzeichnung derartiger Thing- bzw. Gerichtsstätten, die meist auf Anhöhen lagen, hat man früher überwiegend Linden gepflanzt.

Häufig wurde die Linde in der Dorfmitte als Baum der Rast und der Besinnung gepflanzt. Da versammelte sich die Jugend, aber auch die Erwachsenen schätzten es, unter dem schützenden Dach ihre Feierabendgespräche zu führen. Trauungen, Versammlungen und Feste aller Art fanden bevorzugt bei den Brunnen- oder Dorflinden statt. Der einst heidnische Maientanz um die Linde, zu Ehren Freyas, der Ur- und Erdmutter sowie zauberkundigen Göttin der Liebe und Fruchtbarkeit in der altnordischen Mythologie, wurde nach der Christianisierung zum Kirchweihtanz und teilweise zu einem Ort der Marienverehrung.

Lindenblüten, ein anerkanntes Heilmittel und ein altbewährtes Hausmittel, daher die offizielle Bezeichnung Flores tiliae.

Vor allem im fränkischen Bereich findet man neben der Dorfkirche die geleitete Linde, deren Äste nach uraltem, schon vorchristlichen Brauch künstlich zu einem waagrecht von Balken und Säulen gestützten Laubdach gezogen sind. Diese raumwirksamen Linden zeugen sowohl von der Hartnäckigkeit, mit der die bekehrten germanischen Stämme an Althergebrachtem festhielten, als auch von der Anpassungsfähigkeit der Kirche, heidnische Überlieferungen in eigenes Brauchtum zu integrieren.

Zu vielen Schlössern und großen Landsitzen gelangte man einst durch Lindenalleen, z.B. von Eglosheim nach Monrepos oder nach Ludwigsburg. Es muß im 17. Jahrhundert gewesen sein, daß die Linde als Parkbaum der Mächtigen in Mode kam. Sie wächst turmförmig, bildet im Verband keine ausladende Krone, sondern reckt ihre oberen Äste hoch und läßt die unteren hängen. Im Hochsommer erfüllen Linden die Luft auf das angenehmste mit dem ätherischen Duft ihrer Blüten, die heute noch gerne für Fiebertee gesammelt werden. Schon als Kinder mußten wir die weit herabhängenden Äste unserer Hoflinde abernten; denn Lindenblütentee war bei jeder Erkältung obligatorisch. Wenn ich mich richtig entsinne, wurden die Blüten bei leichteren Erkältungen mit kochendem Wasser überbrüht und bald abgeseiht. Um den Patienten bei ernsteren Erkrankungen richtig schwitzen zu lassen, machte man den Tee etwas stärker und ließ ihn etwa fünf Minuten ziehen.

Herzensbrecher mit verführerischem Duft

Trotz aller Vorzüge ist die Linde einer der wenigen Bäume, die mehr Laster als Tugend versinnbildlicht. Ob sie deshalb der Lieblingsbaum der Liebenden ist? Doch das kommt nicht von ungefähr, war sie doch Freya, der germanischen Göttin der Liebe und Fruchtbarkeit, geweiht. Im gewissen Sinne war sie für die Germanen, was Venus für die Römer oder Aphrodite für die Griechen war. Auch in den asymmetrisch herzförmigen Blättern der Linde sah man ein Symbol für Liebe.

Der betörend süße Duft der Lindenblüten tat ein Übriges und beeindruckte die mittelalterliche Landbevölkerung, der die „Wohlgerüche Arabiens" unbekannt waren. Die Blüten enthalten Schleim, Glykoside und ätherische Öle, besonders das würzig riechende Farnesol. Nicht zu Unrecht wird der würzige Duft seit jeher als Herzensbrecher gepriesen, der auch kalte und verstockte Herzen zum Klingen und Lieben bringt. „Unter der Linden, auf der Heide, da unser zweier Bette war", sang schon um 1200 der aus Südtirol stammende Minnesänger Walther von der Vogelweide. Wilhelm Müller, der „Griechenmüller", hat 1822 ein Gedicht geschrieben, das durch Franz Schuberts Vertonung zum Volkslied für Generationen wurde.

Der Lindenbaum

Am Brunnen vor dem Tore, da steht ein Lindenbaum.
Ich träumt in seinem Schatten so manchen süßen Traum;
ich schnitt in seine Rinde so manches liebe Wort,
es zog in Freud und Leide zu ihm mich immerfort.

Ich mußt auch heute wandern vorbei in tiefer Nacht,
da hab ich noch im Dunkeln die Augen zugemacht;
und seine Zweige rauschten, als riefen sie mir zu:
Komm her zu mir, Geselle, hier findst du deine Ruh.

Die kalten Winde bliesen mir grad ins Angesicht,
der Hut flog mir vom Kopfe, ich wendete mich nicht.
Nun bin ich manche Stunden entfernt von jenem Ort
und immer hör ich's rauschen: Du fändest Ruhe dort.

Im Nibelungenlied schlägt der positive Lindenzauber ins Negative um. Siegfried, eine herausragende Gestalt der germanischen Heldensagen, ein Held von jugendlicher Schönheit, kühnem Mut und großer Kraft, tötet unter einer Linde den Drachen. Er badet in dessen Blut und bekommt dadurch einen schützenden Hornpanzer. Doch zwischen seine Schulterblätter fiel ein Lindenblatt, dort blieb er verwundbar, und gerade hier traf ihn der tödliche Speer des hinterlistigen und grimmigen Hagen.

„Wie stark die Linde von den seßhaft gewordenen Völkern des Nordens für die Deckung ihres Lebens auch genutzt wurde, war sie ihnen doch stets ein Schicksals- und Familienbaum. So leiten z.B. die drei schwedischen Familien Linnaeus (Linné), Lindelius und Tiliander ihren Namen von der großen dreistämmigen Linde ab, welche zu Jonsboda Lindegard in Hvitarydssocken in der Landschaft Finveden wuchs. Als die Familie Lindelius ausstarb, vertrocknete einer der drei Hauptstämme. Nach dem Tod der Tochter des berühmten Botanikers Carl von Linné (schwedischer Naturforscher, 1707 bis 1778) hörte der zweite Stamm auf, Blätter zu treiben. Als der letzte Vertreter der Familie Tiliander starb, war auch das Ende des Baumes gekommen. Die erstorbenen Stämme werden noch heute in Ehren gehalten" (Godet 1987, S. 54).

Bilche: Poltergeister im Dachgebälk

Außer den geschilderten Spechtringeln kann man in jüngeren Kronen von Baumarten wie Lärche, Kiefer, Birke und eben auch Linde mehr oder minder breite, zuweilen auch flächenhaft geformte Rindenringelungen finden. Wegen dieser manchmal vollständigen Unterbindung des Saftstromes, die der Siebenschläfer durch Rindenfraß verursacht, sterben ganze Kronen ab.

Der Siebenschläfer *(Glis glis)* gehört zu den Bilchen oder Schlafmäusen. Er verbringt, je nach klimatischen Bedingungen, sieben bis neun Monate im Winterschlaf, vorwiegend unterirdisch in frostsicheren Tiefen. Die gesellig lebenden Tiere sind gewandte Kletterer und Springer, die überwiegend in der Dämmerung und bei Nacht aktiv sind. Zur Orientierung dienen ihnen hauptsächlich große dunkle Augen und lange, empfindliche Tasthaare am Vorderkopf. Zum Balancieren und Steuern wird der lange, buschige Schwanz verwendet.

Während die breite Bevölkerung den Siebenschläfer höchstens als nächtlichen Ruhestörer im Dachgebälk kennt, ist er Vogelschützern schon lange als spätsommerlicher Nachmieter in Nistkästen bekannt. Es ist nicht ratsam, die sehr neugierigen und possierlichen Tiere ohne geeignete Handschuhe anzufassen, wie ich aus schmerzlicher Erfahrung weiß. Mit ihren langen Schneidezähnen beißen sie gerne zu und lassen erst wieder los, wenn sie eine Fluchtmöglichkeit sehen. Erwischt man beim Zugreifen lediglich den Schwanz eines Siebenschläfers, kann es passieren, daß man nur den Balg der buschigen Spitze in der Hand behält. Sie ist sehr fett und die Haut darüber zart, so daß sie sich beim geringsten Zug leicht abstreift – wohl eine Schutzmaßnahme gegen Freßfeinde. Der nackte Kern der Schwanzspitze trocknet dann ein und fällt ab.

Der Siebenschläfer lebt von Knospen, junger Baumrinde, Früchten, Nüssen und Samen sowie von Kleintieren. Den alten Römern galt er als Delikatesse, die in den „Gisarien" gemästet wurde. Heute stehen alle Bilche, von denen es bei

uns die vier Arten Haselmaus, Garten-, Baum- und Siebenschläfer gibt, unter Naturschutz. Deshalb ist es verboten, sie
zu töten oder auch zu fangen.

Siebenschläfertag ist der 27. Juni. Auf ihn bezieht sich eine
bekannte und jahrhundertealte Bauernregel: „Regnet's am
Siebenschläfertag, es sieben Wochen regnen mag." Natur-
wissenschaftlich begründet und statistisch gesichert ist in
der Tat, daß sich mit über siebzigprozentiger Wahrscheinlichkeit der Witterungscharakter des weiteren Sommers zwischen dem 187. und 192. Kalendertag entscheidet. Zu Zeiten des Julianischen Kalenders fiel der Siebenschläfertag in
diese Zeit. Doch bei den Kalenderreformen von 1582 (katholisch) und 1700 (evangelisch), als zehn Tage gestrichen
wurden, vergaß man den Siebenschläfertag entsprechend zu
verschieben. Eine an sich gute Bauernweisheit liegt infolgedessen jetzt auf einem falschen Tag.

Die Bezeichnung des katholischen Namenspatrons Siebenschläfer geht auf eine alte indisch-buddhistische Tradition
zurück, die in christlicher Zeit neu erzählt wird: Sieben Brüder, christliche Schafhirten aus Ephesos, werden ihres Glaubens wegen verfolgt, fliehen in eine Höhle und werden 251
auf Befehl des Kaisers Decius, der die erste allgemeine Chri-
stenverfolgung anordnete, eingemauert. Im Jahre 447 will
ein Bürger die Höhle als Schafstall benutzen und läßt das
Mauerwerk entfernen. Man findet alle Brüder lebend und
von himmlischem Licht umstrahlt.

Der Gigantische

Mammutbaum, Wellingtonie
Sequoiadéndron gigantéum (LINDL.) BUCHH.
Familie Sumpfzypressengewächse

Der Mammutbaum wurde erst Mitte des 19. Jahrhunderts entdeckt. Zuerst nannte ihn ein Engländer Wellingtonia zu Ehren des englischen Generals, der 1815 mit Blücher zusammen Napoleon bei Waterloo besiegt hat.

Botanisch heißt der immergrüne Baum *Sequoiadéndron*. Das verdankt er dem Österreicher Endlicher, der den Namen zu Ehren des Halbindianers Seqoui-Yah (1770 bis 1843) gewählt hat. Dieser Sohn einer Irokesin und eines deutschstämmigen Einwanderers namens Georg Gist war nach einem Unfall körperlich behindert und wurde Silberschmied. Er erdachte ein Alphabet, mit dem sich die Laute der Indianersprache niederschreiben ließen, und lehrte seine Stammesgenossen, deren Häuptling er war, lesen und schreiben.

Selbst die Wurzeln größter Mammutbäume reichen zuweilen nur etwa 1,5 m tief in den Boden. Zur Sicherung der Standfestigkeit bedarf es deshalb eines enorm großen Wurzelanlaufes. Dieser Baum hat knapp über dem Boden einen Durchmesser von 12 m. (Foto: F. Geiger)

Der Name „Mammutbaum" ist von der fossilen Elefantenart Mammut (*Elephas primigenius*) abgeleitet, die hier im Tertiär gelebt hat, d.h. in der Braunkohlezeit. Mit bis zu 4,25 m Widerristhöhe war er das größte und gewaltigste Landsäugetier.

Fossil aus der Kreidezeit

In der geologischen Formation der Kreide (Beginn vor etwa 140 Millionen Jahren), deren Schichten einst auch über der Schwäbischen Alb lagen, sowie im Tertiär, der Zeit, zu der unsere Alpen hochgepreßt wurden, haben die Sequoien ganz Europa,

Asien und Nordamerika mit einem Dutzend verschiedener Arten besiedelt. Damit liefern sie einen der Beweise dafür, daß zum Zeitpunkt ihres ersten Auftretens die Kontinente Amerika und Europa Landverbindung gehabt haben müssen. Noch heute driften sie mit etwa 3 cm pro Jahr – der Wachstumsgeschwindigkeit menschlicher Fingernägel – auseinander.

Einige Braunkohlevorkommen in Deutschland bestehen sogar zum größten Teil aus Überresten von Mammutbäumen. Infolge der Klimaveränderungen während der Eiszeiten wurde die Baumart zunächst südwärts gedrängt, traf aber dort auf die großen Eisbarrieren von Pyrenäen, Alpen und Kaukasus. Da diese Gebirge alle in Ost-West-Richtung verlaufen, mußten die Baumriesen in Europa aussterben. Ähnlich wie der Ginkgo ist auch die Wellingtonie ein sogenanntes lebendes Fossil. In Amerika verlaufen die Gebirge nord-südlich, so daß Bäume leichter nach Südost und Südwest ausweichen konnten. Die Folge ist, daß der nordamerikanische Wald etwa 250 verschiedene Baumarten aufweist, der europäische hingegen nur etwa 80.

Das in Nordamerika wegen seiner Wetterbeständigkeit hochbegehrte Redwood-Holz liefert ein anderer Baum dieser Familie, der Küstenmammutbaum (*Sequoia sempervirens*).

Ehrwürdige Riesen

Der Mammutbaum ist heute an den Westhängen der Sierra Nevada (USA) beheimatet. Er wächst dort relativ isoliert, auf mehrere hundert kleine, natürliche Vorkommen verteilt. Der Baum gehört, wie sein Name schon sagt, zu den gewaltigsten Lebewesen der Erde (siehe auch Eiche, Mykorrhizapilz). Er erreicht mit bis zu 94 m nicht die Höhen des Küstenmammutbaumes, der es in Kalifornien auf 112 m bringt, wird aber mit einem Höchstalter von über 3000 Jahren wesentlich älter und dicker.

„Zu den größten Vertretern gehört u. a. der ‚General Sherman‘, mit einer Höhe von 83 m, einem Brusthöhendurchmesser von 8,15 m und einem Stammumfang von 31,3 m. Sein Holzinhalt umfaßt geschätzt 1450 cbm = Festmeter mit einem Gewicht von 587 t, sein Alter wird auf 3500 Jahre geschätzt. Als dieser Baum keimte, war Ägypten unter Amenophis gerade zur Weltmacht

Charakteristische, spitzpyramidal geformte Kronen zeigen diese noch jungen Mammutbäume im Exotenwald von Weinheim.

aufgestiegen, als Alexander d. Große 356 vor der Zeitenwende geboren wurde, war er schon 1000 Jahre alt" (Böhlmann 1999, S. 160).

Am weitesten himmelwärts, bis max. 155 m Höhe, reichen lediglich die Eukalyptusbäume (*Eucalyptus amygdalina*) Australiens, und der höchste Kirchturm der Erde, das Ulmer Münster, mißt 162 m.

Ein weiterer Vergleich, weil es so schwierig ist, sich die Größe dieser gewaltigen Bäume vorzustellen: Blauwale erreichen bis etwa 30 m Länge. Das größte je gefangene Exemplar hatte ein Lebendgewicht von ca. 174 t.

Auffallend ist der Kontrast zwischen dem roten Kernholz und dem weißen, außen liegenden jungen Holz, dem Splint. Die Stoffe, die der Baum in das gewissermaßen tote Kernholz einlagert, verfärben es rot und machen es zugleich sehr dauerhaft.

Die rotbraunen, schönen Zapfen, die etwa 250 kleine Samenkörner enthalten, werden von meiner Frau gerne für weihnachtlichen Schmuck verwendet.

Beinahe feuerfest

Die ebenfalls braunrote Borke der Sequioa ist enorm dick und schwammig. Dies und ihre geringe Brennbarkeit wirken so isolierend, daß Waldbrände, bei denen es im wesentlichen nur zu Bodenfeuer kommt, dem Baum nichts anhaben können. Fast könnte man sagen: ohne Feuer keine Mammutbäume, weil es nämlich das Saatbeet vorbereitet, indem es die mineralische Erde freilegt. Gleichzeitig sterilisiert es die Bodenoberfläche und schafft im Dach des Waldes Öffnungen, so daß die Sonne die Sämlinge erreichen kann. Das Feuer verringert sozusagen die Konkurrenz der anderen Vegetation, d.h. die Mammutbaumsprößlinge bekommen ausgezeichnete Startbedingungen. Ich habe versucht, ein Stück abgerissener Borke von einem hiesigen Mammutbaum mit dem Streichholz anzuzünden. Abstehende dünne Fasern flammten zwar kurz auf, die noch etwas kompakte Borke kam zum Glühen, erlosch dann aber nach kurzer Zeit.

Vom König heimisch gemacht

Als im Jahre 1850 der englische Sammler Lobb die erste Kunde von den Riesenlebensbäumen im kalifornischen Felsengebirge nach Europa brachte, beauftragte König Wilhelm I. von Württemberg (1781 bis 1864) die königliche Bau- und Garten- sowie die Forstdirektion, Samen aus Nordamerika zu beziehen, der 1865 im Kalthaus der Wilhelma zur Aussaat kam.

Es wird überliefert, daß durch ein Mißverständnis oder einen Schreibfehler aus einem Lot, das hätte bestellt werden sollen, ein ganzes Pfund geworden ist. Man hat wohl auch nicht gewußt, daß der größte Baum kleinste Samen hat, wovon etwa 100 000 Stück lediglich 500 Gramm wiegen.

Im Frühjahr 1866 wurden die Pflanzen, 3000 bis 4000 Stück, zur Hälfte an die Forstdirektion ausgeliefert, der Rest wurde in den königlichen Gärten verwendet bzw. verkauft.

In einem Erlaß vom 7. April 1866 bestimmte die Forstdirektion Stuttgart, daß die Pflanzen nur an Außenbeamte abzugeben seien, „von welchen erwartet werden darf, daß sie sich für die Anzucht der neuen Holzart interessieren und den zur Zeit noch ziemlich kostspieligen Pflanzen die erforderliche Pflege und Sorgfalt angedeihen lassen".

Von der ersten Sequoia-Aussaat in Württemberg stammt dieser Mammutbaum. Das Loch in der recht weichen Borke hat sich, wie die hellen Kotspritzer zeigen, der Waldbaumläufer als Refugium für kalte Winternächte geschaffen und damit bewiesen, wie schnell sich Tiere neue Pflanzen in ihrem Revier zunutze machen können.

Im Bereich der heutigen Forstdirektion Stuttgart standen 1934 noch 156 Exemplare dieser ersten Aussaat.

Hervorzuheben sind die Gruppen bei Heimerdingen, Lorch und Welzheim mit heute maximal 45 m Höhe und 1,90 m Stammdurchmesser in Brusthöhe. Zwei schöne Exemplare stehen auch im Stromberg entlang des Steinehauweges im dortigen Staatswald. Der stärkste Stamm hat in Brusthöhe einen Durchmesser von 1,7 m. Die Höhe beträgt 38 m, der Stamminhalt 31 cbm.

Wegen des hohen Alters dieser Bäume hat die Deutsche Dendrologische Gesellschaft, die sich mit der Datierung historischer Ereignisse anhand von Jahrringen befaßt, an Mammutbäumen nachweisen können, daß der Sonnenfleckenzyklus in hohem Grad die Breite der Jahrringe beeinflußt: Sie sind während des Sonnenfleckenmaximums wesentlich breiter. Die Dendrochronologie konnte in einzelnen Fällen an Mammutbäumen die elfjährige Periodik bis 3 000 Jahre lückenlos zurückverfolgen (Engel 1968, S. 159).

Eine Raupe und ihr Baum

Weiße Maulbeere
Morus álba L.
Familie Maulbeergewächse

Die Pflanzenfamilie der Maulbeergewächse umfaßt über 1500 Arten, die vor allem in den wärmeren Zonen der Erde gedeihen. Dazu gehören beispielsweise auch der Hopfen, der Hanf und die Feige. Maulbeerbäume leiden in unserem Klima häufig unter Frösten.

Die Blätter der weißen Maulbeere sind hellgrün, breit eiförmig oder dreilappig und 8 bis 20 cm lang. Die Basis der Blattspreite ist herzförmig. An der Blattunterseite sind die Adern behaart.

Zweig mit einer Frucht des roten Maulbeerbaums. Sie zeichnet sich durch besondere Schmackhaftigkeit aus.

Der Baum ist meist zweihäusig. Die Fruchtstände sind 1,5 bis 2,5 cm lang, weiß oder rosa, schmecken süß, aber etwas fad. Die brombeerähnliche, eßbare Sammelfrucht entsteht dadurch, daß der fleischig gewordene Blütenkelch um die einzelnen Früchte herumwächst. Botanisch sind die Früchte eigentlich Nüsse.

Die weiße, leicht violett oder rosa gefärbte Frucht des weißen Maulbeerbaumes ist allerdings von fadem Geschmack.

Um etwa Saft zum Schminken oder Weinfärben zu bekommen, ist keine Befruchtung erforderlich, da ja das Fruchtfleisch aus dem angeschwollenen Blütenkelch besteht, der die Nußfrüchte umgibt.

Das harte, dauerhafte Holz mit gelbem bis schokoladebraunem Kern und gelblich-weißem, schmalem Splint dient bevorzugt zur Herstellung von Drechslerarbeiten, Hockeyschlägern und Papier.

Schwarze und Rote Maulbeere, Götterbaum

Die schwarze Maulbeere (*Morus nigra*) aus Persien und Transkaukasien, liefert ebenfalls etwas fad schmeckende, violett-schwarze, süsse Früchte, die sich für Marmelade, Wein und Likör eignen. Mit dem Saft wurden auch Weine gefärbt. Vielleicht ist dies mit ein Grund, weshalb ein schönes älteres Exemplar, das fast jährlich reichlich schwarze Früchte trug, bis 1988 in Hohenhaslach (Kreis Ludwigsburg) einem Weinbaudorf im Stromberg, auf der Nordseite des Kirchplatzes stand. Ich bedaure sehr, daß man diese große

Den Götterbaum brachte man aus Ostasien in unsere Breiten, weil er Futter für den Ailanthusspinner liefert, mit dem man die Seidenraupe ersetzen wollte.

Rarität in unserem Raum, wohl nicht aus einem tiefen Glauben „entwurzelt und ins Meer befohlen", sondern wegen eines neumodischen Platzbelages umgesägt hat.

Die maximal 20 m hohe und damit größte Art, die man bei uns findet, ist die aus Nordamerika stammende rote Maulbeere (*Morus rúbra*). Wegen ihres aromatischen Geschmacks werden die großen, dunkel-purpurroten Früchte zur Bereitung von Marmelade geschätzt. Die asiatischen Seidenraupen gedeihen auf diesem Baum nur schlecht. Auch die schwarze Maulbeere ist hierfür wenig geeignet.

Mitte des 18. Jahrhunderts war die Seidenraupe durch Krankheit stark gefährdet. Als Ersatz versuchte man den Ailanthusspinner zu züchten, um die Seidenindustrie zu stützen. Der Erfolg war unbefriedigend, aber die üppig wachsende Futterpflanze, der anspruchslose Götterbaum (*Ailanthus altissima*) verbreitete sich von China aus rasch auch bei uns. „1751 sandte der französische Jesuitenpater Pierre Nicholas D'Incariville aus Nanking Samen nach England. Die Gattung Ailanthus trägt ihren Namen nach dem molukkischen Wort ‚Aylantott', einem mythischen Baum, der bis in den Himmel reicht und so Erde und Himmel miteinander verbindet" (Marquardt 2001, S. 178). Vor meinem Haus in der Bietigheimer Forststraße erfreut mich so ein Exemplar. Auffällig sind die bis zu 70 cm langen, unpaarig gefiederten Blätter und die vielen Früchtchen. In einer Rispe stehend, verbleiben sie im Winter lange am Baum. Die unangenehm riechenden Blüten können, wie bei unserer Esche, zwittrig oder eingeschlechtlich sein, d.h. sie sind polygam.

Ohne weiße Maulbeere keine Seide

Seide ist eine Bezeichnung für Naturfasern die aus den Gespinsten verschiedener Tierarten wie Spinnen oder Steckmuscheln bestehen. Die weitaus größte Bedeutung für die Seidenproduktion haben Schmetterlinge aus der Familie der Augenspinner, dazu gehört auch der Maulbeerseidenspinner. Seine Raupen verpuppen sich in einer Schutzhülle, einem selbstgesponnenen Kokon. Darin bildet sich nach einer Häutung die Puppe, in deren Hülle sich binnen acht Tagen der Schmetterling entwickelt. Dieser durchbeißt den Kokon, um dann auszuschlüpfen. Um das Abbeißen des wertvollen Seidenfadens zu verhindern, behandelt man die Kokons zum Abtöten der Puppen mit heißem Dampf oder heißer Luft, danach werden sie in heißes Wasser getaucht und so lange gebürstet bis sich die äußeren wirren Fäden und der Anfang des eigentlichen Kokonfadens in der Bürste verfangen haben. Je nach gewünschter Fadenstärke werden drei bis acht Kokons zusammen abgehaspelt und in Fäden versponnen. Ein Kokon enthält etwa 3 000 m Faden, davon können allerdings nur 300 bis 800 Meter für hochwertige Maulbeerseide verwendet werden.

Seit etwa dem 2. Jahrhundert v. Chr.

Diese Thailänderin spult in Handarbeit von den im heißen Wasser liegenden Seidenraupenkokons die bis zu 3000 m langen Fäden ab. (Foto: H. Hamich)

gelangte auf der Seidenstraße, die von China über Zentralasien bis nach Indien und weiter bis in das zum römischen Reich gehörende Syrien führte, Seide nach Europa. Zu einem größeren kulturellen Austausch mit China kam es dabei allerdings nicht, da die lange Distanz mittels zahlreicher Zwischenhändler überwunden wurde.

Für die Seidenraupenzucht werden die Blätter der weißen Maulbeere verwendet. Ab dem fünften Jahr werden die Pflanzen in einem kopfhauartigen Betrieb genutzt. Nachzucht erfolgt meist über Stecklinge, die leicht anwachsen.

Aus Nord- und Zentralchina über Korea und Japan, später auch Indien, wurde die weiße Maulbeere als Grundlage und Vorbedingung der Seidenraupenzucht über die ganze zivilisierte Welt mehr oder weniger erfolgreich verbreitet. In China und Japan wird der bis 15 m hohe Baum schon seit den 4. Jahrtausend v. Chr. kultiviert. Seidenraupenzucht ist dort schon seit der Bronzezeit, also etwa 2000 v. Chr. nachzuweisen.

Obwohl Seide mehrfach in der Bibel erwähnt ist, finden sich dort keine Hinweise auf die Produktion. Heute gibt es in Syrien, im Libanon und vereinzelt auch in Israel Kulturen der weißen Maulbeere (Zohary 1983, S. 71).

Da der Milchsaft der weißen Maulbeere auch Latex enthält, diente die Pflanze auch zur Kautschukherstellung.

Anbauversuche seit Jahrhunderten

Weiße Maulbeeren hat man seit Jahrhunderten unter der Protektion großer und kleiner Herrscherhäuser immer wieder in größerem Stil anzubauen versucht und ist stets gescheitert. Selbst im Bietigheimer Gemeinderatsprotokoll vom 22. Dezember 1827 findet sich ein Eintrag, daß 200 weiße Maulbeerbäume auf Rechnung der Stadtkasse bestellt wurden, um arme Leute mit der Seidenraupenzucht zu beschäftigen. Weiter ist dort vermerkt, man erinnere sich, daß schon im Jahrhundert zuvor einige Maulbeerbäume in der Stadt gepflanzt worden seien (Archiv Bietigheim-Bissingen, Frau Eisele).

„Kurfürst Carl Theodor, der von 1743 bis 1778 in Mannheim regierte, führte dort die Seidenindustrie ein. Damit wollte er der

Lange hängen im Winter die in einer Rispe stehenden Samen auf dem Götterbaum.

wirtschaftlich darniederliegenden Pfalz neuen Auftrieb verschaffen, aber gleichzeitig auch zur Befriedigung des großen höfischen Seidenbedarfs beitragen. Die Landbevölkerung wurde gezwungen, auf je einem Morgen ihres Besitzes innerhalb von sechs Jahren sechs Bäume zu pflanzen, die unentgeltlich zur Verfügung gestellt wurden... Den mit der Anpflanzung und Wartung Beschäftigten wurden bestimmte Vorrechte eingeräumt. Die Männer mußten nicht zum Militär, und wer im Dienste der Seidenindustrie tätig war, war von ,herrschaftlichen Lasten' befreit. Alle Transporte in Zusammenhang mit der Seidenindustrie hatten keinen Brücken- und Straßenzoll zu entrichten. Diese vielen Vergünstigungen führten zu großen Anpflanzungen, nicht ohne behördlichen Druck. Zehntausend Maulbeerbäume soll es 1780 in der rechtsrheinischen Pfalz gegeben haben" (Wawrik 11/1990, S. 28).

Im Dritten Reich erneuerte man die Seidenraupenzucht aus wehrwirtschaftlichen Gründen – Fallschirmseide war gefragt. Es gab damals sogar eine Reichsfachgruppe Seidenbauer mit Sitz in Celle. Man hatte inzwischen gelernt, das Ausschlüpfen der Seidenraupen im Frühjahr bei einer Temperatur um 2 °C so lange zu verzögern, bis dem Züchter das erforderliche Maulbeerlaub als Futter zur Verfügung stand. Mit Bäumen auf einem Viertel Hektar konnte man jährlich etwa 70 000 Raupen heranwachsen und sich einspinnen lassen.

Vom Maulbeerbaum herab Jesus sehen

Der Maulbeerbaum wird in der Bibel wiederholt erwähnt. Jedoch handelt es sich hier um einen Verwandten der Feige, den Maulbeer-Feigenbaum, damals Sykomore genannt. Luther übersetzte den Namen dieses Baumes mit seinen weit ausgebreiteten, leicht besteigbaren Ästen als Maulbeerbaum. „Zachäus, ein oberster der Zöllner, stieg auf einen Maulbeerbaum, auf daß er Jesu sähe; denn allda sollte er durchkommen" (Lk 19, 4).

Von der schwarzen Maulbeere ist in der Bibel lediglich in 1 Makk 16, 33–34 die Rede: „Da war der König morgens früh auf vor Tag und führte das Heer an die Straße von Bethzachara, und ließ die Schlachtordnung machen und Drommeten und den Elefanten roten Wein und Maulbeersaft vorhalten, um sie anzureizen und zu erzürnen."

Gajus Plinius (23 bis 79 n. Chr.) nannte in seiner Naturgeschichte diesen kleinen Baum *Sapientissima arborum*, den weisesten der Bäume. Er war dem griechischen Hirtengott Pan geheiligt und galt als Sinnbild der Klugheit, weil er seine Knospen erst entfaltet, wenn kein Frost mehr zu befürchten ist; wenn die Eisheiligen vorbei sind, würden wir heute sagen.

Waldenser als Raupenzüchter

Die Waldenser gehörten einer im 12. Jahrhundert von dem Kaufmann Petrus Waldus aus Lyon gegründeten Glaubensrichtung an, die auf Grund ihrer drei Grundpfeiler „Evangelium, apostolische Armut und Laienpredigt" unter Wahrung einiger Sonderrechte der evangelischen Kirche beigetreten sind. Sie mußten im Zuge der französischen Zwangskatholisierung und der 1686 erfolgten Aufhebung des Toleranzedikts von Nantes aus dem Jahre 1598 auf Geheiß Ludwigs XIV., des Sonnenkönigs, ihre Heimat in den piemontesischen Tälern Savoyens verlassen. Die evangelische württembergische Regierung hat sie ab 1699 aufgenommen. Dies geschah vor allem auf Betreiben der streng pietistisch ausgerichteten Herzoginwitwe Sybille mit dem Beinamen „die Fromme". Sie war die Mutter Herzog Eberhard Ludwigs, der das Ludwigsburger Schloß erbaut hat.

Relikt aus der Zeit waldensischer Seidenraupenzucht ist dieser alte Maulbeerbaum rechts vor dem Wohnhaus des Waldenserführers Henry Arnaud in Schönenberg.

Die von dem Pfarrer und Anführer Henry Arnaud in Württemberg gegründete Hauptkolonie der Waldenser, das heutige Schönenberg, nannte er des Muriers, Maulbeerbäume. Die Seidenraupenzucht sollte eine ihrer Erwerbsquellen werden. Ein großes altes Exemplar steht noch am Hofeingang, dahinter der Acker, wo Arnaud einst die ersten 200 Kartoffeln in Württemberg pflanzte, die der waldensische Kaufmann Seignoret 1701 als Geschenk seiner in der ursprünglichen Heimat verbliebenen Verwandten mitbrachte.

Ausgestorben und wieder eingewandert

Mispel, Nußapfel
Méspilus germánica L.
Familie Rosengewächse

Im Travertin bei Burgtonna in Thüringen wurde der eindeutige Abdruck eines Mispelblattes gefunden. Dieses sogenannte Sintergestein, das an Austrittstellen von mineralisiertem Wasser als Ablagerung entsteht, hat sich vor 125000 Jahren während der Riß-Würm-Zwischeneiszeit gebildet. Offenbar ist die damals schon in unseren Breiten beheimatete Pflanze dann in der letzten Eiszeit ausgestorben. Von Südosteuropa und Kleinasien her gelangte sie um 200 v. Chr. wieder nach Griechenland und Italien. Im *Capitulare de villis* Karls des Großen (um 794) wird der Mespilaris ebenso wie im St. Gallener Klosterplan (820) dann zum Anbau auch hierzulande empfohlen. Im Mittelalter wurde die Mispel in Frankreich und Deutschland häufig angepflanzt. Der schwedische Arzt und Naturforscher Carl von Linné, der die heute noch geltenden Grundlagen einer Nomenklatur für Pflanzen geschaffen hat,

Weiße an den Triebspitzen sitzende Blüten zieren Ende Mai den Mispelstrauch.

nahm deshalb irrtümlich an, daß sie seit jeher in Deutschland heimisch sei, und nannte sie *Mespilus germanica*. Gegenüber anderen Obstsorten hat die vier bis fünf Meter hohe dornige Mispel nach dem 17./18. Jahrhundert bei uns als Nutzbaum an Bedeutung verloren, aber sie tritt noch in den wärmsten Gebieten Baden-Württembergs, etwa am Oberrhein und am unteren Neckar, verwildert auf.

Die attraktiv wirkenden, meist einzeln, am Ende beblätterter Triebe erscheinenden Blüten, deren Durchmesser 4 bis 5 cm beträgt, sind weiß. Während der Fruchtbildung kann man, wie bei

Eine noch grüne, etwa 3 cm dicke, runde Mispelfrucht, die von den charakteristischen spitz-dreickigen Kelchblättern gekrönt ist.

Der die Fruchtgestalt prägende, offene Blütenkelch hat zu sinnfälligen Mundartbezeichnungen geführt, wie man auf diesem Etikett einer Flasche Mispelschnaps aus dem Saarland lesen kann.

den Rosen, deutlich erkennen, wie sich der Blütenbecher hinter den Blütenblättern verdickt. Die walnußgroßen, braunen, grünpunktierten Früchte, eine willkommene Nahrung für bei uns überwinternde Vögel, sind oben jeweils von fünf länglich-dreieckigen Kelchblättern gekrönt. Die auch nach der Reife noch sehr harten Mispelfrüchte gelten als Wildobst und sind, wie die des Speierlings, eßbar, wenn sie nach den ersten Herbstfrösten teigig geworden und in Edelfäule übergegangen sind. Die Gerbsäure baut sich dann ab und weicht einem weinigen, süß-säuerlichen Geschmack. Der Gehalt an Vitamin C ist hoch (22 bis 30 mg/100 g Fruchtmasse). Die Früchte verwendet man zum Einmachen, für Kompott und als Zusatz beim Apfelmost. Der Saft frischer Mispeln ist reich an Gerbsäure (Tannin), sie lenkt die Mostgärung durch Beschleunigung der Eiweißfällung, verleiht auch Aroma sowie Klarheit und verbessert die Haltbarkeit des Mostes.

Der die Fruchtgestalt prägende, offene Blütenkelch wirkt in seiner Form eigentümlich und hat zu sinnfälligen Mundartbezeichnungen geführt. So habe ich einmal vom Schwiegersohn meiner Schwester aus dem Saarland eine Flasche Mispelschnaps mit der Bezeichnung „Hundsärsch" erhalten.

Bedrohlich für die Mispeln ist der erst vor wenigen Jahren aus Nordamerika eingeschleppte bakterielle Feuerbrand (*Erwinia amylovora*). Ein Pfropfen oder Okulieren, also Veredeln, ist bei der Mispel möglich, und zwar auf Birne, Quitte und Weißdorn.

Zweige für den Druiden-Trank

Mistel, Geißkraut
Viscum álbum L
Familie Mistelgewächse

D ie in Europa und Asien heimische Mistel gehört zu den Hängepflanzen und damit zu den Pflanzen, die ihren Lebensraum in die Luft verlegt haben. Es handelt sich um einen immergrünen, zweihäusigen Halbschmarotzer, der mittels Senkwurzeln (Haustorien) Wasser und darin gelöste anorganische Nährsalze aus den Ästen seiner Wirtsbäume holt. Das eigene Blattgrün (Chlorophyll) ermöglicht es der Mistel, selbst Assimilate zu bilden. Die Pflanze kann bis zu 70 Jahre alt werden.

Die Mistel gehört zu den wenigen Pflanzen, bei denen die ursprüngliche Oberhaut der Zweige immer erhalten bleibt. Es kommt also zu keiner Korkbildung, und so zeigen sich auch alte Mistelzweige in ihrer jugendlich grünen Färbung.

Sämtliche Pflanzenteile sind aufgrund des Wirkstoffes Viscotoxin gering giftig. Die Menge des enthaltenen Wirkstoffes ist von der Wirtspflanze abhängig. Am wenigsten enthalten die Misteln auf Apfelbäumen, die höchste Konzentration haben sie auf Linden, Robinien und Walnußbäumen.

Die künstliche Vermehrung – etwa zu pharmazeutischen Zwecken – ist relativ einfach. An einem trockenen Spätwintertag quetscht man den Samen mitsamt dem schleimigen, fadenziehenden Fruchtfleisch aus der Beerenhaut heraus und klebt ihn an der Rinde einjähriger Zweige fest. Das Fruchtfleisch trocknet ein und läßt den Samen auf der Rinde haften. Der Keim streckt sich im April aus dem Kern heraus, und die Keimspitze wächst gegen die Borke des Baumes. Dort drückt sie sich auf den Zweig und bildet bis Ende Mai eine Haftscheibe, von der aus mittels ausgeschiedener Eiweißstoffe die Wuchszone, das Kambium, des Astes angezapft wird. Der Keim spannt sich bogenförmig zwischen Haftscheibe und Kern. Im August/September richtet sich der Keim aus der Haftscheibe auf. Er lenkt dadurch den Kern von der Borke weg. Der Zweig beginnt unter der Haft-

An diesem Stück Weißtannenholz sind die Auswirkungen der runden Mistel-Senkwurzeln deutlich zu sehen: Sie hinterlassen charakteristische Löcher im Holz, weil alle Jahrringe um die Wurzeln herum wachsen müssen. Zur Bekämpfung dieses Parasiten empfiehlt schon Albertus Magnus (1200–1280), die Misteln aus den befallenen Bäumen herauszuschneiden.

scheibe zu schwellen. Im April kann man dann an der Keimspitze zwei kleine Blättchen der jungen Mistelpflanze beobachten. Von da an wächst die Mistel Jahr für Jahr in immer weiterer paariger Verzweigung etagenweise nach allen Seiten, bis sich allmählich die charakteristische Kegelform des Mistelbusches herausbildet.

Dies im Garten zu probieren, war für unsere Kinder stets faszinierend, allerdings ist die Prozentzahl der wirklich anwachsenden Misteln recht niedrig.

Bei der künstlichen Vermehrung ist zu beachten, daß nach den Nährpflanzen biologische Rassen unterschieden werden: die Weißtannenmistel mit bis zu 8 cm langen Blättern und birnenförmigen, meist weißen Scheinbeeren, die schmächtigere Kiefernmistel mit ca. 4 cm langen Blättern und gelben Scheinbeeren, schließlich die Laubholzmistel mit sehr variablen, meist breiteren Blättern und glasig-weißen Scheinbeeren.

Der altgermanische Pflanzenname Mistel ist wahrscheinlich eine Bildung aus dem Wort Mist und bezieht sich demnach darauf, daß die Samen dieser Pflanzen meist im Vogelmist auf die Wirtsbäume gelangen. Entscheidend dabei ist, daß die Samenkörner auch dann noch außen klebrig sind, wenn sie den Vogelmagen bereits durchwandert haben. „Der Name Misteldrossel Turdus viscicorus will uns weismachen, daß sich dieser Vogel von Mistelbeeren ernährt. Das genaue Gegenteil ist der Fall: Mistelbeeren werden nur im äußersten Notfall gefressen, wenn wirklich nichts anderes mehr vorhanden ist" (Kuhbier 1997, S. 195).

Die in dem hellen Grün der Mistel so verlockend aussehenden weißen Beeren werden wegen ihres süßlich zähklebrigen Saftes von den Vögeln aufgenommen. Wenn nach dem Schmaus der verklebte Schnabel an einem Ast abgewetzt wird, bleiben zuweilen mit dem schleimigen Klebstoff auch die Samen hängen. Der von der Natur gewollte Zweck ist erreicht.

Brunhildes Schlafmittel

Früher diente das Mistellaub im Winter zuweilen als willkommenes Futter für Haustiere, vor allem für Ziegen, daher auch der Name Geißkraut.

Die Mistel spielt sowohl in der antiken als auch in der germanischen Mythologie eine große Rolle. Theophrast (371 bis 286 v. Chr.) berichtet uns in *Historia Plantarum* und in *De Causis Plantarum* eingehend über die Mistel in Griechenland. Bekannt ist auch die Erzählung des Plinius G. P. Secundus, des Älteren (23 bis 79 n. Chr.), wonach die Druiden, die Priester der alten Gallier und Britannen, der Eichenmistel (*Loranthus europaeus*) höchste Verehrung entgegenbrachten. Sie betrachteten die Eichenmistel als eine seltene Himmelsgabe. Endeckte man eine, wurde sie mit großer Feierlichkeit eingeholt. Der Druide bestieg im weißen Kleid den Baum und schnitt die Mistel mit goldener Sichel ab. In einem weißen Mantel wurde sie aufgefangen, danach wurden Opfertiere geschlachtet und man betete: „Die Gottheit möge ihre Gabe denen günstig werden lassen, welche sie damit beschenkt habe" (Hegi 1957, Band III/1, S. 318).

Für die Kelten ist die Mistel als göttliches Zeichen vom Himmel gefallen und bringt Reichtum und Fruchtbarkeit. Daher ist dieser Halbschmarotzer auch ein Fruchtbarkeitssymbol, das, wie ich jetzt von Besuchern aus unserer Partnerstadt Kusatsu erfahren habe, auch in Japan als solches gilt.

In der germanischen Göttersage versetzt ein Mistelzweig Brunhilde in den Schlaf, aus dem erst Siegfried – Symbol der Frühlingssonne – sie wachküßt. Aus Mistelholz geschnitzt ist der Sage nach auch der Pfeil, mit dem der Wintergott Hödur den Lichtgott Baldur tötet. Die Wünschelrute soll auf den gegabelten Mistelzweig zurückgehen. Odin, der Göttervater, hält die

Im Winter, wenn die Bäume kahl sind, treten die buschigen Misteln wie bei dieser Robinie besonders in Erscheinung.

Winterrute oder kurz „den Wunsch" in seiner Hand. Bereits in der großen Bibliothek von Ninive des Assyrerkönigs Assurbanipal (669 bis 631 v. Chr.) wird eine Göttin als „Herrin des magischen Stabes" genannt. Auch der Stab Mose dient dem Hervorlocken von Quellen. „Und Mose hob seine Hand auf und schlug den Fels mit dem Stab zweimal. Da ging viel Wasser heraus, das die Gemeinde trank und ihr Vieh" (Num 20, 11). *Viscum*, Vogelleim war der Name die-

Bei der Mistel sind die gabelförmig verzweigten Äste mit den paarweise zusammenstehenden, spatenförmigen Blättern charakteristisch.

ser Pflanze bereits bei den Griechen und Römern. Schon damals bereitete man aus den Beeren wohl den besten Rutenleim zum Fangen der Vögel. Heute spricht man noch von „jemandem auf den Leim gehen" bzw. „er hat sich leimen lassen", d.h. er hat sich betrügen, hinters Licht führen lassen. Wurden die Vogelruten nicht mit Leim, sondern mit Pech verstrichen, so verklebten sich die Flügel am Pech, und jeder kennt wohl die Ausdrücke „Pech haben" oder „ein Pechvogel sein".

In England und manchen Teilen Norddeutschlands hängt man zu Weihnachten einen Mistelzweig am Türsturz auf. Unter ihm werden die Glückwünsche ausgetauscht. Hält sich zufällig die Hausfrau oder, was identisch sein kann, ein hübsches Mädchen unter ihm auf, dann darf dem Mann bzw. einem Verehrer ein Kuß nicht verwehrt werden. Der Mistelbusch war der Liebesgöttin heilig, und so standen die Liebenden in Verbindung mit ihm unter ihrem besonderen Schutz. Wenn man neuerdings auch anderswo Mistel als Weihnachtsschmuck verwendet, sollte man sich an den alten Brauch erinnern, um unter Umständen mehr oder weniger deutliche Anspielungen darauf verstehen zu können.

Schon Kelten und Germanen sahen in der immergrünen Pflanze etwas Wunderbares und Göttliches. Dazu hat vor allem beigetragen, daß sie in den Kronen der Bäume gedeiht – also konnte sie nur vom Himmel gefallen sein. Die Druiden, die Priester der Kelten, benutzten die Mistel als Arznei. Der griechische Arzt Hippokrates (460 – 377 v. Chr.) empfahl die Mistel gegen Fallsucht (Epilepsie), Hildegard von Bingen (1089 bis 1179) hingegen bei Lebererkrankungen. Auch die Kirche bediente sich dieser überlieferten Mythologie, anerkannte den Misteltrank als Mittel gegen Besessenheit und ließ Rosenkränze und Kreuze aus Mistelholz herstellen.

Um die in Mistelpräparaten enthaltenen Lektine als Heilmittel gegen Krebs streitet sich die Fachwelt seit Jahrzehnten. Die Misteltherapie geht auf Rudolf Steiner (1861 bis 1925) zurück. Er sah in der Mistel eine Alternative zum Messer des Chirurgen.

Wie kann der alte Apfelbaum so leckre Früchte tragen,
wo Mistelbüsch und Mooses Flaum aus jeder Ritze ragen?
(Annette von Droste-Hülshoff)

Schöne Früchte, zähes Holz

Gemeines Pfaffenhütchen, Spindelbaum, Mitschelesholz
Evónymus európáeus L.
Familie Spindelstrauchgewächse

Das Verbreitungsgebiet des Pfaffenhütchens umfaßt beinahe ganz Europa, wo man es auf frischen, kalkreichen Böden findet. Es handelt sich um einen sperrigen Strauch bzw. kleinen Baum mit bis zu sechs Metern Höhe. Die jungen, grünen Zweige sind durch Korkleisten vierkantig geformt und tragen gegenständige eilanzettförmige Blätter.

Besonders in der morgendlichen bzw. abendlichen Herbstsonne ist dieser Strauch eine auffallende Schönheit unserer Wäldränder, Hecken und Feldgehölze. Die an einem langen Stil herabhängenden, karminroten, abgerundet kantigen, vierlappigen Kapseln zeigen beim Aufplatzen die vom orangeroten Samenmantel (Arillus) umgebenen großen, weißen Samen.

Das Pfaffenhütchen, auch Rotkehlchenbrot genannt, verbreitet sich sowohl durch Schößlinge, wie auch durch Samen, die von verschiedenen Vogelarten gefressen werden. Die Samen keimen erst nach mehreren Jahren mit Frost.

Wenn die Früchte des Pfaffenhütchens reif sind, zeigen sich die giftigen Samen. Zermahlen sind sie ein probates Hausmittel gegen Läuse und Flöhe.

Das Pfaffenhütchen hat seinen Namen von den eigentümlichen vierlappigen Früchten, die dem Birett ähneln, das von katholischen Geistlichen getragen wird.

Der Spindelbaum, wie das Pfaffenhütchen auch genannt wird, ist einschließlich seiner Früchte giftig. Wegen des darin enthaltenen Evonin hat es insektizide Wirkung. In meinem Elternhaus wurden die getrockneten Samenkörner in einer alten

Kaffeemühle fein gemahlen und das Jahr über gegen Läuse und Krätzmilben, sowohl bei den Hunden als auch bei uns Kindern, mit Erfolg verwendet.

Der deutsche Name Pfaffenhütchen knüpft an die Form der Früchte an, die dem Birett der katholischen Geistlichen ähneln. Diese noch in meiner Jugendzeit von „Pfaffen" – was bis zur Reformationszeit als ehrende Anrede für Geistliche galt – häufig getragene Kopfbedeckung, ist vierkantig, hat drei oder vier bogenförmige Aufsätze und manchmal eine Quaste.

Feine Zeichenkohle und Schlangenabwehr

Die vierzählige, hellgrüne Blüte des Pfaffenhütchens hat schmale längliche Blütenblätter.

Der Name Spindelbaum beruht darauf, daß früher das gelbe, zähe Holz zu Drechslerarbeiten und vor allem zur Herstellung von Spindeln und Stricknadeln verwendet wurde. Fleischspieße, Pfeifenrohre und Zahnstocher werden neben Schusternägeln in manchen Gegenden noch heute daraus gefertigt. Die aus dem Pfaffenhütchenholz geschwelte, weiche, sehr gleichmäßige Holzkohle wird als eine der feinsten und besten Zeichenkohlen gehandelt.

Bei dem Bäcker Gerlach in meiner Nachbarschaft gibt es unter der Bezeichnung Mitschele kleine, runde, mürbe Brötchen. Wie mir freundlicherweise das Deutsche Brotmuseum in Ulm mitteilte, dürfte etymologisch die Bezeichnung Mitschele aus dem französischen Sprachraum stammen: *miche*, runder, weißer Brotlaib. Da es sich bei dem Gebäck Mitschele um ein kleines Brötchen handelt, das oben in der Mitte durch ein Holz etwas eingedrückt wird, ist es denkbar, daß dafür einst das zähe Pfaffenhütchen- bzw. Mitscheles-Holz verwendet wurde. Der Name des Brötchens ging dann auf das Werkzeug über.

Im alten Griechenland ging man davon aus, daß der Geruch des Spindelbaumholzes Schlangen fernhält. Die Leute auf dem Land trugen daher Stäbe aus diesem Holz bei sich.

Einheitsbaum der Städte

Ahornblättrige Platane
Plátanus acerifólia (AIT.),WILLD.
Familie Platanengewächse

Der Ursprung dieses Bastards ist unbekannt. Man nimmt an, es handelt sich um eine Kreuzung zwischen der amerikanischen Platane *(Platanus occidentalis)* und der morgenländischen Platane *(Platanus orientalis)*. Die Blätter sind handförmig, fünflappig, ähnlich denen des Spitzahorns, nur viel größer. Das Holz ist ein Kernholz. Ein breiter rötlich-weißer Splint umschließt den braunen Kern. Das frischgeschnittene Holz hat einen eigenartigen, etwas durchdringenden Geruch nach Pferdedung.

Dieser Hybridbaum prägt vermehrt unsere Ortsbilder. Ich bin davon nicht begeistert, da die Platane weder im Austrieb noch in der Herbstfärbung besonders attraktiv wirkt. Trotzdem will ich ihr aber als Straßen- und Alleenbaum einen gewissen, wenn auch fremdländischen Charakter nicht absprechen. Auffällig an ihr ist, daß der Stamm dort, wo sich die dunkle Außenborke in Schuppen abgelöst hat, große Flecken in verschiedenen Grün- und Grautönen zeigt.

Daß dieser Baum infolge seines schnellen Wachstums und großer Kronen die Stadtarchitektur vor sich selbst schützen kann, weiß man schon seit rund 200 Jahren. Bei der heutigen, zuweilen hektischen Bauwut scheint dies für die Stadtplaner beruhigend und verführerisch zugleich zu sein. Vielfach glaubt man auch, sofort große Bäume pflanzen zu müssen, die einerseits teuer sind, andererseits oft nicht alt werden, weil die Gefahr groß ist, daß Fäulnispilze in die zwangsläufig verletzten Wurzeln eindringen.

Charakteristisch an den Stämmen der Platane ist das unregelmäßige Abblättern älterer Borkenteile, wodurch ein silbern-schwarzschillerndes Bild entsteht.

Im Frühjahr schmücken die Platane zwei Fruchtjahrgänge. Die Blütenanlagen sind einhäusig, eingeschlechtlich und windblütig.

Wenn man mitunter die Platane als den „gehorsamsten" Baum bezeichnet, dann wohl deshalb, weil sie trotz hoher Säure- und Staubkonzentrationen in der Luft noch einigermaßen überleben kann und außerdem mit fast jedem Boden zurechtkommt. Gerade dies ist aber auch eine Gefahr. Ohne große Gedanken geht man zuweilen im urbanen Bereich den bequemsten Weg und pflanzt vielfach diesen genügsamen Baum. Damit leistet man ähnlich wie durch die Einheitsarchitektur einen fragwürdigen Beitrag zur Nivellierung unserer Ortsbilder. Die Folge ist, daß wieder ein Teil der Identität und der Einmaligkeit unserer schwäbisch-fränkischen Heimat auf der Strecke bleibt.

Kein großer „Staubschlucker"

Vielleicht greift aber auch hier die Natur selber regulierend ein. Von Italien her breitet sich nämlich eine Platanenseuche aus. Es ist der Bunte Platanenkrebs, wie er dort genannt wird (*Ceratocystis fimbriata*), der aus Amerika eingeschleppt wurde. Seine Welle bewegt sich zur Zeit in Richtung Norden. Der Pilz dringt über Verletzungen der Rinde in die Bäume ein, sein Geflecht

blockiert die Wasser- und Nähr-
stoffleitbahnen und bringt so die Platanen zum Verdursten und Verhun-
gern. Eine einzige Infektion genügt,
um einen Baum innerhalb von zwei
Jahren zum Absterben zu bringen.

Wie nachteilig für die Ökologie eine
Einbringung von fremdländischen
Platanen in größeren Mengen sein
kann, hat erst vor kurzem der Bund
für Umwelt und Naturschutz
Deutschland in einer Studie aufgezeigt: Danach sind auf einer heimischen Eiche etwa 300 Insektenarten
zuhause, auf der fremden Platane
aber nur eine einzige.

*An langen Stielen hängen die Fruchtbällchen
der Platane herunter. Sie setzen sich aus
zahlreichen kegelförmigen, durch einen
Haarkranz flugfähig gemachten Einzel-
früchten zusammen.*

Des weiteren sollte aber auch zur Erhöhung der Funktions-
wirksamkeit von durch Immissionen belasteten Grünzonen im
städtischen Bereich darauf geachtet werden, solche Gehölzarten
auszuwählen, die zur Verbesserung der Luftqualität am intensivsten beitragen können – nach einer Messung von 1978/79
gehen in Bietigheim-Bissingen jährlich 5,8 Zentner Staub pro
Hektar nieder. Beispielsweise hat unsere Sommerlinde mit ihren
entsprechend ausgebildeten Blättern ein Staubfangvermögen je
Quadratmeter Blattfläche, das rund fünf mal höher ist als das
von Platanen (Paskova 1990). Letztere sollten daher nur zur Be-
reicherung unserer Baumartenvielfalt in Einzelexemplaren und
auf entsprechenden Zwangsstandorten eingebracht werden,
aber auf gar keinen Fall als Massenanbau in unseren Gemeinden, und schon gar nicht in historischen Stadtkernen.

Die an langen Stielen hängenden Fruchtbällchen der Platanen
dienen zuweilen als Christbaumschmuck. Die feinen Haar-
schöpfe der Nußfrüchtchen zählen zu den Erregern lästiger Allergien.

Orange des Nordens

Pulverholz, Faulbaum, Hautbaum, Gelbholz, Schwarzholz, Zapfenholz
Rhámus frángula L.
Familie Kreuzdorngewächse

Eine besondere Merkwürdigkeit des Pulverholzes ist seine außerordentlich lange Blütezeit, die von Mai bis August dauert und wegen des Nektarreichtums für die Bienen sehr wertvoll ist. Es sind in blattachselständigen Scheindolden stehende, trichterförmige grünliche Blüten, die auf Insekten, aber auch auf Selbstbestäubung ansprechen. Ab Juni reifen die Früchte, so daß vom Hochsommer an die rutenförmigen Zweige gleichzeitig mit Blüten besetzt sind sowie mit grünen, roten und schwarzen Steinfrüchten – Saftfrüchten wie Beeren mit einem verholzten inneren Teil, der als Steinkern den einzelnen Samen umgibt. So betrachtet könnte man das Pulverholz als die Orange des Nordens ansehen. Der Name Pulverholz hat seinen Ursprung darin, daß das Holz mit leuchtend gelbrotem, weichem und grobfaserigem Kern die beste aschenarme Holzkohle zur Schwarzpulverbereitung lieferte. Der Artname *Frangula* von lateinisch *frangere*, zerbrechen, deutet ebenfalls auf die Holzeigenschaft hin.

Die Bezeichnung Faul- oder Stinkbaum knüpft an den von ihm ausgehenden eigenartigen faulen Geruch an. Charakteristisch für diesen bis sieben Meter hohen Baum sind die vielen kleinen weißen Korkwarzen auf der Rinde. Er ist in lichten Laub- und Mischwäldern in fast ganz

Die rutenförmig wachsenden Zweige des Pulverholzes zieren viele weißliche Korkwarzen (Lentizellen).

Europa anzutreffen. Alle Pflanzenteile sind wegen des darin enthaltenen Glucofrangulin giftig.

Im Frühling gesammelte Pulverholzrinde, die man allerdings ein Jahr liegen lassen muß, wurde zum Färben für gelbbraun bis rotbraun verwendet. Seit dem 17. Jahrhundert dient die Rinde – sie ist offizinell – auch als volkstümliches Abführmittel. Es ist denkbar, daß die Früchte, die ebenfalls abführen, wegen dieses praktischen Zweckes auch Schießbeeren genannt werden und der Baum noch früher Scheiszbeerholz.

Das Pulverholz hat wechselständige, elliptisch geformte Blätter mit bogenförmig verlaufenden Nerven. Die Früchte sind unreif grün, werden dann rot und im reifen Zustand schwarz.

Zuweilen kann man Pulverholzzweige finden, die mit einem weißen Gespinst umzogen sind. Die Raupen der bis 24 mm großen Faulbaumgespinstmotte (*Yponomeuta evonymellus*) verstehen es, sich darauf erstaunlich schnell zu bewegen.

Wer hat das Schießpulver erfunden?

Schwarzpulver ist der älteste Explosivstoff und war schon um 1000 n. Chr. in China bekannt. In der zweiten Hälfte des 13. Jahrhunderts kam diese Kenntnis von dort nach Europa (Kramer 1993). Mit der Erfindung der schweren mauerbrechenden Steinbüchse, des rasch brennenden, gekörnten Pulvers und der wirksamen Teilbeladung der Pulverkammern im Geschütz wird der Freiburger Berthold Schwarz (*Bartoldus niger*) zum eigentlichen Erfinder der modernen europäischen Pulverchemie und Geschütztechnik.

Die Steinbüchsen verschossen Steinkugeln bis 60 cm Durchmesser und hatten eine Reichweite von etwa 3000 Schritt. Im Gegensatz zu späteren Erfindern, z.B. der Atombombe, mußte Berthold Schwarz wegen seiner Erfindung von Kriegsgerät, Kunst an Büchsen und Pulver fliehen. Schließlich wurde der Bernhardinermönch zur Regierungszeit König Wenzels II. 1389 in Prag zum Tode auf dem Scheiterhaufen verurteilt.

Schwarzpulver besteht aus 10% Schwefel, 15% Holzkohle und 75% Salpeter-Kaliumnitrat, im Gegensatz zu Kalk- und Natronsalpeter nicht wasseranziehend. Lange bevor man aus Südamerika den Vogelkot (Guano), ein Natriumnitrat, genannt Chile-Salpeter, mit Schiffen herbeitransportieren konnte und bevor die chemische Großindustrie noch kurz vor dem Ersten Weltkrieg es verstand, Salpeter aus der Luft zu gewinnen, nutzte man vor allem den Mauersalpeter. Dieser entsteht als Ausblühung von Salzen der Salpetersäure an Wänden und Mauern von Ställen und Dunggruben. Der Ammoniak des Mistes reagiert mit Hilfe von Bakterien und Luftsauerstoff zu Salpetersäure.

Ähnlich wie andere Landesherren sahen sich die Herzöge von Württemberg 1665, 1699 und 1747 veranlaßt, verschiedene Salpeterordnungen zu erlassen (Schoch 1994, S. 150). Diese setzten u.a. sogenannte Salpeterer ein, die in allen Häusern und Ställen nach dem Salz der Steine (Sal petrae) graben durften. Salpeter wurde so zum Monopol des Landesherrn; eingesetzt wurde es vor allem für die Herstellung von Schwarzpulver, in geringeren Mengen benötigten es auch die Goldschmiede und die Apotheker zum Herstellen von Pökelsalz.

Kleinere Feuerrohre setzte 1334 Kaiser Ludwig der Bayer vor Meersburg ein. Im größeren Umfang wurde Schwarzpulver militärisch in Deutschland zum ersten Mal von Kaiser Karl IV. angewandt, der Bietigheim 1364 das Stadtrecht verliehen hat und im 14. Jahrhundert zusammen mit dem württembergischen Graf Eberhard dem Greiner gegen den Städtebund focht. Dabei wurde Ulm belagert. Die Überlieferung berichtet, die Ulmer Bürger wären von diesem bisher unbekannten Schießen derart beeindruckt gewesen, daß sie gelobten, der heiligen Jungfrau eine große Kirche zu bauen, wenn sie ihre Stadt halten können. Ihre Kirche lag damals außerhalb der Stadt und konnte während der Belagerung gar nicht benutzt werden. Letztlich mußten die Ulmer ihre Stadt nicht übergeben, und so wurde im Jahre 1377 durch die Baumeisterfamilie Parler aus Schwäbisch Gmünd mit dem Bau des Münsters begonnen, das erst 1890 mit Fertigstellung des höchsten Kirchturms der Welt (161,6 m) beendet wurde.

Schwarzpulver verfügt über eine verhältnismäßig langsame Umsetzung und damit niedrige Detonationsgeschwindigkeit. Es hat also mehr eine treibende Wirkung. Bei der Explosion zersetzt es sich nur zu einem Drittel in Gas, aber zu zwei Dritteln in Rauch und Rückstände. Wegen dieser starken Rauchentwicklung mußten mittelalterliche Festungsbauwerke, in denen Geschützstellungen untergebracht waren, mit großen Öffnungen versehen werden, damit der Rauch abziehen konnte.

Aber auch an unbeabsichtigte Explosionen wurde gedacht. So hatte man beispielsweise den Bietigheimer Pulverturm, der heute noch steht, zur Stadtseite hin offen angelegt, so daß bei einer Explosion die Druckwelle verpuffen konnte. Gleichzeitig hatte dieses Offensein eines Wehrturms den Vorteil, daß bei einer eventuellen Einnahme des Turmes der Feind vom Stadtinnern her auf den offen hochführenden Treppen noch beschossen werden konnte.

Graf von Sponeck (1824, S. 145) großherzoglich badischer Oberforstrat, ordentlicher Professor der Forst- und Jagdwissenschaft an der Universität Heidelberg sowie Doktor der Philosophie, berichtet in seiner „Sammlung naturhistorischer und vorzüglich Jägerbeobachtungen und Jagd-Anekdoten" im Abschnitt 63: *(nächste Seite)*

144

63.

Bemerkungen, die Verfertigung und den Gebrauch des Schießpulvers für Jäger und Jagdliebhaber betreffend.

Vor ungefähr etliche und 50 Jahren war in dem Marktflecken Burtenbach, damals noch einem Baron von Schertel gehörig, am Mindelfluß, an der alten Poststraße von Ulm nach Augsburg gelegen, ein Pulverfabrikant, dessen Schießpulver für alle Jäger und Jagdliebhaber weit umher berühmt war; dessen besonderer Vorzug darin bestund, daß es sogar bei neblichter feuchter Witterung gut losging, und Monate lang im Rohr der Kugelbüchse (oder Flinte) seyn konnte, ohne Rost anzusetzen, und ohne nachzubrennen, sich schnell zu entzünden.

Der als Kenner und Liebhaber der Jagd, und als treflicher Schütze berühmte Herzog Carl von Würtemberg, schoß von keinem andern Birschpulver, als von diesem. Man kannte in ganz Ober- und Nieder-Schwaben kein anderes, kein besseres zu diesem Zweck. — Vor dem eben so berühmten Berner Pulver hatte es, bei gleicher Güte, den Vorzug der Wohlfeilheit voraus.

145

Dieser Baron von Schertel war mütterlicherseits mit meinem verstorbenen Vater nahe verwandt, und mein Vater besuchte denselben von Blaubeuren aus mehreremal wochenlang, und lernte den geschickten Pulverfabrikant selbst kennen, durch mehrere Besuche in seinem Laboratorio, wo er von ihm erfuhr, daß er den Salpeter zweimal, und den Schwefel einmal — besonders reinigte, und keine andere Kohlen dabei gebrauchte bei der Mischung, als diejenigen, welche er selbst aus dem sogenannten Pulverholz Rhamnus frangula Lin. — gebrannt hatte; dieses Holz wurde ihm aus entfernten Gegenden Schwabens wagenweis zugeführt, und ebenfalls gut bezahlt. — Der Fabrikant setzte selbst den Hauptgrund der Güte dieses Pulvers beim Schießen in die Reinheit des Schwefels und Salpeters, und in diese leichte schnell feuerfängliche Kohle, — obgleich das Verhältniß dieser drei Ingredienzien gegen einander auch nicht zu vergessen ist, welches ihm ebenfalls gut bekannt gewesen seyn muß. — Dieses Pulver war nicht sehr feinkörnig — aber desto gleichförmiger; und es hielt schwer, auf der Hand beim Reiben die geringste Schwärze hervorzubringen. Es brannte schnell — ohne

10

227

Ätherisch duftender Strauch

Raute, Gartenraute, Weinraute, Gnadenkraut
Rúta gravéolens L.
Familie Rautengewächse

Dieser etwa 80 cm hoch werdende Strauch oder Halbstrauch stammt aus Südeuropa. Da nur der untere Teil der Pflanze verholzt, bleiben im Winter – bei uns allerdings weniger – grüne Blätter erhalten. Die den charakteristischen Duft erzeugenden, warzig herausragenden Öldrüsen finden sich sowohl in dem dekorativen, schmal gefiederten, blaugrünen Laub, als auch in den gelben, löffelartig vertieften Kreuzblät-

Eine Raute in voller Blüte, rechts haben sich schon einige Fruchtkapseln gebildet.

tern, die zu viert einen vierteiligen Fruchtknoten umstehen.
„Als Pflanze der Gärten und Volkslieder hat die Raute vor allem in Litauen Bedeutung. Wahrscheinlich wurde sie seit dem Mittelalter, von den Kloster- und Pfarrgärten ausgehend, weiter verbreitet. Den Litauern gilt sie heute noch als Nationalpflanze. Bei Taufe, Hochzeit und Beerdigung spielt sie eine beachtliche Rolle. Der Rautenkranz wurde in Litauen vor allem von Mädchen im heiratsfähigen Alter getragen. Zu den Hochzeitsbräuchen gehörte die Verabschiedung vom Rautengarten. Die Raute wird auch heute noch in allen litauischen Gärten angepflanzt. Besonders beliebt war sie bei den Exil-Litauern und bei den Litauendeutschen als Symbol für die verlorene Heimat" (Stoffler 1997, S. 56). Die im Mittelmeerraum häufig vorkommende Raute verbindet so nicht nur Mitteleuropa mit dem Süden, sondern auch mit dem Osten.
In der näheren Umgebung von Bietigheim-Bissingen haben wir einen der seltenen Standorte, wo diese Weinraute noch verwildert vorkommt. Der in Bietigheim-Bissingen wohlbekannte Heimatforscher Albert Mayer (†) geht davon aus, daß sich der dortige Name Rotenacker Wald von Rautenacker Wald ableitet.

Eine blühende Raute, an der sich eine Raupe des Schwalbenschwanzes (Papilio machaon) ernährt. Der in die Rote Liste der gefährdeten Tiere in der Bundesrepublik Deutschland aufgenommene Schwalbenschwanz bevorzugt für die Eiablage wilde Möhre, Kümmel und Fenchel. Stehen diese Wirtspflanzen dem wohl schönsten europäischen Falter nicht in ausreichendem Maße zur Verfügung, so wird auch, wie in meinem Garten, die Raute zur Eiablage benutzt.

Wirksames Gegengift?

Das balsamisch duftende ätherische Öl der Raute wurde schon im Altertum als leicht bitterlich schmeckendes Gewürz verwendet. In alten Klostergärten ist diese Pflanze mit ihren nektarreichen Blüten daher fast immer zu finden.

In der Volksmedizin wird der Pflanze eine abtreibende Wirkung zugeschrieben. Das Wort Raute kommt aus dem griechischen und heißt dort frei machen, was wohl auf diese medizinische Wirkung zurückgeht.

Rautenöl findet auch in der Parfümindustrie Verwendung. Allerdings kann es Hautentzündungen hervorrufen, auch dürfen die Blätter nur sparsam als Gewürz zu Salaten, Käsespeisen, Wildsoßen usw. verwendet werden. Vor kurzem wurde mir ein Südtiroler Weintresterschnaps – die Italiener sprechen von

Grappa – aus einer Flasche eingeschenkt, die zur Geschmacksverbesserung einen grünen Rautenzweig enthielt. Bei klaren Schnäpsen habe ich dieses Verfahren zur Geschmacksverbesserung schon wiederholt mit Erfolg angewendet. Da die Raute, wie auch schon der Schnaps, verdauungsfördernd wirkt, kann man so seinem Magen etwas besonders Gutes tun.

Die Weinraute wurde seit urdenklichen Zeiten als Mittel gegen jede Art von Gift (Antidot), z.B. auch bei Schlangenbissen, verwendet. Schon der römische Historiker Plinius, der im Jahre 79 beim Vesuv-Ausbruch ums Leben kam, berichtet: „Die Wirksamkeit erhöht sich, wenn man die Blätter zerrieben in Wein einnimmt."

Die Macht der Raute gegen böse Kräfte und Gifte wurde für so stark gehalten, daß man sie auch Gnadenkraut nannte. Die Römer brachten diese Pflanze vielleicht auch aus Angst, von den unterjochten Germanen vergiftet zu werden, hierher. Ob die Raute ein probates Mittel gegen das damals häufig verwendete Schierlingsgift (Conium maculatum), mit dem 339 v. Chr. schon Sokrates getötet wurde, gewesen wäre, ist fraglich.

Im Mittelalter war bei uns die Raute auch eines der Kräuter in dem Sträußchen, das die begüterten Bürger bei sich trugen, wenn sie auf die Straße gingen. Die Kräuter sollten ein Schutz sein gegen Pest, üble Gerüche, Läuse und Flöhe. Der Raute wird aber auch die Fähigkeit nachgesagt, die Keuschheit zu bewahren, und somit gilt sie als Anti-Aphrodisiacum. Besorgte, vielleicht sich selbstkritisch betrachtende Mütter legten daher ihren Töchtern Weinrautenblätter in die Schuhe, wenn diese ausgingen.

Katzen und Ratten sollen das Kraut der Raute verabscheuen. Vielleicht könnte man damit auch Marder davon abhalten, in nächtlichen Stunden Kabel in unseren Autos anzunagen.

Die Blüten der Raute spielen im Blumenschmuck der Gotik eine beachtliche Rolle. So gelten die gotischen Kreuzblumen als Rautenblüten und insofern als stilisierte Abwehrzeichen.

In der Bibel taucht die Raute nur an einer Stelle auf: „Aber weh euch Pharisäern, daß ihr verzehntet die Minze und Raute und allerlei Gartengewächs und geht vorbei an dem Gericht und an der Liebe Gottes! Dies sollte man tun und jenes nicht lassen" (Lk 11,42). Ich nehme an, daß hier die im Heiligen Land sehr häufige *Ruta chalepensis* gemeint ist, also die gefranste Raute, die ihren Namen von der Form der Blütenblätter ableitet.

Dem Buch über den Gartenbau des bedeutenden Mönches und späteren Abts des Klosters Reichenau, Walahfrid Strabo, dem „Schieler" (808 bis 849), entnimmt Stoffler (1997, S. 129) folgendes Gedicht über die Raute:

> *Diesen schattigen Hain ziert dunkelfarbiger Raute*
> *Grünend Gebüsch. Ihre Blätter sind klein, und so streut sie wie Schirmchen*
> *Kurz ihre Schatten nur hin. Sie sendet das Wehen des Windes*
> *Durch und die Strahlen des Apolls bis tief zu den untersten Stengeln.*
> *Rührt man leicht sie nur an, so verbreitet sie starke Gerüche.*
> *Kräftig vermag sie zu wirken, mit vielfacher Heilkraft versehen,*
> *So, wie man sagt, bekämpft sie besonders verborgene Gifte,*
> *Reinigt den Körper von Säften, die ihn verderblich befallen.*

Von Amerika nach Europa

Gemeine Robinie, falsche Akazie, gemeiner Schotendorn
Robinia pseudoacacia L.
Familie Schmetterlingsblütler

Die Gemeine Robinie war einer der ersten nordamerikanischen Bäume, die nach Europa gebracht wurden. Schon im 16. Jahrhundert zog sie Jean Robin, Arzt und Hofgärtner Heinrichs IV., dem Paris eine Messe wert war, im berühmten Jardin des Plantes der französischen Metropole – heute steht dort eine schon zurückgestutzte Robinie aus dem Jahre 1635, die als der älteste Baum von Paris gilt. Linné gab Robin zu Ehren dem Baum den Gattungsnamen Robinia, während der Artname pseudoacacia auf ihre Ähnlichkeit mit den subtropischen Akazien, den Mimosen Afrikas und Australiens anspielt. Diese Mimosen sind im allgemeinen Pflanzen, die ihre Fiederblätter auf Berührungs-, Erschütterungs- oder Temperaturreize in Schlafstellung bringen, d.h. zusammenklappen. Man spricht daher auch von Zeitgenossen, die mimosenhaft empfindlich sind.

Wie auch die Walnuß, bleibt die Akazie wegen ihrer südlichen Herkunft länger als sechs Monate kahl. Ihre Blätter erscheinen spät und fallen früh. Sie ist somit ein idealer Schattenbaum, weil sie sich erst dann belaubt, wenn es richtig heiß wird.

Die Blätter der Robinie sind sehr stickstoffreich. Die leicht zersetzliche Streu der Blätter reichert so den Boden mit Stickstoff an und verändert dadurch die Standortsvegetation. Die Konkurrenz weniger stickstoffliebender Pflanzen, z.B. Birke, Rotbuche und verschiedene Moose hält sich die Robinie auf diese Weise vom Leib.

Die Zweige haben helles Mark und einen fünfeckigen Querschnitt, außerdem sind sie mit starken Dornen bewehrt. Dabei handelt es sich um umgewandelte Nebenblätter (Stipeln).

Zu den biologisch interessantesten Phänomenen dieses Baumes gehört die Schlafbewegung der Blätter. Schwankungen im Druck des Zellsaftes ermöglichen ein Herunterklappen des Laubes in der Nacht und das Aufrichten am Tag, gesteuert durch Lichteinfall und -stärke.

Eine alte Robinie in Solitärstellung vor der Burg Lichtenberg im Kreis Ludwigsburg.

Die Schmetterlingsblüten, angeordnet in einer weißen Traube, verbreiten einen stark würzigen Duft. Bei höheren Temperaturen und wenn es nicht in die Blüte regnet, können die Bienen den etwas scharf schmeckenden hellen Akazienhonig sammeln.

An den oberflächennahen Wurzeln der Robinie befinden sich, wie bei fast allen Schmetterlingsblütlern, auffallende Knötchen, die Bakterien enthalten. Diese können den freien Luftstickstoff aufnehmen und in für den Baum verwertbare Stickstoffverbindungen umwandeln.

Die jungen Triebe der Robinie haben ein helles Mark und einen annähernd fünfeckigen Querschnitt mit starken Dornen. Letztere sind umgewandelte Nebenblätter (Stipeln).

Weite Verbreitung – hervorragendes Holz

Wie begrenzt auch das ursprüngliche Areal der Robinie im östlichen Nordamerika gewesen sein mag, heute ist sie in großen Teilen Nordamerikas und fast überall in Europa verbreitet, verwildert und forstlich angebaut. So war Friedrich der Große (1712 bis 1786) ein Förderer des Robinienanbaus.

Die falsche Akazie ist aber auch ein beliebter Zier- und Straßenbaum. Zu diesem Zweck werden heute gerne die Kulturformen, insbesondere die rundkronige Kugel-Akazie (*Robinia pseudoacacia Umbraculifera*) angepflanzt.

Zu Beginn ihres Wachstums greift die Wurzel tief, bildet dann aber auch flache, weitreichende Seitenwurzeln mit ausgeprägtem Ausschlagvermögen. Der Baum eignet sich daher gut zur Befestigung des Erdreiches an Böschungen, Schutthalden sowie auf sandigen Böden. Er wächst schnell und kann auf besten Standorten einen Zuwachs bis zu 12 fm/ha und Jahr erreichen. Trotzdem übertrifft das Holz, etwa hinsichtlich Festigkeit und Haltbarkeit, sogar das Eichenholz in vielerlei Hinsicht. Bezogen auf Stieleichenholz = 100, beträgt z.B. die Druckfestigkeit parallel zur Faser 193%, die Härte 150% und die Biegefestigkeit 160%. Wegen dieser hervorragenden Eigenschaften werden aus

Die Robinienrinde ist anfänglich glatt, wird aber bald tiefrissig und weist dann graubraune derbe Leisten auf, die sich netzartig über den Stamm ausbreiten. Schlafende Augen, die in den jüngeren Kröpfen, etwa in Bildmitte, immer vorhanden sind, können durch starkes Seitenlicht zum Austreiben veranlaßt werden.

dem Holz gerne Schusternägel, Rechenzähne, Gartenpfosten, Leiternsprossen, Gerätestiele und Rebpfähle gemacht, von denen man behauptet, daß sie 50 Jahre halten. In Italien und Ungarn wird es als gutes Faßholz geschätzt und vor allem für Branntweinfässer verwendet. Aufgrund ihres hervorragenden Holzes kann die Robinie dazu beitragen, den chemischen Holzschutz etwa im Hausbau zu reduzieren, darüber hinaus wird sie bereits jetzt als Austauschholz für mehrere Tropenholzarten, wie Teak oder Afzelia, empfohlen. Bei der Verwendung im Innenbereich wird vor allem Wert auf dekoratives Aussehen und gute Gebrauchseigenschaften der Holzprodukte gelegt. Das Robinienholz ist besonders geeignet für Parkettböden, wobei sich seine große Härte sowie der hohe Abriebwiderstand als wertvoll erweisen.

Das ringporige Holz der Robinie teilt sich deutlich in Kern- und Splintschicht. Der frisch geschnittene gelbgrüne Kern dunkelt nach und bekommt mit der Zeit eine olivgrüne Farbe. Er wird von einem schmalen zwei bis fünf Jahrringe umfassenden, weiß-gelblichen Splint umschlossen. Das Kernholz der Robinie enthält nach Freudenberg und Hartmann die Wirkstoffe Robinetin und Dihydrorobinetin, die vor allem gegen Pilzbefall und Insektenfraß wirken.

Dies ist auch der Grund, weshalb ich mir am Ende meiner Dienstzeit noch zwei verhältnismäßig gerade Robinienstämme kaufte, die ich auf 75 mm einschneiden ließ. Die schweren Dielen, ihr spezifisches Gewicht beträgt 0,76 g/ccm, lagern jetzt aufgehölzelt in meiner nach Westen offenen Garage zum Trocknen; man rechnet dazu ein Jahr pro Zentimeter Brettstärke. Später soll daraus meine neue Haustüre entstehen.

Leider wächst die Robinie meist recht krumm, weshalb die Forstleute eine sogenannte Schiffsmast-Robinie (Rectissima) herausselektiert haben. Diese ist vor allem in Rumänien und Ungarn anzutreffen. Aufgrund der Standortsverhältnisse sind in Ungarn 20% der Waldfläche mit Robinien bestockt, in Baden-Württemberg dagegen nur 0,2%.

Die gerbstoffreiche Rinde benützte man, ähnlich wie Eichenrinde, zum Gerben, und den gelben Farbstoff des Holzes zum Färben. Rinde, Blätter und Samen enthalten das Gift Toxalbumin und sind besonders für Pferde gefährlich. Die duftenden Blüten enthalten diesen Wirkstoff jedoch nicht und können so unbeschadet zum Würzen oder für Robinienküchle, die den Holunderküchle ähneln, verwendet werden. Früher bereitete man aus den entbitterten und entfetteten Samen auch Kraftfutter oder sogar Mehl. Dieser vielseitigen Verwendbarkeit verdankt die Robinie wohl, im Gegensatz zu anderen ausländischen Baumarten, ihren frühzeitigen Anbau in Württemberg.

Der Dorn im Auge

Die Redewendung „einem ein Dorn im Auge sein" bezieht sich bestimmt nicht nur auf die Robinie, sondern auf die Dornen verschiedenster Pflanzen. Schon in Luthers Bibelübersetzung kommt die Redewendung mehrfach vor: „Werdet ihr aber die Einwohner des Landes nicht vertreiben vor eurem Angesicht, so werden euch die, so ihr überbleiben laßt, zu Dornen werden in euren Augen und zu Stacheln in euren Seiten und werden euch drängen in dem Lande darin ihr wohnet" (Num 33, 55).

Im Buch Exodus ist zu lesen: „Macht eine Lade aus Akazienholz" (Ex 25, 10). Dieses Holz der Bundeslade ist mit der erst im 16. Jahrhundert aus Amerika eingeführten und hier behandelten falschen Akazie nicht identisch. Das Holz der Bundeslade, die heute übrigens in Aksum, der alten Hauptstadt Äthiopiens, vermutet wird, dürfte von der *Acacia arabica* stammen.

Von den durch die Wüste ziehenden Israeliten wurde die

Stiftshütte, auch Zelttempel genannt, mitgeführt. Sie enthielt die Bundeslade aus Akazienholz, das Wanderheiligtum der Juden. David brachte sie in seine Stadt Jerusalem (2 Sam 6, 12–19), und Salomon überführte sie dann in den neu errichteten Tempel. In dieser Bundeslade waren neben dem Manna im goldenen Krug und dem Stab Aarons die beiden steinernen Tafeln mit den Zehn Geboten, die Zeichen des Bundes Gottes mit dem Volk Israel. Mit der Geburt auf Erden realisiert Christus das, wofür im Alten Testament die Lade das Zeichen war: die Gegenwart des lebendigen, heiligen, richtenden und gnädigen Gottes.

Wohl zurückgehend auf diese Stifts-Hütte (Zelt-Tempel), lateinisch *tabernaculum*, entstanden in der Gotik auf der Evangelienseite unserer Kirchen die schönen, meist steinernen Sakramentshäuschen. Seit dem 16. Jahrhundert setzte sich dann der italienische Brauch, die Eucharistie in einem Altartabernakel zu bergen, immer mehr durch, besonders seit ihn Papst Paul V. 1614 im *Rituale Romanum* vorschrieb. Die liturgische Bewegung der Gegenwart betont in der katholischen Kirche wie früher den Charakter des Altars als Mahl- und Opfertisch und führt wieder in Richtung Sakramentshäuschen, entsprechend der Zeit vor dem Barock.

Was den Aaronstab angeht, ist von einem kraftvollen Holzstab in der Bibel wiederholt die Rede:

- Da gingen Mose und Aaron hinein zu Pharao und taten wie ihnen der Herr geboten hatte und Aaron warf seinen Stab vor Pharao und vor seinen Knechten, und er ward zur Schlange (Ex 7,10).
- Mose hebt den Stab und teilt das Wasser des Roten Meeres (Ex 14, 16).
- In der Wüste schlägt Mose mit dem Stab an den Fels, worauf Wasser für das durstende Volk herauskommt (Ex 17, 6).
- Aaron wird schuldig durch die Anfertigung und Anbetung des Goldenen Kalbes, während sein jüngerer Bruder Mose unvorhergesehen lange auf dem Berge Sinai weilt. Zurückgekommen mußte jeder der zwölf Stämme Israels

einen Stab bringen. Diese brachte Mose am Abend ins Stiftszelt vor dem Herrn. „Des Morgens aber, da Mose in die Hütte des Zeugnisses ging, fand er den Stecken Aarons des Hauses Levi grünen und die Blüte aufgegangen" (Num 17, 23–25). Der Herr bestätigte auf diese Weise Aaron als den ersten Hohenpriester. Der Stab fand dann seinen Platz in der Bundeslade (Hebr 9, 4).

- Bei der Suche eines Mannes für die Jungfrau Maria findet man in den Apokryphen zum Neuen Testament in dem Protevangelium des Jakobus (8,2–9,3) „Zacharias! Gehe hinaus und biete die Wittwer des Volkes auf! Und sie sollen je einen Stab mitbringen und wem der Herr ein Zeichen erteilt, dessen Weib soll sie sein." Am nächsten Morgen erhielt Joseph als letzter seinen Stab zurück und siehe eine Taube kam aus dem Stab und flatterte auf das Haupt Josephs. Da sprach der Priester zu Joseph. „Du bist dazu erlost, die Jungfrau des Herrn heimzuführen."

Ich denke, daß auch Wurzeln unseres Bischofsstabes in diesen wiederholten Herausstellungen des mit göttlicher Kraft ausgestatteten Stabes zu sehen sind.

Mutter der Wälder

Rotbuche
Fágus sylvática L.
Familie Buchengewächse

Nach der letzten Eiszeit wanderte die Buche aus ihren Refugien im mediterranen Raum wieder in Mitteleuropa ein und hatte um 2500 v. Chr ihre größte Verbreitung. Heute nimmt sie in Baden-Württemberg 19% der Waldfläche ein.

Die eng verwandten Rotbuche, Eiche und Eßkastanie haben als gemeinsames Merkmal einen charakteristischen Fruchtbecher, die *Cupula*. Bei ihr bildet sich aus dem Blütenstandstiel eine Schutzhülle um die Früchte, die bei den Eicheln nur kurz und napfförmig bleibt, bei den Edelkastanien und Bucheckern aber die Früchte völlig mit einer stacheligen Schale umgibt. Die dreikantigen Nüsse der Buche bergen im Samen einen Embryo mit zusammengeknitterten Keimblättern. Insgesamt enthält die geschälte Buchecker 46% fettes Öl sowie Eiweiß und Stärkemehl. Speiseöl aus Bucheckern ist äußerst hochwertig, von mildem Geschmack und guter Haltbarkeit. Die Nuß schmeckt leicht süß und mandelartig. Die Preßrückstände, die sogenannten Ölkuchen, eignen sich hervorragend als Schweine- und Geflügelfutter und werden bei der Mast eingesetzt. An Pferde dürfen die Ölkuchen nicht verfüttert werden, denn sie können zur Lungenlähmung und zum Erstickungstod führen, da sie Fagin enthalten, eine giftige, seifenartige organische Verbindung. Fagin befindet sich in den Häuten und im Kern, gelangt aber beim Pressen nicht in das Speiseöl.

Der striegelige Schichtpilz (Stereum hirsutum) gehört zu den Erstbesiedlern von gefälltem Holz. Die Hüte wachsen wie an diesem Rotbuchenstamm dachziegelartig und sind oft seitlich miteinander verwachsen, wodurch wellig geschwungene Reihen entstehen. Pilze haben im allgemeinen die Fähigkeit, jedes biologisch gewachsene Material zu zersetzen. Am befallenen Rotbuchenholz verursacht dieser Pilz zunächst eine Weißfäule.

Im Krieg und in der unmittelbaren Nachkriegszeit war das Sammeln von Bucheckern weit verbreitet. Von sieben Pfund Eckern erhielt man einen Liter Öl. 1946 gab es eine sogenannte Vollmast, was heißt, daß mehr als 50 Bucheckern pro Quadratmeter auf dem Boden lagen.

Die rücksichtslosen Methoden, mit denen sich die Buche auf ihr zusagenden Standorten die Vorherrschaft erkämpft, nämlich durch tiefe Beschattung des Bodens und mit Herz- und Flachwurzeln, die eine intensive Durchdringung des Erdreichs bewirken, sieht man dem Baum eigentlich gar nicht an. Aber mit ihren fächerförmig verzweigten Ästen und den auf Lücke stehenden Blättern kann sich die Buche mit verhältnismäßig wenig Laub außerordentlich viel Licht einfangen. Von jenem Teil des Lichtspektrums, das für die Fotosynthese nutzbar ist, können im Durchschnitt lediglich 3% durch das Blätterdach der Buche bis auf den Waldboden gelangen. Im Vergleich dazu lassen Eichen etwa die doppelte Lichtmenge passieren. Mit der Fähigkeit, viel Schatten zu werfen und notfalls mit wenig Licht auszukommen, kann sich die Buche durchsetzen, auch wenn andere Bäume im Kronendach dominieren.

Statt ihren Stamm mit einem dicken Korkgewebe zu umhüllen, wie etwa die Eiche, bildet die Buche nur eine dünne, silbergraue, glattbleibende, gegen Sonnenbrand allerdings sehr empfindliche Borke. Um ihren Stamm vor der Sonne trotzdem zu schützen, bleibt eine freistehende Buche bis zum Boden herunter beastet – man spricht von Weidebuchen.

Bei der Rotbuche stehen die Kronenäste überwiegend schräg nach oben. Im Winkel zwischen der Schaftoberfläche und einem mehr oder weniger steil angesetzten Ast kommt es durch das Dickenwachstum von Stamm und Ast sowie durch die dadurch bedingte Verschiebung der Astaustrittsstelle auf dem Schaftmantel

Deutlich erkennbar sind an diesem Stamm die Chinesenbärte. Sie entstehen durch das Dickenwachstum von Stamm und dem schräg nach oben gerichteten Ast. Durch die dabei eintretende Oberflächenverkürzung wird die Rinde zusammengeschoben und bildet so diese Winkelnarbe.

Man sieht hier deutlich, daß dort, wo am Buchenstamm das Regenwasser herunterläuft, sich der ph-Wert des Bodens verändert. Das Springkraut, das ansonsten den Waldboden deckt, hat hier auf dem sauren Boden keine Existenzmöglichkeit mehr. Das Bild wurde im Hofkammerforst Bietigheim, Distrikt Eichelberg, aufgenommen.

Bei diesem Buchenstamm hat sich ein sogenannter falscher Kern, auch Rotkern genannt, gebildet, dies wird durch Sauerstoffeintritt über Wunden wie Astbruchstellen verursacht.

zu einer Oberflächenverkürzung. Die Rinde im Astwinkel wird zusammengeschoben und bildet eine Winkelnarbe, den sogenannten Chinesenbart. Mit zunehmendem Alter werden die Schenkel kürzer, da sie mit zunehmendem Dickenwachstum des Stammes auseinandergezogen und so flacher werden. Die Höhe des Chinesenbartes gibt somit einen Anhalt, um die Überwallungstiefe eines abgefallenen Astes schätzen zu können.

Die Borke der Rotbuche ist glatt und die Kronenäste zweigen meist schräg nach oben ab. Beides hat zur Folge, daß die Menge des am Stamm ablaufenden Niederschlagswassers erheblich größer ist als etwa bei der Eiche. Da kaum ein Stamm vollkommen senkrecht steht, läuft das meiste an der Seite des Stammes ab, wo der Winkel des Baumes zum Boden kleiner als 90° ist. Je nach der im jeweiligen Gebiet vorherrschenden Witterung und Luftbelastung zeichnet sich dann mehr oder minder deutlich das „Dachrinnenfallrohr" durch einen bisweilen fast schwarz gefärbten, handbreiten Aalstrich ab. Die während einer Schönwetterperiode von den Buchenblättern aus der Luft ausgefilterte saure Staubmasse wird mit dem Regenwasser auf dieser Seite des Stammes in den Boden verfrachtet. Dadurch sinkt dort der ph-Wert ab, und der Boden wird sauer. Die Folge ist bisweilen am Bewuchs des Waldbodens ablesbar (siehe obiges Bild).

Vorstehenden Ausführungen liegt die wissenschaftliche Hausarbeit zur ersten Staatsprüfung für das Lehramt an Realschulen

vom 17.09.1987, Thema: Ökologische Nischenbildung – dargestellt
an der Pflanze kleinblütiges Springkraut (*Impatiens parviflora*) von
Regine Halla bei Prof. Dr. Dietmar
Kalusche, Ludwigsburg, zugrunde.
Die Rotbuche mit einem spezifischen
Gewicht von 0,72 g/ccm ist ein Reif-
holzbaum, dessen innerer Teil sich
von der äußeren Splintschicht nur in
der Härte und Festigkeit, nicht aber
in der Farbe unterscheidet. Im Alter
kann es zur Ausbildung eines sogenannten falschen Kerns, auch Rotkern genannt, kommen, der durch
Sauerstoffeintritt über Wunden bzw.
Astabbruchstellen verursacht wird.
Dies führt zu Oxidation und Verfärbung von Stoffen im Stamm und
außerdem zu einem Gefäßverschluß,
der sozusagen das Holz des falschen
Kerns schützend abschottet. Die
Qualität des Holzes wird dadurch
herabgesetzt. Ein dauerndes enges
Zusammenleben, eine Mykorrhiza-
Symbiose zum Nutzen beider, besteht zwischen den Wurzeln der Rotbuche und dem giftigen Satanspilz
(*Boletus satanas*), einem Röhrling,
der sehr dem Steinpilz ähnelt, jedoch

*Man könnte denken, ein Forstmann von der
Ile de France sei der Erfinder der spitzbogi-
gen Gotik gewesen. In einem geschlossenen
Wald, bestehend aus alten Rotbuchen ohne
Unterholz, zweigen von hohen, glatten Schäf-
ten die Äste im allgemeinen schräg nach oben
ab. Der Forstmann spricht in diesen Fällen
von einem Buchenhallenbestand, und man hat
den Eindruck, sich in einem gotischen Dom
zu bewegen.*

im Gegensatz zu diesem an Druckstellen oder beim Anschnei-
den bläulich anläuft. In einer weiteren Wuchsgemeinschaft lebt
die Rotbuche mit dem Schreckgespenst aller Speisepilzsammler,
dem Grünen Knollenblätterpilz (*Aminata phalloides*).
Eine alte Bauernregel besagt, daß frühes Buchenlaub auf eine
frühe Ernte hindeutet. Genauer, so viele Tage vor oder nach Ge-
orgi (23. April) das Buchenlaub austreibt, so viele Tage vor oder
nach Jakobi (25. Juli) kann man ernten.
Das bewegte lichte Grün des hohen Blätterdaches, getragen von

Weg vom Irdischen hoch zum Göttlichen scheint dieses spätgotische Fenster zu fordern. Es handelt sich um ein Seitenfenster der dreischiffigen Hallenkirche St. Georg in Nördlingen (erbaut 1427 bis 1505).

den astlosen Säulen der silbergrauen Stämme, gibt dem älteren Buchen-hochwald etwas von der Feierlich-keit eines gotischen Domes. Der Forstmann spricht vom Buchenhal-len-Bestand.

Die Grundlage für diesen sich rasch über ganz Europa ausbreitenden Stil wurde durch den Abt Suger mit dem Bau der Abteikirche St. Denis, nörd-lich von Paris, gelegt (1137 bis 1144). Dieser Stil der mittelalterlichen Hochkultur in Europa wurde von dem italienischen Maler, Baumeister und bedeutenden Kunstschriftsteller Vasari (1511 bis 1574) von den Go-ten abgeleitet, die 493 bis 554 ganz Italien besetzt hielten und in seinem Denken Barbaren waren. Noch im Klassizismus wurde die Gotik teil-weise als Inbegriff des Widersprüch-lichen und Geschmacklosen angese-hen. Eine positive Sicht und Wertung dieser Kunstepoche des Mittelalters mit dem Negativnamen „Gotik" ge-lang erst in der deutschen Romantik.

Zwischen Wurzeln und Krone: der Stamm

Der Stamm eines Baumes hat u.a. die Aufgabe des Stofftrans-portes: einerseits des Wassers samt den darin gelösten minera-lischen Nährstoffen von der Wurzel nach den oberen Teilen und umgekehrt die von den Blättern gebildeten Assimilate Richtung Wurzeln. Diese Aufgabe obliegt dem Leitgewebe im Sproß und somit auch im Stamm. Es besteht aus langgestreckten, haar-feinen Röhren mit einem Durchmesser, der im Holz unserer Bäume zwischen 0,06 mm bei der Buche und 0,25 mm bei un-serer Eiche differiert. Die Steiggeschwindigkeit wurde bei dem engporigen Holz der Buche mit zwei bis vier Metern in der Stunde gemessen. Bei der weitporigen Eiche kommt man zu erheblich höheren Werten (Engel 1968, S. 157). Deshalb müssen abgeschnittene Zweige, die nicht alsbald in die Vase kommen, unten gekürzt werden, um zu verhindern, daß die dünnen Wasserfäden in dem aufwärts gerichteten Röhrensystem durch die Luft unterbrochen werden und dadurch abreißen.

Ein Hektar Buchenwald mit 400 Bäumen verdunstet im Sommerhalbjahr ca. 3,6 Millionen Liter Wasser (Guggenbühl 1963, S. 10). Daraus wird ersichtlich, wie wichtig Bäume für die wachstumsspendende Regenbildung sind.

Das Kernholz, wie etwa bei der Eiche oder der Robinie, ist vom Bau her durch Einlagerung von konservierenden Stoffen zur Leitung von Flüssigkeiten nicht mehr tauglich. Bei diesen Bäumen geschieht der Transport dann ausschließlich im jungen äußeren, noch nicht verkernten Holzteil, dem sogenannten Splint. Nur die sogenannten Reifholzbäume, deren Stamm ganz aus Splint besteht, leiten das Wasser im gesamten Stammquerschnitt. Dazu gehören

Unten im Bild die Krypta der Abteikirche von Saint-Denis aus dem 12. Jahrhundert, die von Abt Suger errichtet wurde, um eine Grundlage für den Chor der neuen Kirche zu schaffen. Die Fenster der Krypta zeigen bereits einen leicht angedeuteten Spitzbogen. Sugers Bauwerk war daher von größter Wichtigkeit für das spitzbogige gotische Architekturprinzip und die Ausbreitung dieses Stils.

Rotbuche, Birke, Hainbuche, Linde. Ihr innerer Holzteil unterscheidet sich von der äußeren Splintschicht nur in der Härte und Festigkeit, aber nicht hinsichtlich Farbe.

Die Abwärtsleitung der in den Blättern gebildeten Assimilate, Stärkestoffe, die aus Luft, Kohlensäure und Zucker gebildet werden, übernehmen die sogenannten Siebröhren. Ihre Quer-

Die Kanzelbuche (Fagus sylvatica var. suentelensis) im Stromberggebiet an der Straße zwischen Häfnerhaslach und Sternenfels. Leider befindet sich dieses Naturdenkmal im Sterben, die Krone fällt auseinander.

wände sind siebartig durchlöchert, und durch dieses in der Regel nur während einer Vegetationsperiode aktive Porensystem fließt der Assimilatenstrom mit einer Geschwindigkeit von einigen Dezimetern in der Stunde abwärts. Bevorzugt beliefert werden die Stellen des stärksten Verbrauchs. Bei einem Baumstamm, der etwa vom Wind einseitig beansprucht wird, entsteht auf diese Weise Zug- bzw. Druckholz.

Ein besonderer Baum: die Süntelbuche

Infolge einer Erbmassenänderung gibt es besonders in Mitteleuropa auch rotblättrige Exemplare. Diese sogenannten Blutbuchen gelten als die größten roten Pflanzen der Erde. Bei den Blättern dieser Bäume ist, ähnlich wie bei der Bluthasel, das Chlorophylgrün mit rotem Farbstoff (Anthozyan) überlagert. Etwa halbwegs zwischen Häfnerhaslach und Sternenfels fällt südlich der Straße bei der Kreisgrenze ein großer, verkrüppelter Baum auf, der sich bei näherer Betrachtung als Rotbuche entpuppt und Kanzelbuche genannt wird. Der knickwüchsige bis schlangenförmige Wuchs ist nicht durch äußere Einflüsse bedingt, wie etwa Wind und Wetter, Krankheit, Tierfraß usw., sondern ist, wie sich anhand von Absaatversuchen nachweisen läßt, erblich bedingt (Halla 1972, S. 106, und Hockenjoos 1978, S. 62). Es handelt sich um eine Änderung des Erbgutes, Mutation genannt, mit der dendrologischen Bezeichnung *Fagus sylvatica var. suentelensis*. Die Bezeichnung Süntelbuche rührt daher, daß bis zur Mitte des vorigen Jahrhunderts ein über 200 ha umfassender Bestand derartiger Gespensterbuchen an einem Ausläufer des Süntelgebirges, etwa 50 km südwestlich von Hannover, stand. 1848 wurde der Wald als wertloses Teufelsholz vollständig gerodet und verbrannt.

Die Süntelbuche ist nach Lange (1977, S. 21) ein absoluter Fremdbestäuber. Will man die Süntelbuche der Nachwelt erhalten, so muß wieder eine Heim- und Lebensstätte in einem genügend großen Bestand geschaffen werden. Es genügt daher nicht, Pfropflinge von ein und demselben Baum auszupflanzen. Derartige Abarten kommen vermutlich des öfteren vor, jedoch wird diese gewunden wachsende Form von der normalen, ge-

Blick ins winterkahle Geäst der Kanzelbuche.

streckt wachsenden Rotbuche über-flügelt und unterdrückt. Hinzu kommt, daß derartige Wuchsformen meist schon früh den forstlichen Pflegemaßnahmen zum Opfer fallen. Im Schwäbischen Baumbuch von 1911 ist das Alter der Kanzelbuche mit etwa 200 Jahren angegeben. Es wird dort weiter erwähnt, daß der Baum bereits König Friedrich aufge-fallen sei, der dann die Erhaltung dieser Renkbuche veranlaßt haben soll. Heute weist der Baum, von dem nur noch ein Ast in die Höhe ragt, schwere Schäden, vor allem durch Pilze, auf. Eines der bekanntesten Naturdenkmäler im Stromberg droht zu sterben. Das staatliche Forstamt Maulbronn hat in dankenswerter Weise neben der Kanzelbuche zwei Pfropflinge gepflanzt. Einen im Nor-den 1975 und einen im Süden 1992. Allerdings sind beide Pfropfreiser von der alten Kanzelbuche.

Einem Aktenvermerk der Stadt Maulbronn vom 12.05.1992 entnehme ich, daß die Familie Freiherr von Münchhausen ihren Bräuten, welche nach anderen Orten heirateten, eine Sün-telbuche als Brautgeschenk mitgegeben hat.

Dendrologische Besonderheiten sind auch die etwa 800 dreh-wüchsigen Rotbuchen im „Forêt National de Verzy" (Champag-ne). „Die Buchen aus Verzy zeichnen sich durch stark abwärts gewundene, im Querschnitt halbrunde und dadurch vielfach spiralig gewundene Zweige aus." Von der Süntelbuche unter-scheidet sich der Gespensterbuchenwald von Verzy durch sei-nen schwächeren und niedrigeren Wuchs. Viele alte Exemplare erreichen kaum drei Meter Höhe und nur selten wird ein durch-gehender Leittrieb gebildet (Jablonski 2001, S. 22).

Von der Buche zum Buch

Die Bezeichnung Rotbuche verweist auf das weißlich-rötliche Holz im Gegensatz zu dem der Weißbuche, deren Holz mehr grau bzw. gelblich-weiß ist.

In der Sprachwissenschaft spielt der Begriff Buche eine wichtige Rolle, weil das Wort im ganzen indogermanischen Sprachbereich verbreitet war. Es fällt dabei auf, daß etwa östlich der Linie Königsberg–Krim die Bezeichnung Buche für andere Baumarten verwendet wurde. Dies, so nahm man an, weil dort zwar der Name Buche, aber nicht der nur weiter im Westen gedeihende, dazugehörige Baum bekannt war. Wenn allerdings, wovon auszugehen ist, das Herkunftsgebiet der Buche Zentralasien ist, würde dies die Sprachwissenschaft widerlegen.

Obwohl die Rotbuche im alten Griechenland nicht heimisch war, kannte sie der griechische Philosoph Theophrastos (370 bis 287 v. Chr.) bereits unter dem Namen *oxya*. Römische Autoren bezeichneten sie mit *fagus*.

Das deutsche Wort Buch verdankt seine Entstehung diesem Baum. Es bezeichnet ursprünglich die zusammengehefteten Buchenholztafeln, auf denen man – wohl nach dem Vorbild der römischen Wachstäfelchen – schrieb.

Die alten, meist sehr großen und dicken Bücher, hatten vielfach einen festen Ledereinband und wurden auf der Schnittseite zusätzlich mit Scharnieren bzw. Riemen zusammengehalten. Wollte man in einem solchen Werk lesen, mußte man das schwere Buch unter einer gewissen Kraftanwendung „aufschlagen", d. h. mit dem Rücken fest auf den Tisch schlagen, um so den kräftigen Einband auseinanderzuklappen.

In früheren Zeiten war die Buche bei uns noch stärker verbreitet als heute. Dies wird auch dadurch deutlich, daß kein Baum so häufig in Ortsnamen Eingang gefunden hat. Nach einer Zusammenstellung von E. v. Bergs (1871) kommt sie in den deutschen Ortsnamen 1567 mal vor, die Eiche 1467 mal. Auffällig ist jedoch, daß in den buchenreichsten Gebieten die Buchennamen seltener sind. Ein Baum kann eben nicht als Ortscharakterisierung dienen, wenn er weithin die Landschaft beherrscht.

Die alte Warnung bei Gewittern „Vor den Eichen mußt du weichen, doch die Buchen mußt du suchen" ist nur insofern

Echter Zunderschwamm (Fomes fomentarius) an einer Rotbuche. Es handelt sich um einen zu den Porlingen gehörenden, mehrjährigen Ständerpilz, aufgenommen in den Berghängen des Großen Priel im südlichen Oberösterreich.

Ein angeschnittener Zunderschwamm. Die obere wellig aussehende Masse ist hart und muß ebenso wie die helle Röhrenschicht unten bei der Zunderschwammgewinnung entfernt werden.

richtig, als die Buche seltener wie die Eiche vom Blitz zerfetzt wird, was wohl damit zusammenhängt, daß die Rinde der Buche schneller vom Gewitterregen benetzt wird. Dies fördert die Außenableitung des Blitzes und Blitzschäden sind an der Buche dann nicht so auffällig wie an vielen anderen Bäumen.

„Zunder geben"

Feuer zu erzeugen war in der Vorzeit eine recht mühsame Angelegenheit. Beschwerlich war das Reiben zweier Hölzer, bis Glut entstand. Etwas eleganter ist dann schon das Funkenschlagen, mit dem man Zunder zum Glühen brachte. Dafür benutzte man den Zunderschwamm (*Fomes fomentarius*). Dieser Porling wächst vorwiegend an Rotbuchenholz. Er befällt seine Wirtsbäume, solange sie noch leben, doch muß der Baum bereits geschädigt sein. Gesunde Bäume – neben der Buche kommen auch Birken in Frage – kann der Pilz nicht befallen. Er bildet Fruchtkörper, die halbkreisförmig waagerecht aus dem Stamm herauswachsen und einen Durchmesser bis etwa 40 cm sowie ein Alter von etwa 17 Jahren erreichen (Halla 1972, S. 96).

„Ötzi", der 1991 im Bereich des Hauslabjoches an der Grenze zwischen Süd- und Nordtirol gefundene Mann aus dem Eis, der in der Kupferzeit etwa um 5200 v. Chr. lebte, trug in seiner Riementasche zwei Zunderschwämme bei sich (Spindler 1992, S. 37).

Zur Herstellung des Zunders wurden bei den Fruchtkörpern zunächst die harte, rindenartige Haut und die unteren weißen Röhrenschichten entfernt. Anschließend legte man den Rest mehrere Wochen in eine Lauge aus Wasser, Pottasche und Salpeter. Wieder getrocknet, wurde der Schwamm mit Holzkeulenschlägen so lange bearbeitet, bis aus der festen, rostbraunen Substanz eine lockere, filzartige Masse – eben der Zunder – entstand. Hatte mein Vater, etwa von einem erfolgreichen Jagdgast, eine hervorragende Zigarre bekommen, so durfte deren Duft nicht durch die Chemie eines Zündholzes beeinträchtigt werden. Mit Hilfe von Feuersteinen schlug er Funken, die, sobald sie auf dem zwei bis drei Millimeter dicken Zunderfleck gelandet waren, sofort geblasen wurden, um die glimmende Fläche zu vergrößern, an der dann die Zigarre entzündet wurde. Unter Feuerstein oder Flint versteht man ein hartes Kieselgestein aus Chalcedon, einer Quarzart mit beigemengtem Opal. Da dieser Stein leicht zu schaftkantigen Stücken zersplittert, wurde er von den Steinzeitmenschen zu Werkzeugen und Waffen verarbeitet. Anfang der dreißiger Jahre war am Realgymnasium in Riedlingen mein Zeichenlehrer der später in Bietigheim arbeitende Kunstmaler Richard Hohly. Bei ihm mußten wir zum Radieren beim Zeichnen mit Holzkohle stets ein Stück Zunder im Schreibmäppchen haben. Mein Vater benutzte Zunder auch als blutungsstillende Wundauflage, etwa wenn er sich bei der Rasur, damals noch mit dem Messer, geschnitten hatte. Aus den Zunderabfällen wurde das sogenannte Schwammpapier geschöpft, das auch einen guten Docht für Petroleumlampen lieferte. „Die größeren der geklopften und gewalzten, lederartigen Zunderflecke verwendete man zur Herstellung von Mützen und Hüten (Zunderhytl), aber auch Westen, Handschuhe und Hosen wurden daraus gefertigt" (Schmid und Helfer 1995, S. 52). Die an der Nutzung und Verarbeitung des Zunderschwammes interessierten Kürschner, denen es darauf ankam, die Fruchtkörper möglichst groß werden zu lassen, pachteten oft vom Schwamm befallene Baumbestände. Besonders im Bayerischen Wald taucht so der Tobaco-Schwammschnitt in manch alter Urkunde auf. Die befallenen Bäume blieben dann meist stehen, bis der Pilz sein Zerstörungswerk vollendet hatte. Man mag es heute kaum mehr glauben, daß noch im vorigen Jahrhundert die Fruchtkörper des Zunderschwammes in manchen Gegenden höher bewertet wurden als das Holz, das sie zerstörten. Holz vom Hauptwirtsbaum des echten Zunderschwammes fand allerdings in damaliger Zeit fast nur als Brennholz und für die Köhlerei Verwendung.

Grillkohle aus Buchenholz

Unter Köhlerei versteht man das Verschwelen von Holz zu Kohle in einem Meiler. In diesem wird bei beschränktem Luftzutritt ein Teil der Stoffe des Holzes reduziert, Zellstoff und Lignin werden langsam ausgebrannt und der Rest in Kohle übergeführt. Die Ausbeute an Holzkohle beträgt bei Nadelholz 20 bis 26%, bei Buchenholz 20 bis 22% des Gewichts (Schoch 1994, S. 93). Die Verkohlung bei etwa 400° C im mit Erde überdeckten Meiler dauert etwa 14 Tage.

Die Metallverarbeitung spielte, wenn auch in bescheidenem Umfang, bereits seit dem Ende der Jungsteinzeit und in der folgenden Bronzezeit eine Rolle, wobei anfangs vor allem Kupfer und Gold, später auch Zinn, Blei und Silber verarbeitet wurden. Einen großen Aufschwung nahm die Verwendung von Metallen mit der Entdeckung und Ausbeutung der einheimischen Eisenlagerstätten. Die bedeutendsten Erzvorkommen liegen in Südwestdeutschland auf der Schwäbischen Alb und am westlichen Schwarzwaldrand (Bohnerze und Doggererze) sowie innerhalb des Schwarzwalds (Gangerze).

Die Produktion von Holzkohle war seit dem Beginn der Metallzeiten eine wesentliche Voraussetzung zur Verhüttung der Erze. So glaubt Professor Reim vom baden-württembergischen Denkmalamt, auf der Schwäbischen Alb bei St. Johann die ältesten bisher bekannten Eisenverhüttungsplätze nördlich der Alpen gefunden zu haben. Es handelt sich um acht Schmelzöfen aus dem 7./6. vorchristlichen Jahrhundert, die mit Holzkohle befeuert wurden.

Ihr Vorteil gegenüber einfachem Brennholz war, daß 50% des Volumens und 25% des Gewichts bei einem Kohlenstoffanteil von 80 – 82% die doppelte Heizleistung erbrachten. Für das Schmelzen von einer Tonne Eisen benötigte man 25 Tonnen Holz! Heute könnten mit dem gesamten Holzeinschlag eines Jahres in der alten Bundesrepublik lediglich etwa 1,6% der 1966 in Westdeutschland produzierten Eisenmenge gewonnen werden (Halla 1972, S. 97). Braun- und Steinkohle haben die Holzkohle längst verdrängt. Sie wird heute hauptsächlich noch zum Grillen benutzt.

In dem mir einst anvertrauten Hofkammerforstamt Bietigheim konnte ich noch vielfach anhand von Kohleresten frühere Meilerplatten nachweisen. Es sind dies ebene, kreisrunde Plätze mit schwarzer Erde, die Kohlenreste enthält. Im Strombergbereich, Distrikt Bromberg, gibt es noch heute die Abteilung 5, Kohlplattenteich.

Zu einem wertvollen Rohstoff wurde Rotbuchenholz in den letzten Kriegsjahren, als es nur noch wenig Benzin und Dieselöl gab. Viele Fahrzeuge wurden daher mit Holzgasgeneratoren ausgerüstet. Diese schlanken, aufrechten Öfen mußten mit kleineren Buchenholzstücken befüllt werden. Unten wurde das Holz zur Glut gebracht, wodurch sich bei verminderter Luftzufuhr Kohlenmonoxidgas (CO) entwickelte. Durch ebenfalls auf dem Fahrzeug montierte Reinigungsbatterien und Feinfilter wurde das Gas gesäubert. Der Kraftwagenmotor unterhielt den Gasstrom, indem er ihn durch die ganze Anlage saugte. Cirka 2,5 kg trockenes Holz ersetzten etwa einen Liter Benzin.

Wertvolle Asche

Im 18. und bis in die Mitte des 19. Jahrhunderts war das Aschenbrennen bzw. das Pottaschen-Topfaschen-Sieden ein wichtiges Gewerbe, das vor allem in den Wäldern angesiedelt war. Meine Heimatstadt Bietigheim-Bissingen registriert in ihren Akten noch 1859 einen Gewerbebetrieb Pottaschensiederei. Benötigt wurde dieses Erzeugnis für die Seifen- und Glasfabrikation, aber auch als Wasch- und Reinigungsmittel im Haushalt. Nach Godet (1987, S. 39) verwendeten schon die Gallier Buchenasche zur Herstellung von Seife.

Als man in meinem Elternhaus noch keine Kohle hatte, wurde die Holzasche der Öfen gesammelt und in einem größeren Eimer mit heißem Wasser übergossen. Nach einiger Stehzeit hatte sich die Asche abgesetzt, und das Wasser konnte abgeschüttet werden. Die entstandene Aschenlauge benützte meine Mutter zum Reinigen der Bretterfußböden.

Ein gewaltiger Buchenkrebs, der schon mehr als die Hälfte des Stammes umfaßt. Vor einigen Jahren habe ich mir eine solche Wucherung für eine massive Tischplatte aufsägen lassen, es waren jedoch zu viele Borkenteile im Holz eingesprengt.

Bei der Glasherstellung gilt Pottasche, Kaliumcarbonat, K_2CO_3 heute noch als sogenanntes Flußmittel. Es wird dem Hauptrohstoff Quarz beigemischt und bewirkt eine Herabsetzung des Schmelzpunktes von 1800°C auf 1200°C (Schoch 1994, S. 135). So konnten die Schmelzöfen auf niedrige Temperaturen ausgelegt und Brennholz bzw. Holzkohle eingespart werden. Wegen des großen Holzbedarfs wurde das Glasmachergewerbe meist in unerschlossenen Waldgebieten angesiedelt. Dort wurde dann großflächig gerodet und später Weide- und Ackerland erschlossen.

Da das Holz der Laubbäume mehr Kaliumverbindungen enthält als das der Nadelbäume, wurde vor allem die Hauptbaumart Buche für das Aschenbrennen verwendet. Dies geschah entweder im Freien auf Haufen, in Gruben oder in Aschenöfen. Die Asche wurde dann ausgelaugt und in eisernen Potten (niederdeutsch), Pfannen oder Kesseln wieder eingedickt. Abschließend wurde die rohe Pottasche, um sie vollends zu entwässern und von unerwünschten Nebenstoffen, z.B. Kohleresten, zu säubern, in sogenannten Kalzinieröfen stark erhitzt. Die fertige und erkaltete weiße Pottasche mußte ihrer wasseranziehenden Eigenschaft wegen rasch in dicht schließende Fässer verpackt werden. Später wurde die Pottasche von bergmännisch geförderten Kalisalzen verdrängt. Meine ersten Jugendjahre verbrachte ich auf dem Steinbuckl, einem einzelnen Fürstlich Thurn und Taxis'schen Forsthaus im Bayerischen Wald, nordöstlich der Walhalla bei Regensburg. Ganz in der Nähe liegt Aschenbrenner Marter, die ausgedehnte Jagdhüttenanlage des Fürstenhauses Thurn und Taxis, wo anläßlich einer Hofjagd 1988 der ehemalige Ministerpräsident von Bayern, Franz Josef Strauß, tödlich zusammenbrach.

Bereits mein Großvater war als Forstmann etwa ab 1875 ein Vierteljahrhundert auf der Marter. Er soll ein strenges und selbstbewußtes Regiment geführt haben und ging daher als die „Wampete Herrlichkeit" in unsere Familiengeschichte ein.

Zur Zeit meines Vaters wurde an fürstlichen Jagdtagen auf der Marter bei Fackelschein Strecke gelegt und das erlegte Wild verblasen. Für mich war es immer ein großes Erlebnis, wenn ich mit meinem Vater auf seinem Fahrrad des Nachts im Schein des Karbidlichtes mit zur Strecke auf die Aschenbrenner Marter fahren durfte. Voraus ging immer eine energische Ermahnung, daß ich nie wieder mit dürfe, wenn ich mich nicht hinter dem Jagdmantel meines Vaters mucksmäuschenstill verhalten würde.

Mit der Herkunft des eigenartigen Wortes Aschenbrenner Marter konnte ich damals noch nichts anfangen, aber es liegt auf der Hand, daß es mit der Herstellung von Pottasche zusammenhängt.

Streunutzung

Im Mittelalter war bei uns die Streunutzung noch so gut wie unbekannt (Halla 1972, S. 94). Der Weidebetrieb in den Wäldern war üblich, der Körnerbau überwog den Anbau der Hackfrüchte, und man fütterte wohl viel weniger Vieh während des Winters im Stall, so daß das in der Wirtschaft erzeugte Stroh noch zum Streuen ausgereicht haben mag. Der Anbau von Futtergewächsen und die Verbesserung der Wiesen gestatteten allmählich immer mehr Stallhaltung. Die Fütterung im Stall erleichterte zwar den Verzicht auf die Waldweide, vermehrte aber das Bedürfnis nach Einstreumitteln. So wurde es üblich, im Wald die Laubstreu abzurechen. Bis zu vier Tonnen trockene Laubstreu kamen pro Hektar zusammen. Dadurch wurde allerdings dem Boden Humus entzogen, der als Stickstoffquelle und als Wasserspeicher dient. Zugleich wird die schädliche Auswaschung von Nährstoffen in den Untergrund gefördert und der Boden dadurch in seinem physikalischen Zustand verschlechtert. Vor allem den Regenwürmern, die die Streu in Humus umwandeln und dadurch für die Bodenqualität entscheidend sind, wird durch das Entfernen der Laubdecke die Lebensgrundlage entzogen.

Weil sich aber, genauso wie heute, bei vielen Eingriffen des Menschen in seine Mitwelt, die schlimmen Folgen nicht sofort bemerkbar machen, wurde lange die Gefährlichkeit für Boden und Wald nicht erkannt. Trotz des württembergischen Gesetzes vom 26. 03. 1873 über die Ablösung der auf Waldungen haftenden Weide-, Gräserei- und Streurechte dauerte es bis in die Zeit des Zweiten Weltkrieges, bis die letzten Streunutzungsrechte vollends liquidiert waren.

Biegsam, aber zäh

In Frankreich und Deutschland werden in verschiedenen Gebieten, etwa im Hohen Venn südlich von Aachen, als Schutz gegen Stürme auf der Westseite der Häuser hohe grüne Buchenwände gezogen. Dazu wird die Rotbuche und nicht, wie häufig gesagt wird, die Hainbuche (*Carpinus betulus*) verwendet.
Der Schreiner Michael Thonet hat um 1830 in dem rheinischen Städtchen Boppard den Bugholzstuhl entwickelt. Bis dahin mußten alle gebogenen Stuhlteile, die geschweiften Kopfschwingen, die gekurvten Beine und Armstützen aus vollem Holz herausgesägt werden, wobei oft die natürliche Faser des Holzes durchschnitten wurde und der Holzverbrauch enorm groß war.
Sein Verfahren hat Thonet in Wien, wohin er 1842 auf Veranlassung von Fürst Metternich übersiedelt war, vervollkommnet und damit die Grundlage zur industriellen Massenproduktion von Stühlen geschaffen. 1851 gründete Thonet die erste Bugholzmöbelfabrik im mährischen Koritschan und entwickelte Spezialmaschinen zum Biegen von Rotbuchen-Massivholz, heute in vielen Bereichen eine nicht mehr wegzudenkende Methode.
„Wenn Rotbuchenholz der Einwirkung von überhitztem Wasserdampf ausgesetzt wird, verliert es seine ursprüngliche Festigkeit und kann gebogen werden. Beim Erkalten behalten die Hölzer die ihnen im Wasserdampf gegebene Form, ohne ihre ursprüngliche Zähigkeit und Elastizität zu verlieren. Der Stuhl konnte auch in seine Teile zerlegt, transportiert und vom Käufer

Charakteristisch im Hohen Venn und im Monschauer Land sind die bis zu 6 m hohen Haushecken mit Rotbuchen. Sie entstanden nach der einstigen Rodung der Hochflächen und bieten den Bewohnern Schutz vor Wind und Schlagregen. (Foto: G. Ruge)

Über 50 Millionen mal wurde dieser berühmte Bugholzstuhl aus Buchenholz der Firma Thonet hergestellt. (Foto: Thonet)

ohne besondere Fachkenntnisse montiert werden. Es entstanden die ersten Paketmöbel" (Eckstein 1977, S. 32).

In Koretschan ist 1859 als billige Konsumsorte auch das Stuhlmodell Nr. 14, der spätere leichte Kaffeehausstuhl, entstanden. Dieses Modell wurde bis 1930 in unveränderter Form gebaut und erreichte eine Auflage von über 50 Millionen. Es war der meist gebaute Stuhl der Welt und Inbegriff des modernen Massenkonsumartikels sowie eines der gelungensten Industrieprodukte des 19. Jahrhunderts. Unter Kennern und Sammlern ist dieses Modell heute noch sehr begehrt. Achtzehn Jahre nach dem Tod des Firmengründers Michael Thonet errichten die fünf Brüder 1889 im nordhessischen Frankenberg (Eder), dem heutigen Hauptsitz des Unternehmens, ihre erste Fabrik in Deutschland. 1960 wurde der „Stuhl der Stühle", der Bugholzstuhl Nr. 14, von den Gebrüdern Thonet wieder ins Programm aufgenommen.

Die Beringte Rotbuche

„Die Rotbuche Fagus sylvatica ist unter den heimischen Gehölzen diejenige Baumart, bei der die häufigsten Modifikationen gefunden und ausgelesen wurden, welche sich im abgeänderten Kronenhabitus und besonders zahlreich in den Blattveränderungen äußern" (Böhlmann 1999, S. 16).

Eine interessante, mit Ringen geschmückte Rotbuche, *Fagus sylvatica* var. *anulata Halla,* wie ich sie nenne, steht im Hofkammerdistrikt Gerberloh, Abteilung 3, Hügelgräber, in der Nähe von Schloß Liebenstein, Kreis Heilbronn.

Standort: Buchen-Eichenwald auf Feinlehm, mäßig frische bis grundfrische Flachlagen, Parabraunerde, örtlich im Unterboden gering pseudovergleyt. Brusthöhendurchmesser: 37 cm.

Der Stamm zeigt sehr auffällige, ziemlich gleichmäßige Ringe, die an einen Baumkuchen erinnern. 1967 schickte ich Fotos dieser Anulatabuche an Prof. Knigge, Direktor des Instituts für Forstbenutzung der Forstlichen Fakultät Göttingen. Die Antwort: „Zwar neigt die Rotbuche nicht selten zu Spannrückigkeit und der Ausprägung des sogenannten Wimmerwuchses, doch treten dabei selten so deutliche Rindenstauchungen auf, wie sie auf den Bildern ersichtlich werden. Es handelt sich daher um einen Sonderfall, der – ähnlich wie der Wimmerwuchs der Buche – wahrscheinlich durch eine Sprungmutation bedingt ist."

Im Kronenbereich ist die Ringelung nicht mehr so deutlich ausgeprägt. Etwa 13 Meter in westlicher Richtung fand ich eine inzwischen abgestorbene unterständige Buchenstange mit 15 cm Brusthöhendurchmesser, die, stark abgeschwächt, eine ähnliche Stammausformung zeigt.

Bei einem dritten Exemplar mit einen Brusthöhendurchmesser von 39 cm, das ca. 50 Meter südwestlich steht, sind

*Diese mit Ringen geschmückte Rotbuche steht im Wald nahe Schloß Lieben-
stein im Kreis Heilbronn und wurde 1967 fotografiert. Die ringförmigen Wucherungen werden in der oberen Stammhälfte seltener, und die Äste weisen
nur vereinzelt solche Stauchungen auf.*

Diese Ringbuche wurde 1967 und 1997 (rechts) aufgenommen. Man kann erkennen, daß die Stammoberfläche insgesamt unruhiger geworden ist.

die Ringe wulstartig angelegt und gehen nur teilweise um den ganzen Stamm herum.

Sogenannte Rippelbuchen sind in der Literatur bekannt und auch fast in jedem Revier zu finden. „Als Ursache für die Rippelbildung vermutet man Faserverstauchungen und Faserverletzungen im Buchenstamm, die durch den Druck der Kronenausschläge bei starkem Wind entstehen. Diese Verletzungen betreffen die Leeseite des sich biegenden Stammes, weil die an der Luvseite beanspruchte Zugfestigkeit mehr als das Doppelte so groß ist wie die an der Leeseite belastete Druckfestigkeit" (Eberle 1977, S. 52). Diese Rippel bilden sich also ausschließlich auf der windabgewandten Seite des Stammes. Bei der von mir beschriebenen Buche gehen dagegen die Ringe um den ganzen Stamm herum.

Ein Kennzeichen der Rippelbuchen ist die Gleichmäßigkeit der Rippelabstände. Bei der Buche im Hofkammerwald ist

259

*Eine abgestorbene Ringbuche (Hofkammer-
distrikt Gerberloh, Abteilung 3, Baum 2) mit
einem Brusthöhendurchmesser von 15 cm
und abgeschwächter Wulstbildung.*

*Diese Ringbuche (Baum 3) hat wulstartig an-
gelegte Ringe, die nur teilweise um den Stamm
herumgehen. Ihr Brusthöhendurchmesser beträgt 39 cm.*

dies nicht der Fall. Die Wulstabstände im zweiten Meter über
dem Boden liegen durchschnittlich bei 6 cm und schwanken
zwischen 3 und 10 cm. Die Einsenkung zwischen den Wülsten liegt im Durchschnitt bei 1 cm und schwankt zwischen
0,6 und 2,0 cm.

Die sich im Zwischenstand befindliche Krone dieser Rotbuche hat einen schlangenförmigen Wuchs und ist stark
nach Osten geneigt. Um einen Bruch des Gipfels zu verhindern, wäre es in Anbetracht der botanischen Bedeutung einer solchen sprunghaften Erbänderung, von der ich zunächst ausgehe, wünschenswert, die exzentrische Krone
etwas zurückzunehmen. Gleichzeitig könnten dabei Reiser
gewonnen werden für Pfropfungen, um eine Aussage über
das Erbgut zu erhalten. Solche Pfropfungen mit Reisern der
Anulatabuche wurden 1999 in dankenswerter Weise von der

Rippelbildung einer Rotbuche, auch Wasch-brettbildung genannt, die vermutlich durch Faserstauchungen auf der windabgewandten Seite (Leeseite) entsteht. (Foto: I. Möllenkamp)

forstlichen Versuchs- und Forschungsanstalt Baden-Württemberg, Abteilung Botanik und Standortskunde, Freiburg sowie von Gisela und Gerhard Dönig, Arboretum Altdorf bei Nürnberg durchgeführt.

Interessant wäre auch eine Bucheckernabsaat von diesem Baum. Da die Rotbuche zu den Windblütlern gehört, ist allerdings zu berücksichtigen, daß diese Anulata mit Blütenstaub von Bäumen, die ein normales Erscheinungsbild (Phänotyp) zeigen, befruchtet wird.

Erlkönigs Baum

Roterle, Schwarzerle, Eller, Else
Alnus glutinósa (L.) GAERTN.
Familie Birkengewächse

Die Erle, wie auch Hasel und Birke, gehören zu den Wind-bestäubern. Sie blühen bereits im März/April vor dem Laubausbruch. Der eiweißreiche Blütenstaub dient den Honig-bienen im Frühjahr als Pollentracht. Die Insekten verursachen beim Besuch der offenen männlichen Kätzchen ein Ausstäuben und fördern so die Befruchtung der weiblichen Blüten. Für Wildbienen, die erst recht spät erwachen, haben diese drei Baumarten keine Bedeutung.

Das Rückzugsgebiet der Roterlen in den Eiszeiten ist in den Mittelmeerländern und an deren Nordrand zu suchen (Hegi 1957, Band III/1, S. 176). Der Name Erle, Erila erscheint nicht nur in germanischen Sprachen, sondern auch in denen der Nachbarn wie Kelten, Slawen und Italiker. In einer ganzen Reihe unserer Orts- und Flurnamen steckt der Name dieses Baumes, z.B. Erlenbach, Erlangen, Erlenmoos usw.

Es fällt auf, daß die Schwarzerle, ähnlich wie Esche und Robinie, im Herbst ihre Blätter grün, d. h. ohne Verfärbung, zu Boden fallen läßt.

Neben einigen Weidenarten erträgt die Roterle von allen einheimischen Laubbäumen das höchste Maß an Bodennässe. Erlenbrüche in großer Ausdehnung findet man hauptsächlich im norddeutschen Tiefland.

Die Eigenschaft, am Boden abgehauen vom Stock wieder ausschlagen zu können, bedingt in den Erlenbrüchen die Ausbildung starker, über den Boden sich erhebender Stöcke, zwischen denen sich die Stelzenwurzeln der erstarkten, selbständig gewordenen jungen Bäume in den Boden senken.

Der Waldflächenanteil in Baden-Würtemberg liegt heute bei 0,8%. Das größte zusammenhängende Roterlengebiet in Deutschland ist der berühmte Spreewald in Brandenburg mit über 1000 ha. Die Bezeichnungen Rot- und Schwarzerle sind abgeleitet von der kräftigen orangeroten Färbung des frisch

Eine natürliche Waldgesellschaft, Schwarzerlenbruchwald in der Neckarschlinge von Lauffen, die der Fluß vor 6000 Jahren verlassen hat und 1824 anläßlich eines ungeheueren Hochwassers zum letzten Mal durchströmte.

Die männlichen Blütenkätzchen werden wie die weiblichen im Sommer angelegt, überwintern und stehen dann im Frühjahr zu mehreren am Ende der jungen Triebe; nach unten folgen die weiblichen. Die Vorjährigen sind im Hintergrund noch zu sehen.

gefällten Holzes und der dunklen schwarzrissigen Tafelborke. Der lateinische Name *glutinosa,* klebrig, beruht darauf, daß die gestielten Seitenknospen anfangs klebrig sind.
Ähnlich wie die Schmetterlingsblütler (siehe Robinie, S. 234) kann die Erle mit Hilfe eines Knöllchen bildenden Strahlenpilzes, in Symbiose mit ihren Wurzeln, sowohl den freien Luftstickstoff als auch Stickstoffverbindungen im Wasser binden und direkt verwerten. Um letzteres zu erreichen, wächst ein Teil des Wurzelwerks auch ins freie Wasser und entnimmt diesem die dort oft überreich

263

vorhandenen Nährstoffe. Das dichte Wurzelgeflecht im Wasser bietet dann einen hervorragenden Lebensraum für Jungfische und sonstige kleinere Wassertiere.

Auf der Mutzighütte im Stromberg, wo ich während meiner Dienstzeit viele schöne Tage mit der Familie verbringen durfte, hatten wir unmittelbar neben der Hütte in einem Hang mit Buntem Keupermergel eine in Stein gefaßte und abgedeckte Quelle. Für die Wurzeln der danebenstehenden Erlen war dies ein Anziehungspunkt. Unter den veränderten Lebensbedingungen bildeten diese in der Wasserfassung dichte, roßschweifartige Wurzelgeflechte, sogenannte Wurzelzöpfe, die teilweise zu einer gänzlichen Verstopfung der Abflußrohre führten. Infolge des raschen Wurzelwachstums war es recht mühsam, in dem kalten Quellwasser diese Zöpfe wieder aus den Rohren zu ziehen.

Holzschuhe und Mundharmonika

Von dem römischen Schriftsteller und Naturwissenschaftler Gajus Plinius, der im Jahre 79 v. Chr. beim Ausbruch des Vesuvs ums Leben kam, ist überliefert, daß er feinste Erlenholztäfelchen benutzte und sie mit Tinte beschriftete. Er ordnete damit die Daten für seine heute noch erhaltene „Naturgeschichte" in 37 Bänden, die etwa 34000 Stichworte umfaßt. Der Vorläufer unserer Kartei ist also die „Holzei" oder „Erlei".

Die Schwarzerle mit einem spezifischen Gewicht von 0,53 g/ccm ist ein Splintholzbaum. Frisch geschlagen hat das Holz eine durchgehend gleiche, weiß-rötliche Farbe, die recht bald unter der Einwirkung des Lichtes gelb bis blutrot wird. Da das Holz keine größeren Mengen an Fettstoffen enthält, läßt es sich sehr gut beizen. Früher wurde es deshalb oft zur Imitation von Mahagoniholz verwendet.

Die allgemein große Haltbarkeit des Erlenholzes unter Wasser, wo es schwarz und gleichzeitig auch immer härter wird, wußten bereits die jungsteinzeitlichen Bewohner der Pfahlbauten zu schätzen. Die Tragpfähle, die sie vor über 4000 Jahren in die sumpfigen Uferstreifen des Bodensees oder Federsees gerammt haben, bestanden vorwiegend aus Erlenholz. Auch Venedig ist weitgehend auf Erlenholz gebaut.

Die Rötende Tramete (Daedaleopsis confragosa) wächst vorwiegend an noch stehenden, abgestorbenen Roterlenstämmen, aber auch an toten Ästen noch lebender Bäume. Die Variabilität in Form und Farbe ist recht groß.

Ein Merkmal der Gattung Erle sind die traubig gehäuften dauerhaften Zäpfchen, deren Schuppen aus verholzten, mit dem Deckblatt verwachsenen Vorblättern der weiblichen Blüte bestehen. Oben drei noch kleine männliche Blütenanlagen. Unten links, die kleinen Pusteln oder warzenartigen Erhebungen an der Zweigrinde sind Korkwarzen, auch Lentizellen genannt, sie dienen der Sauerstoffzufuhr.

Im Oldenburgischen wird die Erle auch als Holschenboom (Holzschuhbaum) bezeichnet. Seit jedoch Holzschuhe ziemlich aus der Mode gekommen sind, interessieren sich für das Erlenholz vor allem Gießereien, die das Holz zum Herstellen von Formen verwenden, und zuweilen auch Betriebe, die Zigarrenkistchen fertigen. Auch beim Bau von Mund- und Ziehharmonikas wird es eingesetzt, und nicht zuletzt ist es bei Fischräuchereien beliebt. Neuerdings sind auch aus Erle gefertigte Möbel in Mode. Ich selbst habe Krippenfiguren von dem leider schon verstorbenen Schnitzer Werner aus dem Altvatergebirge, der einst in Ochsenbach arbeitete. Er schnitzte mir die Hirten aus Erlenwurzelholz, das ich ihm brachte. Die Köpfe sind nachgedunkelt und haben nun einen sozusagen naturgegerbten, schönen Gesichtsausdruck.

Mit der im Frühling gesammelten Erlenrinde (8 bis 10% Gerbstoffe) wurden einst gelbbraune und mit den im Juli/August gesammelten Blättern grünlich-gelbe Töne beim Naturfärben erzielt.

Im Reich der Elfen

Nach Vergil sind die Erlen verwandelte Töchter des Sonnengottes, Heliaden. Das Wort Erle stammt vom lateinischen Namen *Alnus*. In der altdeutschen Sprache hieß der Baum *elira*, später mit umgestellten Buchstaben *erila*, das sich dann in Erle umwandelte.

Weil die Erle an den Rändern „menschenverschlingender Moore" und an den Ufern „mückengebärender" sumpfiger Gewässer wächst, ist es nicht besonders verwunderlich, daß sie besonders in früheren Jahrhunderten als Baum der bösen Geister, der Hexen und des Teufels betrachtet wurde: Daraus ist wohl der frühere Brauch entstanden, den Gerichtsstab, Zeichen der richterlichen Gewalt und Würde, aus Erlenholz zu fertigen. Nach der Kriminalprozeßordnung, die von Kaiser Karl V. auf dem Reichstag zu Regensburg 1532 unter dem Namen „peinliche Halsgerichtsordnung" als Gesetz angenommen wurde, zerbrach man nach der Verlesung eines Todesurteils den Gerichtsstab über dem Beschuldigten. Daher die heute noch gängige und auf altfränkisches Recht zurückgehende Redewendung „den Stab über jemand brechen". Nach der *Lex salica* zerbrach man vor Gericht über dem Kopf eines aus der Sippe verstoßenen Menschen vier Erlenstäbe und warf die Bruchstücke in verschiedene Richtungen. Damit wurde die vollkommene Lossagung des Betroffenen von der Familie symbolisiert und sein Haus der Wüstung preisgegeben.

Das Erlenholz sei nur deshalb so rot, weil der Teufel seine Großmutter damit verprügelt habe. „Rotes Haar und Erlenloden wachsen nicht auf gutem Boden." In solchen Äußerungen offensichtlich geängstigter Menschen zeigte sich deutlich, daß das Düstere und Unheimliche gerne mit Phantasiegebilden belegt wird. Man tut damit dem nützlichen Pionierbaum Unrecht. Doch nicht immer war die Erle der Baum des Bösen. Damit z.B. trächtige Kühe ihr Junges gut zur Welt bringen können, sollen neun Erlenfruchtzäpfchen verabreicht werden. Dies soll den Geburtsvorgang wesentlich erleichtern und verkürzen (Godet 1987, S. 26). Viele samenfressende Vögel finden auf dem Baum Nahrung, und der Erlenzeisig trägt sogar seinen Namen.

Eingang in die große Literatur fand die Erle aufgrund eines Übersetzungsfehlers, der Herder unterlief und der von Goethe übernommen wurde. Herder übersetzte das dänische ellerkonge (Elfen-König) mit Erlenkönig, und Goethe schuf danach sein berühmtes Erlkönig-Gedicht, das wir alle kennen. „Wer reitet so spät durch Nacht und Wind…"

Giftige Schönheit

Gemeiner Seidelbast, Kellerhals, Läusekraut
Dáphne mezéreum L.
Familie Seidelbastgewächse

Dieser kleine, spärlich verzweigte, bis 1,5 m hohe Strauch gehört zu den schönsten, aber auch zu den giftigsten Pflanzen Mitteleuropas. In den Waldungen von Baden-Württemberg, ausgenommen die Niederung des Rheintals, ist dieser europäisch-westsibirische Strauch mit seinen leuchtend rosaroten, sehr wohlriechenden Frühjahrsblüten zerstreut anzutreffen. Die trichterförmigen Blüten, deren vier Blütenblätter am Grunde zu einer Röhre verwachsen sind, erscheinen bereits Anfang März in reichlicher Zahl an den noch kahlen Zweigen und verbreiten einen würzigen Mandelduft. Der starke Geruch in Verbindung mit einem reichlichen Nektarangebot ist erforderlich, um die in dieser Jahreszeit noch spärlich vorhandenen Insekten zur Bestäubung anzulocken. Die leuchtend scharlachroten, kugeligen Beeren werden von manchen Vögeln, z.B. Rotkehlchen, Drosseln, Bachstelzen usw. gerne verzehrt, die dann die unverdauten Samenkerne, es sind Steinfrüchte, verbreiten. Der Seidelbast steht im Naturschutzgesetz unter den besonders geschützten Arten. Die Seidelbastwurzeln leben, ähnlich wie die Mehrzahl unserer Waldbäume, in enger Beziehung zu Pilzgeweben, den sogenannten Mykorrhizapilzen. Die Wurzeln solcher Pflanzen sind weitgehend umgestaltet. Sie besitzen keine Wurzelhaare, sind dafür aber dicht von einem Pilzgeflechtmantel umgeben. Der Pilz liefert der

Die sehr wohlriechenden, rosaroten Blüten des Seidelbastes stehen meist zu dritt in den Achseln der vorjährigen, abgefallenen Laubblätter.

höheren Pflanze Wasser und Nährsalze, vor allem den in organischem
Substrat gebundenen Stickstoff. Die
Wurzel des Seidelbastes gibt Kohle-
hydrate ab, aus denen der Pilz
Fruchtkörper und Fadengeflecht
aufbaut.

Den lateinischen Gattungsnamen erhielt der Seidelbast nach der Nymphe
Daphne, die vor dem liebestollen
Apollo floh und sich in einen Lorbeer
verwandelte. Das Wort Daphne bedeutet im Griechischen Lorbeer. Es
liegt nahe, daß diese Bezeichnung
den Lorbeerseidelbast (*Daphne lau-
reola*) meint, der in Baden-Württemberg lediglich am Dinkelsberg in
Südbaden gedeiht und immergrün
ist. Der deutsche Name Seidelbast
oder Zeiland ist auf den germanischen Gott Ziu zurückzuführen, dem

*Die erbsengroßen Früchte des Seidelbastes
nehmen im Herbst eine scharlachrote Farbe
an. Es handelt sich um einsamige, fleischige
Steinfrüchte.*

die Pflanze geweiht war. Die alten Germanen nannten den
Strauch Ziolinta.

Die Bezeichnung Bast hat wohl ihren Ursprung in dem wie Seide glänzenden Bastgewebe der Rinde. Dieses wurde nämlich zur
Herstellung von Bindematerial verwendet. Der volkstümliche
Name Kellerhals leitet sich ab von Quälerhals, da die Beeren ein
starkes Brennen und Anschwellen im Rachen bewirken.

Für den Menschen ist der Seidelbast sehr giftig, daher auch die
Bezeichnung *mezereum*, persisch töten. Bereits etwa zehn
Früchte können für Kinder den Tod bedeuten. Beim Aufbringen
zerkleinerter Samenteile auf die gesunde Haut, aber zuweilen
schon beim Abreißen von Seidelbastzweigen, entstehen nach-
folgend Pustel- und Blasenbildungen, die erst nach etwa zwei
Tagen langsam abklingen. In meiner Jugend erzählte man, daß
die Bettler diese blasenziehende Wirkung nutzten, um Mitleid
erregende Wunden vorzeigen zu können. Eine alte Bauernregel
zum Seidelbast besagt: „Fängt er oben an zu blühen, so ist die
erste Gerstensaat die beste, wenn unten, die letzte."

Ein selten gewordener Gast

Speierling, Spierling, Sperbel,
Sperberbaum, Schmerbirne, Zahme Eberesche
Sórbus doméstica L.
Familie Rosengewächse

Ein unscheinbarer, aber sehr reizvoller Baum ist der nur vereinzelt vorkommende Speierling. Der griechische Philosoph Theophrast (370 bis 287 v. Chr.) beschreibt wohl als erster diesen Baum mit seinen meist birnenförmigen Früchten und deren unterschiedlichem Geschmack. Außerdem erwähnt er, daß nicht die Teile des Blattes einzeln abgeworfen werden, sondern immer das gefiederte Blatt als Ganzes.

Etwas später nimmt der römische Staatsmann und Schriftsteller Marcus Porcius Cato Censorius (234 bis 149 v. Chr.) in seinem Werk *De re rustica* auch *sorbum* auf. Damit ist der Name gegeben, der als *sorbus* bis heute Bestand hat. Cato war ein Verfechter altrömischer Einfachheit und Sittenstrenge und bekämpfte mit großer Energie den griechischen Einfluß. Denn schon allein die menschliche Sprache ist ein Stück unverwechselbare Heimat. Ein irisches Sprichwort sagt: „Mißtraue dem Menschen, der sich überall zuhause fühlt". Wo sind heute in unserem Vaterland die Persönlichkeiten, die gegen Verfremdung der Sitten und Sprachpanscherei kämpfen?

Kausch-Blecken von Schmeling (1992, S. 20 und 25) sieht in der handschriftlichen Eintragung des lateinischen Namens *sorbus domestica* in einem Herbarbeleg des italienischen Naturwissenschaftlers U. Aldrovandi, etwa aus der Zeit um 1553, die früheste Fundstelle des Artnamens *domestica*. Das Wort „Speierling" erscheint erstmals gedruckt 1543 in den Kräuterbüchern des Botanikers L. Fuchs/Ausgabe Basel. Das Aussehen ähnelt der Vogelbeere, zu deren Gattung er auch

Noch junge Früchte im Blätterdach des Speierlingbaumes.

Die Borke des Speierlings ähnelt der des Birnbaums. Sie zeigt wie hier häufig einen gewissen Drehwuchs.

gehört. Die Blätter sind wie bei der Vogelbeere unpaarig gefiedert, aber nicht wie bei dieser gleichmäßig gesägt, sondern nur im oberen Drittel und unten ganzrandig. Wesentliche Unterscheidungsmerkmale sind die Früchte und die gröbere, rissige Borke, die mehr der eines Birnbaumes ähnelt. Die wechselständigen Knospen sind, im Gegensatz zur Vogelbeere, nicht behaart, sondern klebrig und braun bis grünbraun gefärbt. Im Mai entfalten sich an den Triebenden die weißen, angenehm duftenden Blüten in wenigblütigen (sechs bis zwölf) breitpyramidalen Rispen.

Die gelben, rotbackigen Früchte sind nur Scheinfrüchte, da der Fruchtknoten lediglich das Kernhaus bildet. Sie sind bei dem einen Baum birnenförmig *(var. Pyrifera)* und beim anderen schwach fünfkantig und apfelförmig *(var. Pomifera)*. In alten Kräuterbüchern werden die ersteren als Weiblein und die apfelförmigen als Männlein bezeichnet (Linck 1938, S. 168). Die reinen Apfelformen findet man recht selten, aber es gibt auch Zwischenformen.

Der Speierling kann mehrere hundert Jahre alt werden und bildet, wenn er von anderen Laubbäumen hochgetrieben wird, durchaus schöne Stämme. Im Weinbauklima von Nordwürttemberg steht im Stadtwald Eppingen, Distrikt Hardtwald, Abteilung 14, Kopfrain, mit 31,5 m Höhe der höchste Speierling Baden-Württembergs.

Im bayerischen Forstamt Bad Kissingen stockt ein Exemplar mit 34,0 m Höhe, gemessen 1999 durch Knörr (Müller-Kroehling und Franz 1999, S. 8). Hinsichtlich der größten Stammstärke wird ein Speierling in Frankfurt-Bonames genannt. Nach Kausch-Blecken von Schmeling hatte dieser 1991 einen Brusthöhendurchmesser von 140 cm.

Der Übergang von der Mittelwaldwirtschaft, die immer wieder lichte Schlagstellungen herbeiführte, zur Hochwaldwirtschaft sowie die zunehmende Einbringung von Nadelbaumarten haben etwa ab Mitte des letzten Jahrhunderts zu einer steten Verdrängung des Speierlings, der eine geringe Konkurrenzkraft hat, geführt. Da er ein langsames Wachstum hat und trotz seines wertvollen Holzes nicht besonders gesucht war, wurde er vernachlässigt, weil man den Blick auf wenige Hauptwirtschaftsbaumarten richtete. Ein Grund, warum man kaum jüngere

Exemplare in den Wäldern findet, ist, daß sich der Speierling von Natur aus schlecht durch Samen vermehrt und sich vorwiegend aus Wurzelbrut und Stockausschlägen erhält. Es ist daher anzuraten, nach Fällen eines Speierlings den Wurzelbereich des alten Baumes durch Einzäunen vor Wildverbiß zu schützen. Die Keimhemmung dieses Frost- und Dunkelkeimers kann man künstlich überwinden, wenn die dunkelbraunen Samenkörner unmittelbar nach der Reife zunächst in ein naßkaltes Torfgemisch (4°C) gelegt, 4 – 6 Wochen in feuchten Sand gebettet und anschließend in Zimmerwärme gebracht werden.

Vor Jahren wurde mir erzählt, daß sich die Wurzeln von verschiedenen Speierlingsindividuen nicht berühren dürfen, da die Pflanzen sich sonst gegenseitig abtöten. Obwohl ich nie so recht daran glauben konnte, habe ich daraufhin vorsorglich Speierlinge in der Pflanzschule nur noch in ganz großen Abständen zwischen andere Pflanzen hinein verschult.

Das heutige Verbreitungsgebiet in Baden-Württemberg umfaßt im wesentlichen den Strom- und Heuchelberg, zieht sich dann nordöstlich bis nach Heilbronn und Weinsberg und springt über Einzelvorkommen in das Taubertal. Das tiefste Vorkommen auf einer Höhe von 230 m ü. N. N. ist nordwestlich von Bietigheim im Löchgauer Tal, Bereich Rossert. Nach Frau Zorica Dierolf aus Löchgau ist es ein hier seltener Apfelspeierling.

Der Bestand an älteren Bäumen ist in Deutschland auf etwa 4 000 Exemplare zurückgegangen. Sie verteilen sich nach Kausch-Blecken von Schmeling (1992, S. 87) auf die Bundesländer wie folgt: 43% Bayern, 24% Baden-Württemberg, 14% Rheinland-Pfalz, 10% Hessen, 5% Nordrhein-Westfalen, 2% Sachsen-Anhalt, 2% Thüringen. Bei Halberstadt erreicht der Speierling die nördlichste Grenze seines natürlichen Verbreitungsgebietes.

„Die deutschen Vorkommen sind nach WILDE während der Steppenperiode von etwa 9 000 bis 8 000 v. Chr. als xerothermes Florenelement aus Südwestfrankreich durch das Rhonetal oder über den Jura eingewandert. WILDE verweist auf das gemeinsame Vorkommen des Speierlings mit einer großen Anzahl anderer mediteraner Arten, die sicher in der Zeit eingewandert sind. Auffällig ist auch die enge Nachbarschaft der Elsbeere, Sorbus torminalis, fast in dem ganzen Verbreitungsgebiet" (Kausch-Blecken von Schmeling 1992, S. 81).

Nach einer mündlich gegebenen Mitteilung von Dr. Peter Rotach, Professur für Waldbau ETH, Zürich, sind 1999 in der Schweiz rund 250 Altbäume bekannt. Aus Österreich wurden mir 381 Individuen genannt, allerdings ausschließlich in den Ostgebieten.

Die Speierlingsbäume stehen im allgemeinen einzeln und weit auseinander. Dies führt u.U. zu einer erhöhten Selbstbefruchtung und damit zu Inzuchtproblemen. „Mangelnde genetische Vielfalt einer Population verringert die Anpassungsfähigkeit gegenüber Veränderungen in ihrer Umwelt. Die Sicherung eines Maximums an genetischer Diversität in möglichst großen Populationen muß daher ein Hauptziel langfristiger Erhaltungsbemühungen sein" (Walter, Kohnert, Janßen 1998, S. 8).

Gutes Holz – schmackhafte Früchte

Das Holz ist birnbaumähnlich, feinfaserig, rotbraun, mit einem zuweilen leicht bläulichen Schimmer. Wegen seiner besonderen Härte und Maßhaltigkeit wurde es früher neben dem Buchsbaum gerne für Brillengestelle verwendet; es eignet sich aber auch für Weinpressenspindeln, Zahnräder, Schrauben, Achsen und Dudelsackpfeifen. Nach der Hainbuche ist es mit einem Gewicht im lufttrockenen Zustand von 0,79 g/ccm (Hegi) das schwerste Holz aus unseren Waldungen.

Die Verwendbarkeit der Speierlingsfrüchte allgemein und in der Medizin ist seit über 2000 Jahren bekannt. Schon der griechische Philosoph und erste Botaniker Theophrastos (um 372 bis 287 v. Chr.) beschreibt den damals bedeutsamen Baum und seine unterschiedlich schmeckenden Früchte. Diese sind sowohl roh als auch gekocht genießbar. Karl der Große hat im Jahre 812 deshalb den Speierling als besonders wertvoll bezeichnet und seinen Anbau empfohlen.

Linck (1938) berichtet, daß die Früchte etwa bis zur Mitte des letzten Jahrhunderts auf dem Stuttgarter

Reife Speierlingsfrüchte. (Foto: F. Geiger)

Die tiefbeasteten, großkronigen Feldsperberbäume, die es im Lande nicht mehr so häufig gibt, sind Zeugen vergangener Kultur und dazu berufen, Wahrzeichen der offenen Landschaft zu werden.
Der abgebildete Speierling mit einem Brusthöhendurchmesser von 128 cm steht südlich Ölbronn, Kreis Pforzheim, ganz in der Nähe des Hauses von Kammersänger Gottlob Frick, gest. 1994.
Bei solch großkronigen, freistehenden Individuen kann es Fruchterträge bis zu 10 Zentnern geben. Streuobstgürtel, in denen Feldspeierlinge standen, haben einst viele Alt-Württemberger Orte umsäumt (siehe Apfel).

Obstmarkt angeboten und vielfach zu Marmelade und Essig verarbeitet wurden.
Zur Erhöhung der Haltbarkeit, aber auch zur Geschmacksverbesserung von Apfelmost wird diesem, vor allem im Raum Frankfurt, Speierlingsmost zugesetzt. Dazu müssen die unreif geernteten Früchte unverzüglich abgepreßt werden, um dem mit der Reife und dem Teigigwerden einsetzenden Phenolabbau zuvorzukommen. Phenole sind bitter schmeckende Säurevorstufen. Diese wirken abschreckend auf Pflanzenfresser und garantieren so den Schutz der sich entwickelnden Samen. Aber auch für uns Menschen ist ein schlechter Geschmack ein Warnsignal, das uns davor bewahrt, eine übergroße Menge dieser Substanzen zu essen. 100 kg Speierlinge geben ca. 55 Liter Most.

Zur Zeit der Vollreife, also wenn die Speierlinge von selbst vom Baum fallen, ist der Gerbstoffgehalt stark zurückgegangen, während der Zuckergehalt seinen Höhepunkt erreicht.

Durch die zuweilen hohen Säureanteile wird die Süße der Speierlingsfrüchte oft nicht erkannt oder falsch eingeschätzt. Nach Griesmeier (1991) gibt es Bäume mit bis zu 50 g großen Früchten, deren Zuckergehalt weit über dem vergleichbarer Früchte liegt. Dagenbach (2001, S. 13) berichtet von dem Baum Freiburg 1. Er konnte dort schon Jahresernten von rund 500 kg bei einem Zuckergehalt von 134 Öchslegrad feststellen (Ergebnis mehrerer eigener Refraktometermessungen am Ende der Reifezeit). Die dargelegte vielseitige Verwendbarkeit des Speierlings erfordert eine Sortenauslese in drei Richtungen:

– Im Wald zählt das Höhenwachstum und die Qualität der Schäfte.

– Zur Erhöhung der Qualität des Apfelmostes braucht man den sauren und gerbigen Geschmack, d.h. der Gehalt an Polyphenolen muß im Zeitpunkt des Abpressens der Früchte hoch sein.

– Beim Schnapsbrennen dürfte die Ausbeute an Alkohol, d.h. der Zuckergehalt, im Vordergrund stehen.

Dem Gerbsäurereichtum verdanken die Sperbel auch ihren alten Ruf als Mittel gegen Durchfall bei Mensch und Vieh. Bechstein berichtet 1821 sogar, „daß sie oft schon in Rurepidemien bey Armeen wegen ihrer zusammenziehenden Kraft gute Dienste geleistet haben sollen".

In Rouffach/Elsaß, im Elternhaus meines leider schon früh verstorbenen Corpsbruders Robert Linder, später Professor für Botanik an der Universität Lille, haben wir damaligen Kriegsstudenten des Corps Hubertia zu Freiburg wohl mit unsere schönsten Stunden verbracht. Diese hochherzige Gastfreundschaft und das unmittelbare Einbeziehen der zum Teil unscheinbaren, oft kaum bekannten Köstlichkeiten der Natur in das tägliche Leben war für meine späteren Jahre prägend, und dafür bin ich dankbar. Im Hause Linder habe ich auch meinen ersten Speierlingsschnaps aus vollreifen Früchten gekostet. Wenn ich mich richtig entsinne, nannte ihn Robert *eau-de-vie de cormes*.

Der Name Speierling ist offensichtlich für manchen abstoßend. Nur so läßt es sich erklären, daß in einem Gebiet meiner

Heimatstadt, wo Straßen nach Bäumen benannt sind und man einen weiteren Straßennamen benötigte, sich lediglich 19% der Stadträte für den Speierling als Namensgeber erwärmen konnten. Und dies just im Jahr 1993, als der Speierling Baum des Jahres war.

Auch für verwöhnte Gaumen
Ein gewisser Sieber aus Nordheim (Kreis Heilbronn) der sich wohl im Nebenberuf der Obstbaumpflege widmete, veröffentlichte im Jahre 1863 einen Aufsatz über den Speierling, dem ich folgendes entnehme: „Wir haben von alten Zeiten her ein Waldobst, welche der verwöhnteste Gaumen als Leckerei hinnimmt. Ich meine die Frucht des Speierlingsbaumes, der hin und wieder in unseren Wäldern vorkommt. Ich erreichte mein ehrliches Schwabenalter – und lernte dieselbe erst auf dem Heilbronner Wochenmarkt kennen, wo sie, wie auch auf den Hohenloher Märkten, hin und wieder zum Verkauf kommt. ‚Was gibt's denn da?‘, frage ich die sich drängenden Schulknaben. ‚Sperbel, 15 um einen Kreuzer‘, war die Antwort. Ich schämte mich, als Pomologe weiter zu fragen, und kaufte von der teigen Frucht. Es waren gar zierliche Birnchen, einen Zoll lang, ein Halbzoll breit, gelb mit schönen braun bis dunkelroten Bäckchen und vielen feinen Forellenpunkten, was man gewöhnlich für ein gutes Zeichen beim Obst nimmt. Ich kostete: es schmeckte lieblich, fast weinig. Zuhause angekommen erzählte ich meinem Nachbarn von der seltenen Frucht und erfuhr, daß in der hiesigen Gegend ein derartiger Baum stehe. Der Eigentümer hatte aus den Früchten auch schon Branntwein gebrannt mit lieblichem, anisartigem Geschmack. Vom Baum genommen sind die Früchte ungenießbar, werden aber nach etlichen Tagen teig und können dann von jedermann ohne Schaden gegessen werden. In teigem Zustand können sie sehr lange aufbewahrt werden, auch geben sie gedörrt kräftige Hutzeln."

Die Standfeste

Sumpfzypresse
Taxódium dístichum (L.) L. C. M. RICH.
Familie Sumpf-Zypressengewächse

Die Sumpfzypresse ist dem Chinesischen Rotholz (*Metasequoia glyptostroboides*) mit den im Herbst abfallenden benadelten Kurztrieben sehr ähnlich. An der Nadelanordnung lassen sie sich jedoch leicht unterscheiden. Beim Chinesischen Rotholz sind Nadeln und Knospen gegenständig, bei der Sumpfzypresse jedoch wechselständig angeordnet. Die scheinbaren Fiedertriebe tragen keine Knospen und verfärben sich bei der Sumpfzypresse im Herbst braun.

Der Zapfen der Sumpfzypresse ist auf der Außenfläche harzlos.

Sumpfzypresse und Chinesisches Rotholz sind sehr ähnlich, doch kann man sie an den Nadeln gut unterscheiden. Rechts die Sumpfzypresse mit etwas kürzeren wechselständigen Nadeln. Beim Rotholz, links, sind sie gegenständig.

Er besitzt aber im Innern, in den Taschen um die Samen herum, ein rotflüssiges, stark duftendes Harz mit unangenehmem Geschmack, das Eichhörnchen und Vögel vom Verzehr der Samen abhält.

In früheren geologischen Perioden wie der Kreidezeit (Beginn vor ca. 135 Millionen Jahren) und im anschließenden Tertiär war die Sumpfzypresse, genauso wie das zur selben Familie gehörende Chinesische Rotholz, über ganz Europa, Asien und Nordamerika verbreitet.

Das ca. 40 Millionen Jahre zurückliegende große tertiäre Vorkommen der Sumpfzypresse in Deutschland ist heute noch gut im Oberflöz des Braunkohlegebietes der Niederlausitz zu beobachten. Dort kann man die aufrecht stehenden ein bis zwei Meter hohen Wurzelstöcke umgefallener Baumriesen klar erkennen,

sehen kann man hier auch noch die charakteristischen Wurzelknie. Sie sind eine Merkwürdigkeit, die bei wasserbespülten
Sumpfzypressen den Stammfuß kreisförmig umgeben. Je wei-
cher der Untergrund, desto höher und weitreichender sind sie
ausgeprägt. Im Untergrund setzen sich die Knie pfahlartig fort.
Der Stamm wird so durch seinen äußeren Wurzelbereich abge-
stützt. Dies hat bei heftigen Stürmen in Nordamerika zur Folge, daß wohl Kiefern und Eichen umgeworfen werden, aber
Sumpfzypressen gleich daneben stehen bleiben.

Auf festen Böden bildet die Sumpfzypresse keine derartigen
Knie. Es sind also nicht, wie schon angenommen wurde, At-
mungsorgane, die über die zeitweilig vorhandene Wasserfläche
herausragen, und auch keine Luftspeicher, sie dienen lediglich
der Stützung und Verankerung im sumpfigen Boden. Dennoch
handelt es sich bei dieser Zypresse um keinen typischen Sumpf-
baum, was die Anbauerfolge in vielen deutschen Parks beweisen.

*12 Millionen Jahre alt (Miozän/Pliozän) sind diese Kurztriebe einer Sumpf-
zypresse (Taxoolium spec.), die sich im Fischbachton des Braunkohlentage-
baus Frechen erhalten haben. (Foto: Rheinbraun-Archiv)*

Sumpfzypresse im Park der katholischen Kirche Gut Windeck bei Ottrott im Elsaß. Eindrucksvoll sind hier die kreisförmig angeordneten Wurzelknie zu sehen. Leider traf vor einigen Jahren ein Blitz den Baum und zersplitterte ihn. Heute steht nur noch ein Stumpf, der wieder ausgeschlagen hat und nun ergreifend um sein Weiterleben ringt. (Foto: MR Wolfram)

Vielleicht hat die Sumpfzypresse ihren Namen auch zu Unrecht. Wegen ihres guten Holzes wurde sie häufig eingeschlagen, so daß vielfach Bestände in schwerer zugänglichen Sumpfgebieten, wo der Baum auch gut gedeiht, übrig blieben.

In Deutschland wurde dieser interessante Baum durch hessische Offiziere eingeführt, die aus den amerikanischen Befreiungskriegen Baumsamen mitbrachten. Heute gibt es in Amerika Sumpfzypressen, die bis zu 1200 Jahre alt sind.

Das Sumpfzypressenholz hat eine hervorragende Dauerhaftigkeit in feuchter Luft, dadurch wurde es zum verbreitetsten Schindelholz in den Südstaaten Nordamerikas.

Kampf ums Überleben

Ulme – Bergulme, Bergrüster, Haselulme, Weißulme
Úlmus glábra HUDS.
Familie Ulmengewächse

Charakteristisch für Ulmen sind der asymmetrische Blattspreitengrund (Teil des Blattes, der an der Blattsprossenachse ansetzt) und die gesägten Blätter. Die Blüten sind zwittrig, werden schon im Sommer angelegt und überdauern
vollständig ausgebildet, von Knospenschuppen bedeckt, den
Winter. Sie werden windbestäubt, allerdings läßt sich bei der Bergulme
zusätzlich eine Bestäubung durch
Honigbienen beobachten (Hegi 1957,
Band III/1, S. 250). Da die Blüten
lange vor den Blättern erscheinen,
entsteht das typische Frühjahrsbild.
In dieser Zeit übernehmen die zunächst grünen, gebüschelten Blüten
an den noch kahlen Zweigen die Assimilation. Wenn die vielen breit gesäumten Flügelnüsse reif sind, sinken sie pendelnd und schaukelnd,
sozusagen als Scheibenflieger zur Erde; der Boden ist dann zuweilen wie
mit einem Teppich grün bedeckt.
Von den drei in Deutschland heimischen Ulmen findet man die Bergulme vorzugsweise in Schluchtwäldern
der unteren montanen Stufe. Die
Feldulme (*Ulmus carpinifolia*) und
die Flatterulme (*Ulmus laevis*) gehören in Mitteleuropa zu den charakteristischen Bäumen der Auenwaldgesellschaften. Wedeck (1999,
S. 170) nimmt auf Grund verschiedener Sprachvergleiche an, daß der

Um ihre Standfestigkeit zu erhöhen, bildet die Flatter-Ulme (Ulmus laevis) auf der windzugewandten Seite vielfach Brettwurzeln aus, dazwischen steht Rebekka Ruge. Hochbelastet ist dabei ausschließlich die Oberkante dieser „Bretter".

Die dickwandige, an Bastfasern reiche Rinde der Feldulme reißt im Stangenholzalter auf und bildet eine dunkelbraune Borke, die auffallend in rechteckige Stücke zerklüftet ist.

Baumname Rüster als „Baum auf sumpfigen, sickerfeuchten bis sickernassen Böden" zu erklären ist. Die Bergulme hat die größte Ausdehnung nordwärts und gedeiht in Skandinavien bis zum 65. Breitengrad. Im Osten reicht ihr Vorkommen bis zum Amur, im Süden bildet der südliche Alpenrand die Grenze.

Gesuchtes Furnierholz

Das Kernholz der Ulme ist sehr dekorativ. Unter der Bezeichnung Rüster findet es daher vor allem für den Innenausbau, für Parkettböden und für die Herstellung von Möbeln Verwendung. Gute Furnierstämme sind deshalb gesucht.

Wahrscheinlich schon seit der Jungsteinzeit (5000 bis 1800 v. Chr.), lieferten Ulmen Laubfutter. Aus den inneren Rindenschichten wurde eine Art Stärkebrei und Brotersatz bereitet (Hegi 1957, Band III, S. 248).

Alle Ulmenarten enthalten in der Rinde Bastfasern. Diese dienten früher, ähnlich wie die der Linde, als Bindematerial oder zur Herstellung von Stricken und Bienenkörben.

Baum des heiligen Martin

Der deutsche Name Ulme ist im Mittelalter aus dem lateinischen *ulmus* entlehnt worden. Ihr Flächenanteil in Baden-Württemberg liegt heute unter 0,1%, wobei die Bergulme dominiert.

Bei den Franken hatte die Ulme einst ähnliche Bedeutung wie die Linde bei den Alamannen. Unter ihr wurde Recht gesprochen und Gottes Wort verkündet. Die Ulme wird in Frankreich auch Baum des heiligen Martin genannt, weil eine Ulme aus dem Pilgerstab hervorgewachsen sein soll, den der Heilige in

Diese Bergulme bei den Wildensteiner Höfen im Schwarzwald hat lange das Landschaftsbild geprägt, jetzt stirbt sie.

den Boden gestoßen hat. Man findet vor allem in den Dörfern Südfrankreichs häufig Martinsulmen (Godet 1987, S. 56).

Der römische Dichter Vergil (79 bis 19 v. Chr.) berichtet mehrfach vom Ulmenbaum als Stütze der Weinrebe. Diese innige Vergesellschaftung regte Ludwig Uhland zu einem bildlichen Vergleich an: „Des Fürsten und des Volkes Rechte sind verwoben wie sich Ulm' und Reb' umschlingen."

Am schönsten finde ich die Ulmen im winterkahlen Zustand, wenn sie die Struktur ihres Geästes zeigen. Nicht einmal die Licht- und Farbenfülle des Sommers kann sich mit dieser meisterhaften Federzeichnung der Natur vergleichen. Dazu trägt vor allem bei, daß die jungen Zweige knickig bzw. zickzackförmig wachsen.

Einer der berühmtesten Ulmen in Württemberg hat Ludwig Uhland 1829 das Gedicht „Die Ulme zu Hirsau" gewidmet. Der französische General Graf von Melac, der auch Heidelberg zerstörte, brannte 1629 das Kloster Hirsau einschließlich des unmittelbar daneben stehenden Jagdschlosses Herzog Ludwigs (1568 bis 1593) nieder. Ab diesem Zeitpunkt konnte dann der Bergulmensamen in der Ruine keimen, aber nicht, wie Uhland in seinem Gedicht schreibt, im Klosterbereich, sondern im Innern des einstigen Jagdschlosses. 1989 hat der Pilztod leider auch diese berühmte Ulme erreicht.

Die Ulme zu Hirsau

Zu Hirsau in den Trümmern, da wiegt ein Ulmenbaum
frischgrünend seine Krone hoch überm Giebelsaum.

Er wurzelt tief im Grunde vom alten Klosterbau;
er wölbt sich statt des Daches hinaus ins Himmelsblau.

Weil des Gemäuers Enge ihm Luft und Sonne nahm,
so trieb's ihn hoch und höher, bis er zum Lichte kam.

Es ragen die vier Wände, als ob sie nur bestimmt,
den kühnen Wuchs zu schirmen, der zu den Wolken klimmt.

Wenn dort im grünen Tale ich einsam mich erging,
die Ulme war's, die hehre, woran mein Sinnen hing.

Wenn in dem dumpfen, stummen Gemäuer ich gelauscht,
da hat ihr reger Wipfel im Windesflug gerauscht.

Ich sah ihn oft erglühen im ersten Morgenstrahl;
ich sah ihn noch erleuchtet, wenn schattig rings das Tal.

*Zu Wittenberg im Kloster wuchs auch ein solcher Strauß
und brach mit Riesenästen zum Klausendach hinaus.*

*O Strahl des Lichts, du dringest hinab in jede Gruft!
O Geist der Welt, du ringest hinauf in Licht und Luft!*

Ein gefährlicher Pilz

Seit 1968 können wir ein verstärkt auftretendes Ulmensterben beobachten. Der Ulmenbestand scheint dadurch bedroht. Es handelt sich um eine Gefäßerkrankung, die verursacht wird durch zwei um 1920 wahrscheinlich aus Asien
über Holland eingeschleppte Schlauchpilze (*Ophiostoma ul-
mi* und *Ophiostoma novo-ulmi*), die primär von hier schon
immer beheimateten Ulmensplintkäfern (*Eccoptogaster
spec.*) bei deren Reifungsfraß an jungen Ulmenzweigen übertragen werden. Die Pilze breiten sich über Sporen in der
jüngsten Holzschicht (Xylem) aus, wo sich nahezu der gesamte Wassertransport vollzieht. Werden die Wasserleitge-
fäße blockiert, trocknen die Zweige aus, und der Baum stirbt.
Man kennt auch andere Übertragungswege ohne Beteiligung
der Ulmensplintkäfer, die für eine Infektion in Frage kommen. So haben Wurzelverwachsungen dafür gesorgt, daß in
der Vergangenheit ganze Alleen, selbst nach anfänglich nur
vereinzeltem Befall, dem Ulmensterben zum Opfer gefallen
sind (Gruber 1996, S. 9).

Da die Krankheit das junge Holz befällt, kann man den Baum
nur schwer schützen. Will man vorbeugen, so ist es wichtig,
die Vermehrung des Käfers, die in Bohrgängen zwischen dem
Holz und der Ulmenrinde erfolgt, zu unterbinden. Dies ist
möglich, indem man befallene Bäume rechtzeitig, d.h. vor
dem normalerweise im Juli erfolgenden Ausfliegen des Käfers fällt und die Rinde einschließlich der Zweige verbrennt.
Geschreddertes Ulmenreisig sollte grundsätzlich nicht als
Mulchmaterial verwendet werden!

Nach Gruber (1996, S. 9) muß angenommen werden, daß
die Pilzsporen im abgestorbenen Holz noch fünf bis sieben
Jahre überleben können.

Zur Splintkäferbekämpfung besteht auch die Möglichkeit der Anlage von stehenden Fangbäumen. Durch Entfernen eines Rindenringes im unteren Stammbereich werden diese Bäume geschwächt und beginnen so, die Käfer anzulocken. Neuerdings laufen Versuche, bei denen Pilzbekämpfungsmittel (Fungizide) in den Saftstrom der Ulmen injiziert werden. Das ist allerdings eine kostspielige Operation, die möglicherweise Jahr für Jahr wiederholt werden muß. Unter dem Markenzeichen Resista-Ulme bietet eine Baumschule in Darmstadt Pflanzen an, die gegenüber der Ulmenkrankheit resistent sein sollen. Die Klone stammen aus einem Zuchtprogramm der University of Wisconsin/Madison, USA (Bärtels 1997, S. 29).

Wegen der schönen, landschaftsprägenden Form des Baumes, aber auch wegen des von ihm stammenden hochwertigen Rüstermöbelholzes wäre es wünschenswert, alles zu tun, um ihn für unsere Natur zu erhalten.

Der Vorwaldbaum

Vogelbeere, nordische Eberesche, Aberesche, Spiere
Sórbus aucupária L.
Familie Rosengewächse

Der Vogelbeerbaum gibt während der Blüte, Ende Mai, mit seinen großen, gelbweißen Blütendolden ein prächtiges Bild ab. Die Blüten und ihr Duft tun in den natürlich oder künstlich verfichteten Hochlagen unserer Mittelgebirge, wo sonstiges Maiengrün und Blumen fehlen, überhaupt erst kund, daß der Frühling eingezogen ist. Nicht umsonst lautet ein altes schlesisches Volkslied aus dem Riesengebirge: „Kan scheener'n Baam gibt's als an Vugelbeerbaam ...“

Die Früchte dieser Gattung sind unterständige Sammelbalg- oder auch Apfelfrüchte, die wegen ihrer geringen Größe fälschlich als Beeren bezeichnet werden. Das Charakteristikum einer Apfelfrucht ist die Beteiligung der Blütenachse an der Frucht-

Aus den reichblühenden weißen Doldentrauben der Vogelbeere entwickeln sich die unterständigen Sammelbalgfrüchte, die wegen ihrer geringen Größe fälschlicherweise als Beeren bezeichnet werden.

286

bildung, da sich die Blütenachse um die freien Fruchtblätter herum fleischig verdickt.

Die Beeren sind wegen der darin enthaltenen Parasorbinsäure von herbsäuerlichem bis bitterlichem Geschmack. Für die Küche werden sie am besten nach dem ersten Nachtfrost geerntet, mit vierprozentigem Essig übergossen und über Nacht zum Auszug der Bitterstoffe stehengelassen. Weichgekocht, durchs Sieb passiert und mit Zucker aufgekocht, ergeben sie eine immer noch leicht bittere Marmelade. Rohe Früchte, in Mengen genossen, können allerdings wegen der darin enthaltenen Parasorbinsäure Durchfall und Erbrechen verursachen. Die Parasorbinsäure wird durch Kochen abgebaut.

Einer Zusammenstellung der heimischen Fruchtsträucher des Deutschen Bundes für Vogelschutz, heute NABU, ist zu entnehmen, daß 63 Vogelarten und 31 Säugetiere sich an unseren Vogelbeeren gütlich tun.

Wichtige Rolle beim Aufforsten

Da diese Baumart lichte Standorte bevorzugt und nur in der Jugend schattentolerant ist, außerdem nur die für den Hochwald relativ geringe Höhe von 20 Metern erreicht, wird sie aufgrund ihrer daraus resultierenden Konkurrenzschwäche in geschlossenen Beständen an die Waldränder verdrängt. In den Verjüngungsstadien anderer Baumarten spielt die Vogelbeere aber als sogenannte Vorwaldbaumart eine wichtige Rolle. Durch ihre hohe Resistenz gegen Immissionen hat sie in den stark von Waldschäden betroffenen Gebieten, wie etwa den Hochlagen der Mittelgebirge, als Aufforstungsvorbaum Bedeutung erhalten. Dabei kommt ihr auch zugute, daß sie in klimatischer Hinsicht besonders tolerant ist und sich auch in höheren Lagen durchsetzen kann. Dabei ist es sicher ein Vorteil, daß sie nach dem Laubabfall mit ihrer Rinde weiter Fotosynthese betreiben kann (Roloff 1997, S. 32).

Im Gegensatz zu vielen anderen Baumarten ist die Vogelbeere in ihrem Wurzelraum nicht auf Mykorrhiza (Pilzpartner) angewiesen.

Die anfangs gelben, dann scharlachroten, fast kugeligen Früchte, die der Baum in großen Mengen produziert, dienen zahlreichen Vögeln, vor allem aber Drosseln, zur Nahrung, womit sich das nicht seltene Vorkommen des Baumes an unzugänglichen Orten wie auf Türmen oder in steilen Felsen erklärt.

Sorbus aucuparia hat eine große Variationsbreite und ist außerordentlich anspruchslos. Von den höheren Holzpflanzen in Europa und Asien dringt sie am weitesten zum Pol vor. In den Hochgebirgen reicht ihre Verbreitung bis an die obere Waldgrenze, und im Süden findet man sie noch in den Bergen Madeiras und im marokkanischen Atlasgebirge. Ihre Ostgrenze liegt etwa im Gebiet der Wolga in Mittelsibirien (Bärtels 1989, S. 13). Dank ihres reichen und regelmäßigen Fruchtansatzes sowie ihrer raschen Jugendentwicklung taugt sie besonders zur Erstbesiedlung nach Katastrophen und auf Freiflächen in unseren Waldungen. Weniger geeignet, zumindest seit einigen Jahren, sind die Ebereschen für innerstädtische Bereiche, wo sie wegen der herrschenden Streßbedingungen und der Hitze zunehmend unter Krankheiten, beispielsweise dem Feuerbrand, leiden. Der Waldflächenanteil liegt in Baden-Württemberg zur Zeit nur bei 0,1%.

Einiges zum Namen

„Die althochdeutschen Namen *sperwa* oder *spiere* leiten sich von *spör* oder *spier* ab, was trocken heißt; es wird dabei auf die Früchte Bezug genommen" (Godet 1987, S. 52).

Der zweite Baumname *aucupária* geht darauf zurück, daß die Früchte früher zum Vogelfang, vorwiegend der Drosseln, die gerne diese Früchte aufnehmen, benutzt wurden, und ist abgeleitet von lat. *avis*, Vogel und *capere*, fangen (*aucupium*, Vogelfang). Der Vogelfang wurde hauptsächlich am sogenannten Vogelherd mit Netzen und Ködern, wie etwa den Vogelbeeren, betrieben. In früheren Jahrhunderten ist in Deutschland der Vogelfang mit einer ungeheuren Passion betrieben worden. Alle Stände huldigten ihm mit Begeisterung, und man hat diesem Sport unendlich viel Zeit und Mühe gewidmet. Bekannt ist die Ballade von Johann Nepomuk Vogl (1802 bis 1866) in der Vertonung von Carl Loewe (1796 bis 1869):

Herr Heinrich sitzt am Vogelherd
recht froh und wohlgemut;
aus tausend Perlen blinkt und blitzt
der Morgenröte Glut.

In Wies und Feld, in Wald und Au,
Horch, welch ein süßer Schall!
Der Lerche Schlag, der Wachtel Schlag,
Die süße Nachtigall!

Herr Heinrich schaut so fröhlich drein:
Wie schön ist heut die Welt!
Was gilt's heut gibt's nen guten Fang!
Er schaut zum Himmelszelt.

Er lauscht und streicht sich von der Stirn
Das blondgelockte Haar…
Ei doch! was sprengt denn dort heran
Für eine Reiterschar?

Der Staub wallt auf, der Hufschlag dröhnt,
Es naht der Waffen Klang;
Daß Gott! Die Herrn verderben mir
Den ganzen Vogelfang!

Ei nun! Was gibt's? Es hält der Troß
Vorm Herzog plötzlich an,
Herr Heinrich tritt hervor und spricht:
Wen sucht ihr Herrn? Sagt an!

Da schwenken sie die Fähnlein bunt
Und jauchzen: Unseren Herrn!
Hoch lebe Kaiser Heinrich , hoch!
Des Sachsenlandes Stern!

Sich neigend knieen sie vor ihm hin
Und huldigen ihm still,
Und rufen, als er staunend fragt:
's ist deutschen Reiches Will!

Da blickt Herr Heinrich tief bewegt
Hinauf zum Himmelszelt:
Du gabst mir einen guten Fang!
Herr Gott, wie dir's gefällt!

Heinrich I., der Finkler, wie er auch genannt wird, ging als Begründer des Deutschen Reiches in die Geschichte ein. Er wurde aber nicht, wie Vogl in seiner Ballade unterstellt, 919 Kaiser des Heiligen Römischen Reiches Deutscher Nation (Beginn erst 962 mit Otto dem Großen), sondern König.

Das Aufkommen der Flinten bzw. Steingewehre (Flint = Feuerstein) im Dreißigjährigen Krieg drängte das Fangen am Vogelherd zurück. Mit diesen Flinten verschoss man Schrot, also, wie schon der Name sagt, gehacktes Blei, und später runde Kügelchen – je nach der zu erlegenden Wildart von einem Millimeter (Vogeldunst) bis sechs Millimeter Durchmesser.

Der deutsche Name Eberesche wird als Aberesche, als falsche, unechte Esche gedeutet. Aber hat hier die Bedeutung von etwas Falschem, Minderwertigem wie in Aberglaube oder Aberwitz. Tatsächlich sind ja die Blätter der Vogelbeere denen der Esche verblüffend ähnlich. Der Name Eberesche ist im übrigen verhältnismäßig jung und nicht vor dem 16. Jahrhundert nachweisbar.

Vitaminreich und vielseitig verwertbar

Der Vogelbeerschnaps, der übrigens auch im russischen Wodka enthalten sein soll und den ich während meiner praktischen Vorlehre beim Forstamt Mondsee kennengelernt habe und später selbst brannte, schmeckt zunächst etwas bitter, wird dann aber durch längere Lagerung wie die meisten Schnäpse ständig besser. So verhält es sich auch mit meinem „vorehelichen" Weinhefeschnaps, der 1950 von der Hofkammerkellerei gebrannt wurde; für besonders gute Freunde hüte ich davon bis heute noch einige Flaschen im Keller.

Die Vogelbeerblätter eignen sich für die Zubereitung von Tee. Zwar nicht besonders schmackhaft, soll er, dank des Gerbstoffes, gegen Darm- und Magenverstimmung helfen. Für die

Blumenkästen und das Frühbeet holte mein Vater mit Vorliebe Humusboden unter Vogelbeerbäumen. Deren Blätter zersetzen sich rasch und ergeben einen besonders guten Humus. Heute weiß ich, daß die Streu reichlich Magnesium enthält.

Das Laub dient besonders Ziegen und Schafen als gutes Futter. In den Alpen werden daher zur Gewinnung desselben, ähnlich wie bei der Esche, die Bäume „geschneitelt".

Da im Frühjahr der Saft im Vogelbeerbaum schon sehr bald steigt und dadurch die Rinde sich nach kurzem, vorsichtigem Klopfen leicht ablösen läßt, machten wir Kinder aus den jungen, allerdings etwas bitter schmeckenden Ruten, ähnlich wie dies bei den Weiden möglich ist, Pfeifen und Bastflöten. Später mußte ich zur Kenntnis nehmen, daß wir längst nicht die ersten damit waren, denn schon Jubal, dem Sohn des Lamechs und der Ada, wird die Erfindung der Blas- und Saiteninstrumente zugeschrieben (Gen 4, 21).

Die Vogelbeerrinde, im Frühjahr geerntet, kann übrigens zum Färben von Grautönen verwendet werden.

Im Gebirge leistet der Baum gute Dienste bei der biologischen Wildbach- und Lawinenverbauung. Auch Wünschelruten, etwa zum Suchen von Wasservorkommen im Boden, werden neben Haselnuß gerne aus Vogelbeerholz geschnitten.

Die Früchte der Vogelbeere gehören zum Lieblingsfraß vieler Singvögel, vor allem wenn diesen im Spätherbst die Insekten fehlen. Die roten Früchte bleiben bis in den Winter hinein am Baum hängen, sie sind also sogenannte Wintersteher. Vom Finken bis zum Auerhahn pflückt alles gern die Beeren, und von der Maus bis zum Hirsch halten viele Tiere Nachlese bei den von Vögeln heruntergeworfenen Beeren. Dem Hasen und den Rauhfußhühnern ermöglichen die Vogelbeeren das Dasein noch bei meterhohem Schnee. Hirsche stellen sich bisweilen auf die Hinterläufe, um an die höher hängenden Früchtedolden heranzukommen; für sie ist es eine außerordentlich vitaminreiche Beikost.

Die Kelten sprachen der Eberesche die Kraft zu, vor Unheil und bösem Zauber zu schützen. Deshalb umpflanzten deren Priester und Richter, die Druiden, ihre Orakel und Gerichtsplätze mit Ebereschenbäumen (Roloff 1997, S. 33).

Edle Vogelbeeren

Nach mündlicher Überlieferung soll ein Fürstlich-Fürstenber-gischer Forstmeister in Nordmähren einige Jahre beobachtet ha-ben, daß ein bestimmter Vogelbeerbaum in der Nähe seines Dienstsitzes im Herbst von den Vögeln immer vor den anderen Ebereschen geleert wurde. Schließlich probierte er 1810 die Früchte selbst und stellte zu seiner Überraschung fest, daß sie im Gegensatz zu den Beeren anderer Bäume fast keine Bitter-stoffe enthielten (Roloff 1997, S. 34). Diese Mährische oder Bit-terstoffarme Vogelbeere (Sorbus aucuparia var. Edulis) fand über Veredlungsreiser rasch Verbreitung. Ich selbst hatte mir in mei-nem früheren Forstamtsgarten einen Vogelbeerreitel aus dem Wald mit einem derartigen Reis gepfropft. Von diesen etwas größeren Früchten kochte meine Frau ausgezeichnetes Gelee und Marmelade. Wegen des ähnlichen Geschmackes sind dies in meiner Familie die Preiselbeeren des kleinen Mannes. Etwas störend empfinden manche die gegenüber den Preiselbeeren in der Marmelade enthaltenen größeren Kerne.

Die mährische Eberesche hat nach Bärtels (1989, S. 15) ge-genüber der mit Bitterstoffen behafteten einen höheren Zucker-(bis ca. 13 %) und Vitamingehalt. 100 g eßbare Fruchtanteile ha-ben 98 kcal und enthalten neben Gerbstoff und organischen Säuren 8,5 % Sorbit und 2,5 g Karotin sowie 60 bis 110 mg Vi-tamin C, mehr als die Zitrone (Roloff 1997, S. 32). Die Beeren waren daher früher auch ein wichtiges Mittel gegen Skorbut. Zu beachten ist, daß mit fortschreitender Fruchtreife der Säure-und Vitamin-C-Gehalt abnimmt, hingegen der Zucker- und Sor-bitgehalt steigt. Sorbit ist ein sechswertiger, süß schmeckender Alkohol, der u.a. als Zuckeraustauschstoff für Diabetiker Ver-wendung findet. Sorbinsäure, eine Monocarbonsäure, in den Vogelbeerfrüchten ebenfalls enthalten, dient, synthetisch her-gestellt, als lebensmittelrechtlich zugelassenes Konservierungs-mittel.

Vom Institut für Gartenbau in Dresden-Pillnitz sind die großfruchtigen, vitaminreichen Sorten Rosina und Concentra ausgelesen und 1954 auf den Baumschulmarkt gebracht wor-den. Rosina besitzt große Früchte mit einem ausgewogenen Ge-halt an Säure und Süße und einem angenehmen Geschmack.

Die Sorben – mit der Vogelbeere namensverwandt?

Der lateinische Gattungsname der Vogelbeere Sorbus taucht wohl zum ersten Mal bei Cato (234 bis 149 v. Chr.) auf (siehe Speierling). Der Baum ist laut Alois Walde, lateinisches ethymologisches Wörterbuch, Heidelberg 1910 „nach seinen roten Beeren (Sorbum)" benannt.

Gemäß einer schriftlichen Auskunft von Dr. Helmut Jentsch, Serbisches Institut Bautzen, vom September 1999 geht dagegen die Volksbezeichnung Sorben auf eine urslawische Wurzel zurück mit der Bedeutung „schlürfen, saugen". „Das Bezeichnungsmotiv ist dabei der Umstand der sogenannten Milchverwandtschaft. Sorbe ist also ursprünglich gewissermaßen einer – wie übrigens Serbe (Südserbe auch) – der zusammen mit anderen dieselbe Amme gehabt hat. Als spätere Bedeutung wird angenommen, Angehöriger ein und derselben Volksgemeinschaft". Die ebenfalls gebräuchliche Benennung der Sorben mit Wenden ist eine ursprünglich deutsche bzw. lateinische (wenedi) Bezeichnung für Slawen im allgemeinen und so auch heute noch für Reste einer slawischen Bevölkerung, die etwa im 7. Jahrhundert in die Ober- und Niederlausitz eingewandert ist. Im Bezirk Cottbus und Dresden leben noch etwa 100 000 Sorben, die Teile ihrer nationalen Eigenart bewahren konnten. Ihre heutige sorbische Sprache ist eine westliche Form der slawischen Sprachen und mit dem Tschechischen verwandt.

Auch in Württemberg gibt es Ortsnamen wie Winnenden, die noch auf wendische Bewohner hinweisen. Im Oberschwäbischen findet man solche Sprachrelikte in Ortsnamen wie Kleinwinnaden oder Michelwinnaden bei Bad Schussenried, die 1264 noch als Wineden in den Urkunden standen.

Concentra hat kleine bis mittelgroße Früchte mit hohem Vitamin C- und Säuregehalt. Bereits 1898 wurde durch die Baumschule Späth in Berlin die Sorte *Rossica* und 1903 die Sorte *Rossica major* in Deutschland eingeführt (Albrecht 1997, S. 26). Die bitterstoffarmen Sorten laufen heute unter dem Sammelnamen Edel-Eberesche.

Zierde der Heide

Gemeiner Wacholder, Machandel, Kaddig,
Kranewitt, Krammetsbeerstrauch
Juníperus commúnis L.
Familie Zypressengewächse

Die in dreizähligen Quirlen angeordneten Nadeln des Wacholders sind 1 bis 2 cm lang, steif und scharf stechend, von graugrüner Farbe und auf der Oberseite mit einem bläulich-weißen Längsstreifen versehen. Die Unterseite zeigt einen der Länge nach gefurchten Kiel.

Der Machandel, wie er auch genannt wird, ist ein dicht verzweigter, einhäusiger, säulenförmig wachsender Strauch oder – selten – auch bis 12 m hoher Baum. Er liebt trockenen und kalkreichen Boden, aber auch das sumpfige Moor.

Der Gemeine Wacholder ist die einzige in Baden-Württemberg heimische Art der Gattung *Juniperus*. Er hat im Gegensatz zu den meisten anderen Nadelbaumarten keine holzigen Zapfen, sondern Beeren. Diese sind es auch, die dem Gewächs, das man bisweilen als bloßes Gestrüpp abtut, einigen Ruhm gebracht haben. Sie liefern nämlich das Aroma für den Choleraschnaps, den Wacholderbranntwein, der bei uns Steinhäger, bei den Holländern Genever, bei den Franzosen Genèvre, bei den Engländern Gin und bei den Slawen Borovicska genannt wird. Wacholderbeeren sind aber auch beliebt zum Würzen von Sauerkraut und Wildspeisen. Für mich sind die herkömmlichen Wacholderschnäpse bei mäßigem Gebrauch an der Grenze vom Genuß- zum Arzneimittel einzuordnen.

Die Beeren riechen würzig und schmecken anfangs süßlich, hinterlassen jedoch einen bitter herben Nachgeschmack. Das typisch Würzige beruht auf den 0,8 – 2 % ätherischen Ölen, Terpene, Flavone und Gerbstoffen, die in den Fruchtschuppen enthalten sind. Die Kombination dieser Stoffe macht die entwässernde, verdauungsfördernde, krampflösende und antiseptische Heilwirkung aus. Die Beerenzapfen brauchen, ähnlich wie bei der Kiefer, zwei Jahre bis zur Reife. Die Blüte im April und Mai wird durch vom Wind verfrachtete Pollen befruchtet, die ein

„Jede Landschaft hat ihre eigene unverwechselbare Seele", schrieb Christian Morgenstern. Eine Feststellung, die man angesichts der einzigartigen Wacholderheiden mit ihrem Reichtum an seltenen Pflanzen und Tieren gut nachvollziehen kann.

kleiner Flüssigkeitstropfen (Mikropylartropfen) auffängt. Die obersten drei fleischigen Nadeln verwachsen und schließen die drei Samen ein. Es bildet sich somit botanisch keine Frucht, es handelt sich ja um ein nacktsamiges Gewächs, sondern eine Scheinbeere, an der man oben die drei verzahnten Nähte noch erkennt. Übermäßiger Genuß von Wacholderbeeren kann zur Reizung der Nieren führen.

Kein Genuß für Schafe

Wir kennen die herrlichen Wacholderheiden auf der Schwäbischen Alb, deren Entstehung auf die ständige Beweidung durch Schafe zurückzuführen ist, die so ziemlich alles fressen, nur nicht die spitzen, harten Wacholdernadeln. Hört dieser Weidebetrieb auf, so entwickelt sich auf diesen Flächen wieder Wald, der den Endzustand der Vegetationsentwicklung bildet. Die Naturschutzbehörden, denen es heute vielfach obliegt, diese

Flächen zu pflegen, setzen zwar moderne Freischneidegeräte ein, arbeiten aber auch nach wie vor mit der besten Methode, den Schafen. Um diese mühevollen, aber notwendigen Arbeiten zu unterstützen, laden viele Ortsgruppen des Schwäbischen Albvereins jährlich zu einem Hammelessen ein.

In der Heide ist der Wacholder ein steter Begleiter der Kiefer. Der düstere Baum inmitten der rotglühenden Heide gibt der Landschaft eine feierlich schwermütige Stimmung, die auch in den vielen Liedern vom Dichter der Heide, Hermann Löns, wiederklingt: „Machangel-, lieber Machangelbaum, in Trauern komm ich her, ich träumte einen bösen Traum, das Herze ist mir schwer."

Vom Kranewittvogel zur Wacholderdrossel

Die Wortform Wacholder ist kaum vor dem 15. Jahrhundert zu finden. Der Name Wacholderdrossel hat sich aus mittelhochdeutsch Kranewittvogel entwickelt. Das Bestimmungswort Krammet ist in der Zusammensetzung Krammetsvogel weit verbreitet. Bei den altvorderen Jägern hat der Krammetsvogel, identisch mit der Wacholderdrossel (*Turdus pilaris*), eine bedeutende Rolle gespielt. Auf den Gemälden alter Jagdstilleben fehlt er selten. Der Krammetsvogel ernährt sich vorwiegend von Wacholderbeeren, daher, so mein Vater, komme der besonders würzige und leicht bittere Geschmack seines Wildbrets.

Rechts die grünen diesjährigen Beerenzapfen und links die blauen vorjährigen kurz vor der Reife.

Die belebende Wirkung des Baumes kommt auch in seinem mittelhochdeutschen Namen *wechalter* zum Ausdruck, der vom Althochdeutschen *wehhal*, wach, lebensfrisch und *tra* oder *tar*, Baum, abzuleiten ist. Aber sicherlich gilt dies nur für die frischen oder getrockneten Scheinbeeren, deren täglicher Genuß ein langes Leben verheißt. Die Inder schreiben den Beerenzapfen sogar die Kraft der Verjüngung zu.

Waren gute Freunde im Haus und das von meiner Mutter überwiegend mit Brot (Rinde) und, falls das Familienoberhaupt zu
wenig Hopfen aus der Donauniederung heimbrachte, mit etwas
Eichenblättern gebraute Bier mundete, vielleicht zusammen mit
dem einen oder anderen frisch angezapften Ballon Heidelbeer-
oder Johannisbeerwein, so stimmte nicht selten mein Vater das
Krambambulilied an. Das auch in meiner Studentenzeit viel ge-
sungene Lied von C. F. Wedekind (1745) besingt den Danziger
Wacholderschnaps, den Kranewitter. Mit der seit dem 18. Jahrhundert auftretenden Bezeichnung Krambambuli in der Stu-
dentensprache wurde das Wort auch auf andere alkoholische
Getränke übertragen. Vermutlich handelt es sich um eine
scherzhafte lautspielerische Umgestaltung von Krammet.

Zum Räuchern und fürs Opferfeuer

In meiner Referendarzeit, während ich auf der Blaubeurener Alb
als Selbstversorger, wie es in der Nachkriegszeit hieß, beim Bauern Tränkle lebte, wurden zum Räuchern des gepökelten
Schweinefleisches zwischendurch immer wieder einzelne Wa-
cholderbüsche verwendet. Dies gab dann den feinen Geschmack, vor allem in der Knöpflesbrühe, in der meist das
Rauchfleisch gesotten wurde.
Das erste Buch der Könige erwähnt in 19,4 den Wacholder: „Elia
aber ging hin in die Wüste, eine Tagereise und kam hinein und
setzte sich unter einen Wacholder und bat, daß seine Seele
stürbe."
In der germanischen Mythologie galt der Wacholder als Spen-
der von Leben und Gesundheit. Über der Haus- oder Stalltüre
aufgehängt, sollte er Mensch und Tier vor Teufeln, Hexen, Geistern, Zauberei und sonstigem Unbill bewahren. Man benutzte
ihn auch zu Opferfeuern und zum Verbrennen der Toten.
Zur Erinnerung an den Einzug Christi in Jerusalem werden am
Palmsonntag, das ist der Sonntag, der die Karwoche eröffnet, in
katholischen Gegenden zuweilen prächtig aufgebaute „Palmen"
in der Kirche geweiht und dann als segenbringend neben der
Haus- oder Stalltüre angebracht. In diesen „Palmen" werden oft
Wacholderzweige mit verwendet.

Stinkwacholder

Da der Wacholder gleich dem Sadebaum (*Juniperus sabina*)
auch bei Abtreibungen Verwendung fand, könnte auch hier
ein Zusammenhang bestehen. Der lateinische Name des Sadebaumes oder Stinkwacholders verweist auf die Sabiner im
mittleren Apenningebirge, bei denen der Sadebaum wohl
sehr verbreitet war. Dieser wurde im Altertum und Mittelalter vor allem als Abortivum verwendet. In Deutschland, wohin er wohl in der zweiten Hälfte des 8. Jahrhunderts durch
christliche Missionare gelangte, verdrängte der Sadebaum
rasch als Abtreibungsmittel den einheimischen Wacholder.
In alten Bauerngärten ist daher dieser kleine Baum, im Volksmund auch Mägdebaum, Jungfernrosmarin oder Kinder-
mord genannt, zuweilen heute noch zu finden. Die Blätter
des Sadebaumes riechen beim Zerreiben sehr unangenehm,
scharf und schweißähnlich.

Im Gegensatz zu unserem Wacholder sind die meisten
fremdländischen Arten, so auch der Sadebaum, Zwischen-
wirt des Wacholder- oder Gitterrostes (*Gymnosporangium
sabinae*). Auf den Blättern unserer Birnbäume sind dies die
orangeroten Flecken mit den kegelförmigen und längs ge-
schlitzten späteren Gebilden (Äcidien) auf der Blattunterseite. Zur Verhütung derartiger Schäden hat sich als wirk-
samstes Mittel das Entfernen der Zwischenwirtspflanzen
bewährt. Ansonsten wird die Einhaltung eines Abstandes
von mindestens 500 m empfohlen.

Der Nußbaum

Walnuß, Polternuß
Júglans régia L.
Familie Walnußgewächse

Im Tertiär, vor etwa 60 bis 40 Millionen Jahren, läßt sich die Gattung *Júglans* erstmals als Teil der mitteleuropäischen Flora nachweisen. Vor allem die Eiszeiten haben später bewirkt, daß viele Arten ausgestorben sind bzw. weltweit eine starke Einengung ihrer Naturareale erfuhren, so auch diese Gattung.

Die Walnuß ist eingeschlechtlich und einhäusig. Im Bild sind die weiblichen Blüten an den hellgrünen einjährigen Trieben gut zu erkennen.

Die Walnuß ist eingeschlechtlich und einhäusig. Ihre weiblichen Blüten entwickeln sich in ein bis fünfzähligen Blütenständen an der Spitze der hellgrünen, einjährigen Triebe. Sie haben zwei weißlich-fleischige, zurückgekrümmte fransige Narben. Bei den meisten Walnußbäumen fallen die männliche und die weibliche Blüte eines Baumes zeitlich nicht zusammen. In der Regel kommen die männlichen Blüten vor den weiblichen, letztere sind daher zumeist auf Fremdbestäubung angewiesen. Die etwa 10 cm langen, hängenden männlichen Kätzchen wachsen seitenständig am zweijährigen Holz.

Der Walnußbaum ist wärmebedürftig und braucht geschützte Lagen mit ungehindertem Abfluß der Kaltluft, denn er ist vor allem gegenüber Spätfrösten sehr empfindlich. In den milden Weinbaugebieten macht der Walnußanbau als Ergänzungspflanzung betriebswirtschaftlich Sinn. Die württembergische Weinbauschule Weinsberg hat für diesen Zweck unter der Bezeichnung Weinsberg 1 eine glattschalige, große Nuß mit vollem Kern auf den Baumschulmarkt gebracht. Meisennüsse nennt man die Früchte mit leicht zerbrechlicher dünner Schale, die von Vögeln gerne angepickt werden. Leider sind die großen Kerne meist nicht sehr wohlschmeckend.

Charakteristisch für die Zweige der Walnuß ist das im Gegensatz zum Holunder und zur Hickorynuß auffallend quer gekammerte Mark. Aus dem Holz der Hickorynuß wurden früher sehr begehrte, aber auch sehr schwere Skier gefertigt.

Die jungen Blätter sind beiderseits kurzfilzig behaart, später verkahlen sie jedoch und behalten nur auf der Unterseite in den Nervenwinkeln rötliche Drüsenhaare, deren Köpfchen ein beim Zerreiben des Blattes intensiv, dabei nicht unangenehm duftendes ätherisches Öl enthalten. Dadurch sind die unpaarig gefiederten, später fast ledrigen Blätter stark aromatisch. Johann Peter Hebel schrieb daher: „Habe ich kein Tabak, auch Nußlaub gibt gut Rauch."

Walnüsse können, trocken und dunkel gelagert, noch nach sieben bis acht Jahren eßbare Kerne besitzen. Allerdings beginnt bereits nach einem halben Jahr die Keimfähigkeit weitgehend verloren zu gehen. Eingefroren bei −18°C ist jedoch das Saatgut über drei Jahre lagerfähig. Im Keimstadium sprengen die quellenden Samenlappen die Schale von der Spitze her entlang der Naht auseinander. Zuerst wird immer die Keimwurzel gebildet, dann erst der Sproß. Der Samen orientiert sich bereits während des Winters räumlich, seine Lage sollte deshalb danach nicht mehr verändert werden.

Seit Jahrtausenden kultiviert

Die Ur-Heimat des Walnußbaumes dürfte im heutigen China, dem westlichen Himalaya und im Kaukasus gelegen haben. In China kennt man die Walnuß als Kulturbaum schon seit Jahrtausenden. In den Mittelmeerraum und zu uns gelangte zumindest die veredelte großfruchtige Walnuß über Persien und wurde zuerst von den Griechen und Römern kultiviert. Die Hauptanbaugebiete finden sich heute auf dem Balkan, in Italien sowie in französischsprachigen Ländern, wo besonders die *noix de Grenoble* den Ruf hoher Qualität genießt.

Funde von kleinen Früchten in Pfahlbauten deuten auf eine frühe Verbreitung der Nuß etwa ab 5000 v. Chr. in Mitteleuropa hin. Unklar ist, inwieweit die Menschen an der Zuwanderung des Nußbaums aus dem Mittelmeerraum mitgewirkt haben.

Man kann annehmen, daß unsere aus Kleinasien zuwandernden Vorfahren die für ihre Ernährung hochwertige Frucht mitbrachten. Die großfruchtigen, weniger dickschaligen Sorten aber dürften erst von den Persern über Griechenland und Italien im gesamten mitteleuropäischen Raum verbreitet worden sein. Unter Karl dem Großen (747 bis 814) fand der Nußbaum seine große Verbreitung in Europa. Eine Förderin des Anbaus war aber auch Kaiserin Maria Theresia (1717 bis 1780): „An jedem Hof soll ein Nußbaum stehen."

Allen Städten und Gemeinden möchte ich empfehlen, den Nußbaum nicht zu vergessen. Zwar braucht dieser Baum ausreichend Platz, um sich entfalten zu können, aber seine mächtige Krone bildet einen markanten Punkt im Ortsbild oder in einer Grünanlage. Noch gerne denke ich an meine Schulzeit in Riedlingen, wo ich als auswärtiger Schüler bei meinem Gang zum Bahnhof im Herbst gern den Umweg zu einer kleinen Grünanlage mit zwei Nußbäumen machte und mich immer freute, wenn ein paar Nüsse am Boden lagen.

Die Nuß aus dem Welschland

Der Gattungsname *Juglans* ist eine Verunstaltung von *Jovis glans*, Jupiternuß.

Das Wort Nuß läßt sich, wie lateinisch *nux*, auf eine indogermanische Wurzel mit der Bedeutung geballtes Kügelchen zurückführen und bezeichnete ursprünglich die Haselnuß. Da die Jupiternuß besonders in Gallien angepflanzt wurde, kam es zu der Bezeichnung. Das Wort Welschnuß taucht erstmals 1543 auf, und zwar in dem großen, bebilderten Kräuterbuch des Tübinger Professors Leonhard Fuchs. Das bei Isingrin in Basel gedruckte Werk wurde berühmt durch den Text und die Schönheit seiner Pflanzendarstellungen. So wie die Griechen ihre Idealfiguren nach dem Gesetz des goldenen Schnitts schufen, sind hier auch die Pflanzendarstellungen diesem Ideal angenähert.

Walnuß ist eine Bezeichnung, die erst ab dem 18. Jahrhundert an die Stelle von Welschnuß trat. Welsch ist ein germanisches Wort und bezeichnet ursprünglich die keltischen Bewohner

westeuropäischer, also gallischer Gebiete. Diese Kelten zeichneten sich
besonders in der Pferdezucht sowie
im Härten und Schmieden von Metallen aus. Im Jahre 278/277 v. Chr.
zog ein keltischer Volksteil aus dem
im Osten bis etwa Wien reichenden
Kernraum über die Meerenge der
Dardanellen und wurde etwa in der
heutigen Zentraltürkei seßhaft. Da
diese Menschen, man vermutet, daß
es mit Frauen und Kindern etwa
20 000 gewesen sind, aus Gallien

*Die Walnuß ist eine Fallfrucht und deshalb
außen mit elastischem Gewebe gepuffert, wodurch der Nußkern beim Fall geschützt ist.*

kamen, wurden sie Galater genannt. Bekannt sind sie durch den
Brief, den der Apostel Paulus im Jahre 54/55 schrieb, dem sogenannten Galaterbrief. Er ermahnte sie darin, nicht unreflek-
tiert jüdische Gebräuche anzunehmen.

Heute subsummiert man unter dem Begriff welsch hauptsächlich Gebiete, in denen Italienisch oder Französisch gesprochen
wird. Die welsche Schweiz ist der französische Teil des mehr-
sprachigen Landes und die in der Umgebung von Chur gespro-
chene rätoromanische Sprache ist das Kauer-Welsch, eine
Spracheigentümlichkeit, die für hiesige Ohren gänzlich unver-
ständlich ist, einfach Kauderwelsch.

Nützlich auf vielerlei Weise

Walnußkerne bringen kalt gepreßt etwa 25 bis 50% fettes Öl,
das hellgelb, geruchlos und von mildem Geschmack ist. Es wird
allerdings sehr leicht ranzig. Man benutzt es als Speiseöl und,
da es schnell trocknet, auch in der Ölmalerei, oft ist es auch Bestandteil von Sonnenschutzöl.

In meinem Elternhaus stand vor dem Schlafzimmer ein Walnußbaum, da der Geruch seiner Blätter Schnaken abhält. Aus
dem selben Grund wurden Pferde mit einem Sud von Wal-
nußblättern vor Mücken und Stechfliegen geschützt. Mit grünen Nußblättern in Betten, Schränken, Kleidungsstücken hat
meine Mutter Ungeziefer ferngehalten.

Mädchen, die das Blond ihrer Haare leid waren, stellten sich aus den grünen Fruchtschalen und den Blättern des Walnußbaumes unter Zusatz des Doppelsalzes Alaun (Aluminium-Kalium-Sulfat) eine Farbbeize her, mit der sie sich die Haare braun färben konnten. Die Blätter allein, gepflückt von Juni bis August, ergeben gelbe und hellbraune Töne. Seit gebräunte Haut als modisch und schön gilt, ist der Farbstoff der grünen Walnußschale in Cremes wiederzufinden, mit denen es gelingt, auch ohne Sonne braun zu sein.

Alles, was uns der Nußbaum zu bieten vermag, ist von bester Qualität: neben den Nüssen edles Holz für Möbel. Wegen seiner Zähigkeit und seiner Elastizität war das Walnußholz einst unentbehrlich für die Ladestöcke der Vorderladergewehre; es gab kein anderes Holz, das so schwer (0,68 g/ccm), elastisch und glatt war. Verwendung fand das Nußbaumholz als Schaftholz für Armbrüste bereits im Mittelalter, in der Neuzeit dann auch für Gewehre. Für Gewehrschäfte gibt es nichts Besseres als Nußbaumholz. Es ist zäh und langfaserig, ziemlich hart und doch verhältnismäßig leicht; wenn es getrocknet ist, hat es außerdem hervorragende hygroskopische Eigenschaften.

Entsprechend groß war der Bedarf in den beiden Weltkriegen. 1935 erging vom Reichsforstamt ein Runderlaß zum Anbau von Walnußbäumen; viele unserer heutigen Nußbäume wurden damals gepflanzt.

Das meiste Nußbaumholz liefern heute Deutschland, die Türkei und Frankreich. An der Farbe und der Zeichnung des Holzes kann man die Herkunftsländer teilweise unterscheiden. Der deutsche und der schweizerische Nußbaum sind in der Maserung meist schlicht und von unauffälliger Art, der italienische ist lebhafter und rötlicher. Das schönste Nußbaumholz kommt aus Frankreich. Es zeichnet sich aus durch eine ruhige, gleichmäßige Struktur und eine unaufdringliche Farbigkeit. Seit dem frühen Mittelalter verwenden Schreiner vor allem in Frankreich das edle Material für Möbel. Besonders in der Biedermeierzeit wurden Nußbaummöbel von höchster und schlichter Schönheit hergestellt.

Aus dem Bereich der Gabeläste, dem unteren Teil des Stammes und den Wurzelknollen werden die wertvollen und mit wunderschönen Zeichnungen versehenen Furniere gemessert. Das

Holz wird dabei nicht rotierend geschält, wie dies bei der billigeren Schälfurnierherstellung geschieht, sondern in millimeterdünnen Schichten mit einem breiten Messer von einem waagrecht fixierten Stamm oder Holzteil als Messerfurnier abgehoben. Da die sogenannten Stammkröpfe die besonders begehrten Kropffurniere ergeben, werden die Nußbäume zur Furnierherstellung nicht etwa oberhalb des Erdbodens abgesägt, sondern mit dem Wurzelstock ausgegraben.

Eine Nuß knacken

Im Unterschied zur strauchartig wachsenden Haselnuß bezeichnet man die Walnuß gerne generell als Nußbaum und die Früchte, besonders im Oberdeutschen und Rheinischen, als Baumnuß.

In Literatur und Redensarten hat die Walnuß reichlich Eingang gefunden. So etwa bei Shakespeare in den „Lustigen Weibern": „Die Leute sollen von mir sagen, so eifersüchtig als Luth, der den Galan seiner Frau in einer hohlen Nußschale suchte" oder im Briefwechsel Jean Pauls: „Ach, warum wird dem Menschen alles so spät gegeben und die besten Walnüsse erst wenn ihm vorn ein Hauptzahn fehlt?" Goethe schildert in den „Leiden des jungen Werther" die besondere Stellung eines Walnußbaumes im Leben eines Dorfes. Bekannt sind auch die Redewendungen „für jemanden Nüsse knacken" (Rätsel lösen), „eine taube Nuß" (ein hohler Mensch), „jemanden wie einen Nußsack prügeln" (um im Herbst die Nüsse von den grünen Schalen zu befreien, schlug man sie kräftig in einem Sack und ersparte sich so das lästige Braunfärben der Hände beim Schälen).

Auch in der Bibel findet die Walnuß an einer Stelle Erwähnung, und zwar im Hohen Lied Salomo: „Ich bin hinab in den Nußgarten gegangen zu schauen die Sträuchlein am Bach, zu schauen ob der Weinstock sproßt, ob die Granatbäume blühten" (Hld 6, 11).

In der christlichen Literatur wird verschiedentlich die Walnuß als Sinnbild des Menschen erwähnt: die grüne Hülle als Symbol des Fleisches, die harte Schale als Symbol der Knochen und der süße Kern als Symbol der Seele.

Fleischbeilage und Nußlikör

Solange die Schalen noch weich waren, also vor Johanni, hat meine Mutter die unreifen grünen Früchte in Essig- mit Honigzuckerlösung eingelegt. Dies war eine beliebte Beilage zu Siedfleisch. Auch magenstärkender Nußlikör wurde aus grünen Früchten gemacht. Hier das Rezept meiner Mutter: „20 bis 25 grüne, einwandfreie Nüsse (1 kg) werden spätestens bis 24. Juni, bevor die Schale hart wird, geerntet; später lassen sie sich nicht mehr mit dem Messer kleinschneiden. Früchte gründlich waschen und abtrocknen, dann in kleine Stücke schneiden. Mit einer Stange Zimt und drei bis fünf Nelken in ein Einmachglas füllen und mit einem Liter 96%igem Weingeist auffüllen. Gut verschlossen vier Wochen lang an einem sonnigen, warmen Platz ziehen lassen. Durch ein Tuch abfiltern. Ein Liter Wasser mit 250 g Zucker oder Honig aufkochen und danach abkühlen lassen. Den gereinigten alkoholischen Extrakt mit der abgekühlten Zuckerlösung verdünnen. In saubere Flaschen abfüllen und einen Monat nachreifen lassen."

In meiner Kindheit habe ich einmal eine solche Flasche Nußlikör, den meine Mutter hinter dem Kachelofen in der guten Stube versteckt hatte, im Laufe der Zeit mit meinem Vater, dem ich mich dadurch stolz gleichberechtigt verbunden fühlte, ausgetrunken. Danach füllten wir Kaffee in die Flasche, und das Aussehen war wieder wie vorher, aber nicht der Inhalt.

Nahrung fürs Gehirn?

Der kreuzähnliche Keimling der Walnuß soll den Nagel versinnbildlichen, der bei der Kreuzigung Christi übrig blieb. Im Rheinischen heißt er daher Herrgottsnagel. Die romanische deutsche Buchmalerei und Bildkunst zeigt, wohl ausgehend vom Johannesevangelium, Christus am Kreuz in aufrechter, sieghafter Haltung, vielfach mit der Königskrone auf dem Haupt. Die Füße stehen nebeneinander und sind einzeln je von einem Nagel durchbohrt. Somit wurden insgesamt vier Nägel verwendet. Auf der zwischen 1230 und 1235 entstandenen Triumphkreuzgruppe in Wechselburg/Sachsen ist Christus mit übereinandergelegten Füßen gekreuzigt, also mit drei Nägeln. Die Darstellung mit drei Kruzifixnägeln kam in der Kleinplastik zuweilen schon früher vor, doch wurde sie erst nach Wechselburg in Deutschland allgemein üblich. Vielleicht hat der Volksglaube, beim Walnußkeimling handle es sich um den übriggebliebenen Kreuzigungsnagel, hier einen seiner Ursprünge.

Dieser sogenannte Herrgotts- oder Kreuznagel wird zuweilen den Kindern in die Schuhe gelegt, was das Stolpern verhindern soll.

Die Signaturlehre, die vor allem im 16. Jahrhundert ihre Blütezeit hatte, geht davon aus, daß Gott in jedes Ding, das für arzneiliche Zwecke verwendet werden kann, ein verborgenes Zeichen gelegt hat, das dem Kundigen bei richtiger Auslegung die jeweilige medizinische Anwendungsmöglichkeit offenbart. Auch die Nüsse waren von derartigen Auslegungen betroffen. Daß ihnen ausgerechnet ein positiver Einfluß auf

Christusdarstellung an der Wende von der Romanik zur Frühgotik. Hier (Saulgauer Kreuzkapelle, 12. Jahrhundert) noch mit vier Nägeln, später wurden in den Kreuzigungsdarstellungen beide Füße nur noch mit einem Nagel ans Kreuz geschlagen. Der kreuzähnliche Keimling der Walnuß soll den Nagel versinnbildlichen, der bei der Kreuzigung Christi übrig blieb. Im Rheinischen heißt er daher Herrgottsnagel.

das Gehirn nachgesagt wurde, hängt damit zusammen, daß die Wahlnußkerne durch ihre Form an das menschliche Gehirn erinnern. Deshalb sollten sie sowohl gegen Kopfschmerzen als auch gedächtnisfördernd und -kräftigend wirken. Nicht von ungefähr heißt die im Handel erhältliche Mischung aus Nüssen und Rosinen im Volksmund Studentenfutter. Auch den ABC-Schützen gibt man mit Vorliebe Nüsse in die Schultüte.

Der Polterabend vor einer Hochzeit, bei dem man ja heute gerne Geschirr zerschlägt, hatte ursprünglich den Sinn, durch

Lärm böse Geister zu vertreiben. Diesen Lärm erzeugte man früher auch durch das geräuschvolle Werfen von Walnüssen auf den Boden. Man spricht daher von der Polternuß. Selbst Kindersegen sollte das Werfen von Nüssen bewirken, denn im griechischen Altertum war die Walnuß *Dios balanos*, dem Zeus, im römischen dem Jupiter geweiht. Damit der jeweilige Gott der jungen Frau Fruchtbarkeit verleihe, wurden bei Hochzeiten Walnüsse, Zeus-Eicheln genannt, geworfen.

Am 12./13.09.1997 anläßlich eines Kolloquiums in Bönnigheim über Nachgeburtsbeseitigung berichtete die Ethnologin Frau Lieselotte Kuntner, Lehrbeauftragte an der Universität Zürich, daß im Tessin die Plazenta nach der Geburt eines Jungen im Garten bzw. in Hausnähe eingegraben und darüber ein Nußbaum gesetzt wird. Die Plazenta der Mädchen wirft man weg (siehe auch Haselnuß, S 140).

Baum der Körbe

Weide – Korbweide, Hanfweide
Salix viminális L.
Familie Weidengewächse

Die Korbweide ist ein Strauch von 1,5 bis 4 m Höhe. Sie hat in der Jugend kurzbehaarte, später kahle, grünlich-graue oder braune Zweige. Die Blätter haben einen zurückgerollten Rand und sind zehnmal so lang wie breit. Letzteres bewirkt, daß sie sich, etwa bei Hochwasser, der Strömung anpassen können. Die Blütenkätzchen erscheinen vor den Blättern im März/April. Einjährige Ruten werden als Flechtmaterial, die dreijährigen Stücke zur Faßreifherstellung verwendet, denn die Weidengerten sind langfaserig, biegsam und formbar.

Die Weiden, von denen es etwa 400 Arten gibt, zählen neben Pappel und Eiche zu den ersten nachgewiesenen Blütenpflanzen, die schon in der Kreidezeit (Beginn vor etwa 135 Millionen Jahren) unser Land besiedelten.

Die Weiden haben nur eine Knospenschuppe, wodurch sie sich eindeutig von allen anderen einheimischen Gehölzgattungen unterscheiden lassen. In Mitteleuropa umfaßt die Familie lediglich die Gattungen Weiden und Pappeln. Da alle Weiden in der Regel zweihäusig (diözisch) sind, kreuzen sich die einzelnen Arten leicht untereinander, so daß immer neue Spielarten entstehen, die sich nicht selten wieder durch Samen vermehren. Es fällt deshalb selbst Spezialisten unter den Botanikern schwer, solche Bastarde zu bestimmen.

Während die Weidenblüten Nacktdrüsen haben und durch Insekten bestäubt werden, sind die Pappeln Windblütler. Bei beiden Gattungen werden die winzigen Samen mit Hilfe von Flughaaren, die wie kleine Wattebäuschchen aussehen, durch den Wind weit verbreitet. Dies ist nur dann möglich, wenn der Samen sehr leicht ist, d.h. aber auch, er kann im Gegensatz zu den meisten anderen Samen kaum Nährgewebe mit auf den Weg bekommen. Samen ohne Nährgewebe sind somit sehr kurzlebig, weshalb sie möglichst schnell eine Keimmöglichkeit benötigen. Diesen Nachteil gleicht die Weide durch eine ungemein große

Die hohle Kopfweide ist in der Literatur auch schon als ein Sinnbild des tätig-duldenden Menschen, der sich durch keine Widrigkeiten und kein Unglück abhalten läßt, immer wieder neu anzufangen und Mut zu fassen, bezeichnet worden.

Samenproduktion aus. Der Forstmann spricht von Pionierbaumarten, die wegen ihres leichten und weit fliegenden Samens vor allem nach den Eiszeiten als erste aus dem Süden wieder auf die Rohböden zurückwandern konnten.

Die männlichen Blüten stehen in Kätzchen, die vor dem Aufblühen an das weiche Fell junger Katzen erinnern. Auf die christliche Kirche geht die Bezeichnung Palmkätzchen zurück. Als Ersatz für die Palmwedel des Mittelmeergebietes, dem Sinnbild des Sieges über den Tod, verwendet man bei uns in katholischen Gegenden am Palmsonntag, der die Karwoche einleitet, verschiedene Weidenarten mit auffallenden, großen Kätzchen, aber auch andere Zweige sowie Früchte und ausgeblasene, bemalte Eier. Diese werden kunstvoll in Kronenbögen auf einen Stecken gebunden und am Palmsonntag gesegnet. Die Bedeutung der Palme ist eine dreifache:

– Sinnbild des Triumphes Christi
– Zeichen des ewigen Lebens (auf den Schmuck der Bestattungsfirmen an ihren Autos darf ich verweisen)
– im Volkskundlichen: Schutz vor Blitz, Unwetter und bösen Einflüssen.

Letzteres ist der Grund, weshalb die mit viel Liebe gefertigten „Palmen" nach der Kirche an den Haus- bzw. Stalleingängen angebracht werden. Meine Eltern steckten solche Zweige hinter das Wohnzimmerkreuz.

In der katholischen Kirche ist es Brauch, geweihte Palmzweige aufzuheben und im nächsten Jahr damit die Asche zu bereiten für den Aschermittwoch, den Beginn der Fastenzeit. Diese verwendet man dann, um die Häupter der Gläubigen mit einem

Bereits wenige Wochen Überflutung reichen aus, um die Weiden anzuregen, im Bereich des hohen Wasserstandes ein dichtes Feinwurzelnetz zu bilden, das nach Abzug des Wassers, wie hier auf dem Bild, sichtbar wird. (Foto: I. Möllenkamp)

Aschenkreuz als Zeichen der Buße zu bestreuen und sie zu ermahnen: „Gedenke Mensch, daß du Staub bist und zum Staube zurückkehren wirst".

Die Weide kann, wie die Roterle auch, dicht am Ufer oder sogar im Wasser stehen, ohne durch hohe Feuchtigkeit Schaden zu nehmen. Beide haben in ihren Wurzeln ein besonderes Durchlüftungsgewebe und bilden im Wasser ganze Wurzelzöpfe, die mit Vorliebe beispielsweise in Wasserleitungsrohre einwachsen (siehe Roterle). An Flußufern trägt die Weide zur Herabsetzung der Strömungsgeschwindigkeit bei und schützt die Ufer vor Abtragung. Die Wurzeln, die bereits bei wenigen Wochen Überflutung in der Hochwasserzone gebildet werden, sorgen für Schlickablagerung, was auch zur Befestigung des Ufers und zur allmählichen Erhöhung des Flußvorlandes beiträgt.

Unentbehrlich für die Bienen

Im Frühjahr ist der gelbe Blütenstaub der Weidenkätzchen ein wesentlicher Bestandteil der Nahrung unserer Honigbienen und Hummeln. Dieser Pollen, der die männliche Erbinformation überträgt, ist Lockmittel und zugleich Nahrung. Er enthält 16 bis 30% Eiweiß, außerdem 3 bis 10% Fette, 1 bis 7% Stärke, 1 bis 9% Mineralien, fast keinen Zucker und viel Vitamine (Westrich 1989, S. 275). Diese Tracht der Frühjahrsblüher benötigt das Bienenvolk, um durch entsprechende Fütterung die Legeleistung ihrer Königin von etwa 130 Eiern im Februar auf 2000 pro Tag im Mai und Juni hochzuschrauben. Bedenkt man, daß ein Ei etwa 0,13 mg wiegt, muß die Königin täglich nahezu ihr eigenes Körpergewicht verarbeiten. Unser Naturschutzgesetz verbietet daher zu Recht das Schneiden sämtlicher Weidenarten im Freiland zur Zeit der Blüte. Durch die Bestäubung der Pflanzen bringen die Bienen ein Vielfaches mehr an Nutzen als durch Honigertrag. Ca. 80% der einheimischen Blütenpflanzen sind auf Insekten als Bestäuber angewiesen. Durch die Intensivierung unserer Landwirtschaft wurden jedoch vielen von ihnen nicht nur Nistgelegenheiten und Lebensräume entzogen, zusätzlich erschweren Pestizid-Einsatz und Verarmung der einheimischen Pflanzenwelt besonders Tieren, die auf wenige Pflanzen spezialisiert sind, das Überleben. Einzig die Honigbiene in der Obhut des Menschen ist vom allgemeinen Artenschwund ausgenommen. Sie wird durch Wandern und Zufüttern über Trachtlücken in unseren „Kultursteppen" gerettet. In oder an den Blüten sind allerdings nicht nur Honigbienen, sondern auch Wildbienen beim „Höserln"-Sammeln und Zusammenpacken von Pollen an den Hinterbeinen unterwegs.
Im Schnitt wiegen zwei Höschen 20 mg – ca. ein Fünftel des Körpergewichts einer Biene – und bestehen aus etwa einer Million Pollenkörner. Im Honig, natürlich aus der näheren Umgebung, nicht erhitzt und ungefiltert, stecken somit die wichtigsten Pollen der Heimat in winzigen Mengen. Ein halber Teelöffel Honig am Morgen wirkt daher wie eine Desensibilisierung und gewöhnt den Körper unter Umständen ohne teure Medikamente oder gar Spritzkuren an die Allergieauslöser.
„Bei Husten, Schnupfen, Heiserkeit, hilft Milch mit Honig

jederzeit", so der Ausspruch meiner Mutter. Worauf diese Wirkung beruht, enthüllten erst moderne Analysemethoden: Honig enthält verschiedene Fermente, darunter Diastase, Saccharase und Glucoseoxidase. Letztere setzt bei der Zuckeraufspaltung Wasserstoffperoxid frei, das entzündungshemmend und antibakteriell wirkt. Der Honig muß jedoch in abgekühlte Milch oder Tee eingerührt werden, denn bei über 45° C werden die aktiven Inhaltsstoffe zerstört, der Honig verliert seine Wirkung (Aumeier 11/98, S. 275).

„Honig ist aber auch ein ausgezeichneter Energiespender, da er nicht nur energiereich ist, sondern diese Energie (im Unterschied zu fetten Speisen) auch in leicht verdaulicher Form enthält." Durch „die Biene aufgearbeitet" ist Zucker in „verdauter" Form vorhanden, d. h. bereits in Einfachzucker (Trauben- und Fruchtzucker) gespalten. Diese kann der Körper sehr leicht aufnehmen. Besonders bei körperlichen Anstrengungen liefert der leicht verwertbare Traubenzucker des Honigs unmittelbar Energie (z. B. für Sportler), wobei für die gleiche Energieausbeute weniger Sauerstoff verbraucht wird, was wiederum weniger Muskelkater (!) als bei der Verwertung von Fett bedeutet (Aumeier 5/1999, S. 142).

Die überwinternden Hummelköniginnen sind früher unterwegs als Honigbienen. Sie besitzen sozusagen eine „Standheizung", d. h. sie können sich auch im Sitzen aktiv erwärmen und besuchen Blüten selbst noch bei 2° C Außentemperatur. Besonders in Jahren mit ungünstiger Witterung verhindern Hummeln dadurch einen völligen Ernteausfall beim Obst. Honig gibt es von den Hummeln allerdings nur in geringen Mengen, denn es überwintert nur die Hummelkönigin, die dann im Frühjahr einen neuen Staat gründen muß. Das Volk füllt im Sommer einige aufrechtstehende Behälter mit Honig, der aber bald verdirbt, weil er viel Wasser enthält. Als Kinder haben wir diese Vorräte der Hummeln unter Zuhilfenahme von Grashalmen ausgesaugt.

Wenn ich persönlich auch nicht nach den Regeln eines Bienenstaates leben möchte, so bin ich doch immer wieder fasziniert von dieser geordneten Gemeinschaft, die das Zusammenleben so vieler Individuen ermöglicht. Das ganze Streben dient dem Erhalt des Bienenstaates. Wie kann ein so kleines Insekt das alles leisten, wo doch wir Menschen mit all unserer Intelligenz

Mühe haben, einen Staat zu organisieren, in dem wir friedlich und in Wohlstand zusammenleben können? Die Steuerung des Bienenstaates erfolgt in unglaublicher Schnelligkeit und fein abgestimmt über Duftmoleküle, die das Staatsoberhaupt – die Bienenkönigin – in winzigen Mengen abgibt. Über diese Duftstoffe werden beispielsweise männliche Bienen zum Begattungsplatz gelockt, die Flugbienen zum Stock zurückgeleitet und das Eierstockwachstum bei den Arbeiterinnen des Staates unterdrückt, denn nur die Königin soll Eier legen.

Die Bienenkörbe links vom Jesuskind auf dem Bild der Stuppacher Madonna haben immer meinen Blick angezogen. Geschichtlich handelt es sich um die damals typische niedrige Korbform, den „Alemannischen Rumpf". Matthias Grünewald hat in seinem 1519 geschaffenen Meisterwerk auch Textstellen der Offenbarung der heiligen Birgitta von Schweden (*1303) in Bilder umgesetzt. Maria sagt darin: „Ich war in Wahrheit ein Bienenkorb, als die hochgelobte Biene, der Sohn Gottes, vom höchsten Himmel sich herniederlassend, in meinem Schoß Einkehr nahm." In einer Zeit, in der die meisten Menschen nicht lesen konnten, war folglich die symbolreiche theologische Bildsprache von besonderer Bedeutung. Damals galt die Biene als reines, jungfräuliches Tier, in dem sich auch besonderes göttliches Walten manifestierte.

Enkaustik nennt man die Wachs-Maltechnik der Antike, die von den Griechen, Ägyptern sowie vom Sinai bekannt ist. Die Farben werden durch Wachs gebunden, hart oder flüssig aufgetragen und mit einem erhitzten, spachtelartigen Instrument glatt gestrichen. Diese Wachse wurden von Bienen erzeugt und dienten auch zur Herstellung von Kerzen. Erst seit 1824 verstand man es, aus Fett und Talg das wachsartige Gemisch Stearin herzustellen, das heute auch in der Seifen-, Gummi- und Textilindustrie verwendet wird.

Noch zu Luthers Zeiten sollen in der Schloßkirche zu Wittenberg täglich 100 Pfund Wachs verbraucht worden sein. Klöster und Abteien bezogen das benötigte Wachs zunächst vornehmlich von ihren eigenen Wirtschaftsgütern. Später gingen die geistlichen, aber auch die weltlichen Herren dazu über, sich von ihren Untertanen einen Teil der jährlichen Abgaben in Form von Bienenwachs entrichten zu lassen. Die Verwendung von

Bienenwachskerzen war in der Besonderheit dieses Wachses begründet. Das Wachs der geweihten Kerzen mußte für den Gottesdienst rein und unverfälscht sein, was eben nur von einem reinen Tier wie der Biene gewährleistet werde konnte.

Die alte süddeutsche Bezeichnung Felber, zum Teil in der Mundart und in Familiennamen weiterlebend, wurde für Weiden gebraucht, die in Baumform wachsen. Auch der Name der württembergischen Stadt Fellbach hat hier seine Wurzeln.

Bei den Baumweiden wurden einst die vom Boden aus zu erreichenden starken Äste als Brennholz abgesägt und ihre Zweige zur Herstellung von Faschinen und vor allem zu Korbflechtarbeiten sowie als Bindematerial für Obst- und Weinbau benutzt. So wurden die verholzten Reben, und werden zum Teil heute noch, nach dem Winterschnitt mit Weidenruten, die man einige Tage vorher in Wasser gelegt hatte, festgebunden. Für die weichen Sommertriebe dagegen verwendete man neben mit Flegeln gedroschenem Roggenstroh, das zum Teil über zwei Meter hohe Pfeifengras (*Molinia caerulea*), auch Ranschaub genannt. Diese langen, knotenfreien Halme, die einst auch zum Reinigen der Pfeifen dienten, sind überall in den Waldungen des Weinbaugebiets im württembergischen Unterland zu finden. Die jährlichen Erlaubnisscheine zum Rupfen (Ziehen) von Pfeifengras haben in der ersten Hälfte meiner Dienstzeit dem Forstamt noch gewisse Einnahmen gebracht.

Durch die beschriebene, vegetative Vermehrung auf dem Stamm entstanden die sogenannten Kopfweiden, die das Bild mancher Flußlandschaft prägen. Verschiedene, sogenannte „Aufsitzerpflanzen", deren Samen durch Vögel verbreitet werden, finden hier in Astgabeln und alten Faulstellen geeignete Keimmöglichkeiten und überleben dort jahrelang. Hier finden höhlenbewohnende Vogelarten, die die offene Landschaft bevorzugen, in den mit den vielen Faulstellen verbundenen Mulmnestern einschließlich der vielen Totholzkäfer geradezu ideale Lebensbedingungen – so vor allem Steinkauz (*Athene noctua*), Hohltaube (*Columba oenas*) und Wiedehopf (*Upupa epops*).

Im Vergleich zum 18. Jahrhundert sind die Kopfweiden auf etwa ein Viertel des ursprünglichen Bestandes zurückgegangen, deshalb finden wir sie heute auf der Roten Liste der gefährdeten Biotope. In dankenswerter Weise bemühen sich heute verschiedene Kommunen, so auch meine Heimatstadt, unsere Landschaft in dieser Hinsicht wieder etwas zu bereichern.

Um das Zusammenbrechen der Kopfweiden unter der Last ihrer Äste zu verhindern, muß etwa alle zehn Jahre ein Rückschnitt erfolgen. Der Nutzungsturnus wurde natürlich ursprünglich vom Verwendungszweck bestimmt. Flechtruten müssen schlank, Gerätestiele und besonders Zaunpfosten dagegen stärker sein. Aber auch der aktuelle Bedarf an Brennholz beeinflußte den Umtrieb. Von 1820 bis 1850 wurden 80% des Holzeinschlags verbrannt, von 1900 bis 1927 nur noch 50% (Braun/Konold 1998, S. 51).

„Der Ursprung des lateinischen Terminus Salix liegt in der indogermanischen Wurzel selq, was ‚winden, drehen‘ bedeutet. Sowohl der lateinische Begriff Salix als auch der deutsche Name Weide lassen sich auf die charakteristische Eigenschaft des Sich-Biegens und des Sich-Drehen-Lasssens der Weiden zurückführen" (Braun/Konold 1998, S. 41).

Da sie das Material für die Faßreifherstellung liefert wird diese Weide auch Keferweid oder Küferweide genannt. Namen, die auch für andere Weiden, deren Ruten zum Binden und Flechten zu gebrauchen sind, gelten. Der mecklenburgische Name Amtswied wird damit erklärt, daß diese Weide in den großherzoglichen Ämtern von den Bewohnern in bestimmter Zahl gepflanzt werden mußte.

Weidenrinde wirkt wie Aspirin

Die Rinde junger Weidentriebe haben wir als Kinder benützt, um Pfeifen und Flöten daraus zu machen. Sie läßt sich nämlich, ähnlich wie bei der Vogelbeere, die allerdings etwas bitter schmeckt, im zeitigen Frühjahr, wenn der Saft zu steigen beginnt, durch vorsichtiges Klopfen leicht lösen. Wegen der die Tonhöhe beeinflussenden verschiedenen Zweigstärken, bevorzugten wir die Salweide (*Salix caprea*).

Die Weidenrinde enthält reichlich Gerbstoffe. Sie findet daher im nördlichen Europa, beispielsweise bei der Herstellung des russischen Juchtenleders sowie des dänischen und schottischen Handschuhleders Verwendung. Der charakteristische Juchtengeruch entsteht durch die Imprägnierung dieses Leders mit Birkenrindenteer.

Die Rinde der Weide ist aber auch der phytotherapeutische Vorläufer des Aspirin (Acetylsalicylsäure). Zu Zeiten der Arzneimittelknappheit wurden mit Weidenrinde im klinischen Bereich beachtliche Erfolge erzielt. Dieses Naturprodukt hat nach der Erfindung der Herstellung in haltbarer und chemisch reiner Form durch Dr. Felix Hoffmann von der Firma Bayer ab 1899 an Bedeutung verloren, nicht aber das Aspirin. Nach jüngsten Erkenntnissen verhindert dieses Medikament, daß sich die Blutblättchen zusammenballen und so Thrombosen entstehen. Auch in der Rheumatherapie läutete Aspirin eine neue Ära ein. In seinem „Wiegenlied für sich selbst" von 1929 reimt Erich Kästner: „Schlafe! Mache eine Pause! Nimm, wenn nichts hilft, Aspirin! Denn wer schläft, ist nicht zu Hause. Und schon geht es ohne ihn."

Und die britische Königin Elisabeth II. sagte 1986 beim Staatsbesuch des damaligen Bundespräsidenten Richard von Weizsäcker im Vereinigten Königreich: „Deutsche Erfolge überspannen die ganze Breite menschlichen Lebens. Von der Philosophie über Musik und Literatur bis zur Entdeckung der Röntgenstrahlen und der Massenproduktion von Aspirin."

Salicylsäure benutzte aber auch meine Mutter, um Marmelade haltbar zu machen. Im Glas wurde die Marmelade mit Butterbrotpapier abgedeckt und mit einem weißen Pulver, eben Salicylsäure, bestreut. Dies war ein zuverlässiges Mittel gegen Fäulnis, Gärung und Schimmelbildung. Meine Frau hat dies heute nicht mehr nötig, da sie luftdicht schließende Marmeladegläser verwendet und diese heiß befüllt.

Schon der Vater der abendländischen Medizin, Hippokrates (460 bis 375 v. Chr.), verordnete bei Fieber, bei rheumatischen Schmerzen, bei Kopfweh usw. Weidenrindentee. In China werden Weidenblätter zur Verfälschung des Schwarztees benutzt (Hegi 1957, Band III/1, S. 53).

Deutschlands älteste Kabelhängebrücke über die Argen zwischen Langenargen und Kressbronn.

Aufenthaltsort von Hexen und Geistern

Die Weidenarten sind ein wesentlicher Bestandteil unserer Fluß- und Bachufer begleitenden Strauch- und Baumgruppen. In ein derartiges Grün eingebettet finden wir nahe dem Bodensee ein technisches Wunderwerk, die 72 m lange Argenbrücke zwischen Langenargen und Kreßbronn. Im Jahre 1898 wurde sie dem Verkehr übergeben. Heute ist dies Deutschlands älteste noch erhaltene Kabelhängebrücke. Auf der Weltausstellung 1900 in Paris wurde sie als vollkommenste Kabelhängebrücke gefeiert. Sie wurde zum Mekka der Brückenbauer aus aller Welt. Die Kabelhängebrücke am Bodensee stand auch Pate für die weltberühmte, 2737 m lange 1937 vollendete Golden-Gate-Bridge in San Francisco. Beim Bau fungierte als Chefberater der Schweizer Ingenieur Othmar Ammann, der bei der Brücke am Bodensee noch als Student mitgewirkt hatte.

Dem Volksglauben nach kann die Weide durch Zauberei stellvertretend Krankheiten aufnehmen. Mit der Bitte um Übernahme des Leidens mußten drei Weidenzweige miteinander verknotet werden. Man sah in diesem Baum außerdem einen bevorzugten Aufenthaltsort von Geistern und Hexen.

Jemandem einen Korb geben

Geflochtene Gefäße, sei es zur Aufbewahrung oder zum Transport, gehören zu den ältesten Gebrauchsgegenständen der Menschheit. Schon Jäger, Fischer und Sammler beförderten darin ihre Beute. In den Pyramidengräbern von Giseh, wurden Körbe gefunden, die 3000 v. Chr. schon in Gebrauch waren.

Als deutsche Metropole der Feinkorber kann man Lichtenfels im bayerischen Oberfranken bezeichnen. In der dortigen Berufsschule gibt es sogar eine Fachklasse für Korbflechterei, in der auch noch alte Techniken gelehrt werden. Es gibt grüne, graue oder schwarze Ware, die aus ungeschälten Weiden geflochten wird. Aus geschälten Weiden werden die weißen, feineren Produkte hergestellt. Von den über 60 Weidenarten, die es in Deutschland gibt, eignen sich 40 zum Korbflechten. Die Technik des Flechtens ist ein Urhandwerk, dem es beschieden blieb, ein Handwerk zu bleiben. Glasballone, in Weidenkörbe eingeflochten, habe ich selbst noch in Gebrauch, und sie sind im Handel auch noch erhältlich.

„Jemandem einen Korb geben" bedeutet, ihm eine Absage erteilen. Unerwünschte Anbeter wurden früher, im Gegensatz zu den ersehnten, in einem Korb, dessen Boden gelockert war, zum Kammerfenster des Burgfräuleins emporgezogen. Bei dieser Prozedur fielen sie nicht selten unten heraus. Daher der Begriff „durchfallen" bei einer Prüfung oder die Redewendungen „aus allen Wolken fallen" und „er ist unten durch". Etwa ab dem 17. Jahrhundert kennt man diese Sitte nur noch in abgeschwächter und symbolischer Form, indem das Mädchen dem unbequemen Bewerber einen Korb ohne Boden ins Haus schickte, was dieser als „bodenlose Unverschämtheit" auffassen konnte. Als „Hahn im Korb" kann sich jemand fühlen, der als einziges männliches Wesen, sozusagen als Meistbegünstigter, sich von einer Gruppe junger Mädchen umgeben sieht.

Saulus, der etwa zwischen 32 und 35 n. Chr. bekehrt und zum Paulus wurde, sollte von den Juden in Damaskus, denen er ins Gewissen geredet hatte, getötet werden. „Da nahmen ihn die Jünger bei der Nacht und taten ihn durch die Mauer und ließen ihn in einem Korb herab" (Apg 9,25). Die anschauliche Darstellung dieser Flucht habe ich in den vielleicht ältesten Fresken des deutschen Sprachraums (um 750) gefunden, und zwar in dem Kirchlein St. Prokulus in Naturns/Etschtal, das dem Viehheiligen und einstigen Bischof von Verona geweiht ist.

Ein derartiges Hinaufziehen bzw. Herabbefördern in Körben war früher nichts Ungewöhnliches, da man teilweise in Wohnwehrtürmen hauste, die aus Sicherheitsgründen nur Hocheingänge hatten; um hineinzukommen brauchte man eine Leiter, oder man konnte sich in einem Korb hochziehen lassen. Solche Wohnwehrtürme sind bei uns noch in Besigheim oder Liebenstein zu sehen. Sämtliche heute noch im Stadtbild von Bietigheim zu findenden alten Wappen zeigen einen derartigen Wohnturm mit Hocheingang. Vorbild war wohl ein 1542 eingestürzter Burgturm. 1976 hat man dieses überkommene Wappen geändert und aus dem Wohnwehrturm einen Torturm gemacht, was ich sehr bedauere.

Die Rettung von Paulus aus der Stadt Damaskus in einem Korb, der über die Mauer heruntergelassen wird. Darstellung im Kirchlein St. Prokulus von Naturns im Etschtal.

Weil sie bei der gut funktionierenden Fortpflanzung über Steck-linge keinen Samen braucht, um neue Pflanzen zu zeugen, war die Weide im Mittelalter auch der Baum der Keuschheit. Be-sorgte Mütter legten daher bisweilen ihren Töchtern Weiden-zweige unters Bett. Aus wohl ähnlichen Gründen war es bei den Germanen Brauch, zum Liebesabschied Weidenzweige zu über-reichen. Noch heute ist geläufig: „Die hat mir einen Korb gege-ben".

Weiden galten nicht nur als geschlechtshemmend, sondern als regelrechtes Verhütungsmittel. Der Tip „die Blätter mit kaltem Wasser getrunken, daß die Weiber nicht schwanger werden" stammt von dem griechischen Arzt und Pharmakologen des 1. Jahrhunderts n. Chr., Dioskurides Pedanios. Noch in den Kräuterbüchern des 16. und 17. Jahrhunderts wurde dieses Re-zept rege empfohlen (Laudert, S. 210).

Zum Laubhüttenfest, dem jüdischen Erntedankfest, das zu-gleich an die Wüstenwanderung des jüdischen Volkes und des-sen Wohnen in Hütten erinnert, ist in Lev 23,40 zu lesen: „Und sollt am ersten Tage Früchte nehmen von schönen Bäumen, Palmzweige und Maien von dichten Bäumen und Bachweiden und sieben Tage fröhlich sein vor dem Herrn, eurem Gott."

Ein edles Gewächs

Wilde Weinrebe
Vítis viനífera var. sylvéstris (C. C. GMEL.) HEGI
Familie Weinrebengewächse

Unter Wildreben werden keineswegs verwilderte Kulturreben verstanden, wie sie oft in aufgelassenen Weinbergen zu finden sind. Es handelt sich vielmehr um eine unabhängig von menschlichen Eingriffen vorkommende Wildform. Wichtigstes Unterscheidungsmerkmal zwischen Wild- und Kulturrebe ist die Zweihäusigkeit (Diözie) der wilden Rebe, d.h. es gibt männliche und weibliche Pflanzen; zwittrige wie die Kulturrebe sind selten zu finden. Die Traubenbeeren, sozusagen Sammelbeeren, der weiblichen oder zwittrigen Reben sind kleiner als die der Kulturreben und besitzen wenige saftige, rotblaue bis schwarzblaue runde Beeren von meist saurem Geschmack.
Die Samenkerne sind herzförmig und rundlich gegenüber den mehr flaschenförmigen der Kulturrebe. Im herbstlichen Auenwald, wo die Naturrebe, wenn auch selten, noch vorkommt, fällt ihr Laub durch eine leuchtend purpurrote Färbung auf.
Von den bekannten im letzten Jahrhundert meist aus Amerika eingeschleppten Pilzkrankheiten und Schädlingen wird sie wie die europäische Kulturrebe befallen. Die Wildrebe steht im Naturschutzgesetz unter den besonders geschützten Arten.

Eine rar gewordene Pflanze

Die ältesten mit Weinreben vergleichbaren Funde stammen aus dem frühen Tertiär, dem Eozän Südenglands, Beginn vor 53 Millionen Jahren. Auch in Grönland (=Grünland) waren damals Rebengewächse verbreitet (Schumann 1968, S. 487 f). Während der Eiszeiten fanden die Rebengewächse nördlich der Alpen keine Lebensbedingungen mehr. Sie konnten jedoch in den Zwischeneiszeiten, also in den Warmzeiten, teilweise von Süden her, ähnlich wie z.B. unsere Waldbäume, wieder zurückwandern. Nach der letzten Vereisung, der Würmeiszeit, verbreitete sich die Wildrebe wieder über große Teile Europas. Um 5000 v. Chr. hat sie vermutlich durch Vogelsaat den Weg vom Mittelmeerraum bis zu uns überbrücken können. Vor noch relativ kurzer Zeit, etwa um 1850, waren Tausende von Exemplaren dieser Wildrebe nördlich der Alpen bekannt. Heute gibt es nur noch einige wenige in der österreichischen Donauniederung und in den Auewaldungen beiderseits des Rheins.

Nach Schumann wuchsen 1967 am Oberrhein lediglich noch 25 Exemplare der Wildrebe, von denen fünf Früchte trugen, und zwar an folgenden Standorten:

Colmar/Elsaß, Parzelle 41: fünf Exemplare, eine traubentragend
Matzenheim/Elsaß im SO: ein Exemplar
Offendorf/Elsaß, Gem. Wald, Abteilung 12: ein Exemplar
Sermersheim/Elsaß: ein Exemplar
Ketsch/Baden, Halbinsel: elf Exemplare, drei traubentragend
Mannheim/Baden, Reißinsel: drei Exemplare, eine traubentragend
Rußheim/Baden: ein Exemplar
Hördt/Pfalz: ein Exemplar
Otterstadt/Pfalz, Auwald Abteilungen 5 und 6: ein Exemplar

Berücksichtigt man, daß es um 1850 noch Tausende, um die Jahrhundertwende noch wenige Hunderte und wiederum 50 Jahre später nur noch einige Zehn Wildreben in den Auwäldern am Oberrhein gab, so ist klar, warum der Mensch zur Wahrung der Schöpfung hier aktiv werden muß. Für den raschen Rückgang der Wildrebenbestände am Oberrhein sind primär die Rheinbegradigungen, verbunden mit Trockenlegung von Auwäldern, verantwortlich. Die züchterische Bedeutung des Wildrebenzentrums Oberrhein von *Vitis vinifera* var. *sylvestris* kann nicht hoch genug eingeschätzt werden.

Eine Wildrebe rankt sich an Bäumen des Auwalds auf der Rheininsel Ketsch hinauf. Nach Vogellehner, Botanischer Garten Freiburg im Breisgau, erreicht eine solche Pflanze Höhen bis 30 m und einen Stammdurchmesser bis zu 60 cm.

Das ebenfalls in den letzten Jahren ständig kleiner gewordene Vorkommen der Wildrebe in Österreich befindet sich nach Janchen (1977, S. 329) in Niederösterreich in den Auen der Donau von der Lobau abwärts. Bekannt sind die Exemplare in der sogenannten Panozza-Lacke bei Wien und in der Aue der March, wo noch etwa 25 Individuen stocken.

Die in Bietigheim-Bissingen anläßlich der Landesgartenschau 1989 als Sämling gezogene Wildrebe stammt von der Rheininsel bei Ketsch, wo ich Wildreben mit meinem Corpsbruder, Prof. Dr. Robert Linder von der Universität Lille, vor einigen Jahren kennengelernt hatte. Herrn Dr. Fritz Schumann von der Landeslehr- und Forschungsanstalt für Landwirtschaft, Weinbau und Gartenbau in Neustadt an der Weinstraße danke ich sehr herzlich für die Überlassung der Wildrebenpflanze für den Bietigheim-Bissinger Lehrpfad.

Herkunft aus biblischen Landen

Die Entdeckung der Weinzubereitung vor etwa 6000 Jahren wird den Sumerern in Babylonien zugeschrieben: „Noah aber, der Landmann, war der erste der Weinreben pflanzte" (Gen 9, 20). Die Rebe, eine der „sieben Arten", mit denen das Land Israel gesegnet war, wurde zum nationalen Symbol. Sie war auf Mosaikböden zu finden, an den Toren der Synagogen, an Möbeln, auf Gräbern und Münzen. Selbst im Exil verehrten die Israeliten die Weintraube und meißelten ihre Form in fremdem Land auf Grabsteine (Zohary 1983, S. 54).

Der hohe Wissensstand über den Weinbau in Kanaan vor der Eroberung durch die Israeliten wird daran deutlich, daß Mose Spione ausschickte, die das Land erkunden sollten. Kaleb, der zu den zwölf vornehmen Israeliten zählte, die Mose als Kundschafter nach Kanaan sandte, kam mit „einer Weintraube zurück und trugen sie zu zweit an einer Stange" (Num 13, 23). An dieses Symbol der Verheißung erinnert jährlich beim Bietigheimer Pferdemarktumzug die große Kaleb-Traube, welche von den Bönnigheimer Nachbarn an einer Stange im Festzug mitgetragen wird.

Der Wein gilt als ein Sinnbild des Volkes Israel, aber auch als

Die unterschiedlichen Rebsorten zeigen sich hier noch in der Färbung des abgelagerten Tresters. Im Hintergrund sieht man links den Forstberg, rechts den Wunnenstein.

Baum des Messias. Christus setzte sich dem wahren Weinstock gleich: „Ich bin der wahre Weinstock und mein Vater ist der Weingärtner. Jedes Schoß an mir, das nicht Frucht trägt, das reinigt er, damit es mehr Frucht trage" (Joh 15, 1–2).
Nach der biblischen Tradition ist der Wein unter den von Gott kommenden Gaben ein Symbol der Freude und der Fülle. Jesus Sirach (2. Jh. v. Chr.) über die Weisheit und ihre Anwendung im Leben: „Und was ist das Leben, da kein Wein ist?" (Sir 31, 27). So ist auch nicht verwunderlich, daß der Wein 204mal in der Bibel Erwähnung findet. Im katholischen Christentum erhält der Wein in der eucharistischen Verwandlung seine heiligste und tiefste Bedeutung als Blut Christi.
Jesus am Kreuz wurde ein Schwamm mit Essig und Myrrhe gereicht: „Es verspotteten ihn auch die Kriegsknechte, traten zu ihm und brachten ihm Essig" (Lk 23, 26). Ich habe dies immer als eine besondere Verhöhnung aufgefaßt. Nun sagte mir Prof. Dr. Orth von Bissingen, daß in Ländern, wo es an kühlen Kellern mangelt und die Aufbewahrungsgefäße, einst Amphoren mit Wachsverschluß, den Sauerstoffzutritt nicht ausreichend verhindern können, der Traubenmost rasch in Essig übergeht, wenn er längere Zeit bei Temperaturen über 16° C gelagert wird.

Es wäre also denkbar, daß man früher in südlichen Ländern den Wein als eine Art Essig, vielleicht verschnitten mit Kräutern und Honig, zu sich genommen hat und somit der Essig im Schwamm für Jesus am Kreuz doch positiv zu verstehen ist.

Von den Römern geschätzt – von St. Urban geschützt

Plinius, der römische Schriftsteller, der im Jahre 79 n. Chr. beim Vesuv-Ausbruch ums Leben kam, berichtete von 91 ihm bekannten Rebsorten, von denen eine den berühmtesten Wein des klassischen Roms lieferte: den Falerner. Anbaugebiete waren Lat, d.h. die Region um Rom, sowie Campanien nördlich von Neapel, wo heute noch der allerdings nicht mehr so herausragende Falerno als Rot- und Weißgewächs angebaut wird.
Als Urpatron der Winzer wird neben etwa siebzig anderen der heilige Urban gefeiert. Dieser war Bischof in Autun/Burgund. Da er sich vor seinen Verfolgern hinter einem Weinstock verbarg, hält er auf Darstellungen nicht, wie etwa der gleichnamige Papst, eine Traube, sondern meist eine ganze Rebe in seinen Händen. Fürsprecher unter den Heiligen waren besonders dort wichtig, wo den Menschen häufig und deutlich ihre Grenzen durch die Naturgewalten aufgezeigt werden. Natürlich vor allem bei den Bauern, für die das richtige Wetter eine so bedeutende Rolle spielt. Weinbauern schlossen sich im Mittelalter vielerorts zu Zünften und Bruderschaften zusammen. Häufig hieß ihr Schutzpatron Urban. Als älteste Urbanbruderschaft gilt die 1338 in Reutlingen gegründete (Graff 1988, S. 16). Hauptsächlich in Württemberg gab es in der Zeit von 800 bis in die Mitte des 16. Jahrhunderts eine Schwarzurban, später auch Urbaner genannte Rebsorte. Eine alte Weinbauernregel besagt: „Ist Urbani voller Sonnenschein, gibt es viel und guten Wein."
Auch der schwäbische Dichter Ludwig Uhland (1787 bis 1862) hat den heiligen Urban angerufen, wie diese letzte Strophe eines Trinkliedes zeigt:

> *Und wenn es euch wie mir ergeht,*
> *so betet, daß der Wein gerät,*
> *ihr Trinker insgemein!*

O heil'ger Urban, schaff uns Trost!
Gib heuer uns viel edlen Most,
daß wir dich benedein!

Ein Leckerbissen in Lebensgemeinschaft mit Reben

Die große mitteleuropäische Lungenschnecke, die Weinberg- oder Deckelschnecke *(Helix pomatia)*, verschließt zur Überwinterung ihr Gehäuse mit einer dicken Kalkschale. Diese großen Landlungenschnecken sind Zwitter, die sich im Mai/Juni wechselseitig begatten. Die als Delikatesse geschätzte Weinbergschnecke wird vielerorts in sogenannten Schneckengärten (Kochlearien) gezüchtet. Was meine Gaumenfreuden anbetrifft, so ist dies ähnlich wie bei den Kutteln, nicht das Fleisch, sondern die Soße ist das Entscheidende.

Den äußerst seltenen Fund einer Weinbergschnecke, deren Haus links gewunden ist, machte am 16.08.1927 Heinz Neunhoeffer im Forstamtsgarten von Blaubeuren. Sein Vater, Otto Neunhoeffer, war mein forstlicher Lehrherr, der es verstand, viele meiner heutigen Interessen zu wecken. Jedenfalls schaue ich seither bei jeder Wein-

Rechts eine ganz normale Weinbergschnecke, links eine der besonderen Art, denn ihr Gehäuse ist linksgewunden.
Letztere sind extrem selten, da sich nur gleichgeartete aber nie zwei zueinander „asymmetrische" Schnecken paaren können (Schwankner 1978, S. 116).

bergschnecke nach der Windung ihres Hauses – bislang leider vergeblich, was die Linkswindung angeht. Ich nehme an, daß erst unter vielen Tausenden ein linksgewundenes Schneckenhaus zu finden ist.

Es sei bemerkt, daß es sich hierbei keineswegs um eine Abnormität handelt, etwa verursacht durch eine mechanische Verletzung des Organs, das die Schale absondert. Man nimmt an, daß die Linkswindung durch die allererste embryonale Windungsanlage entsteht, die sich aus bisher unbekannten Gründen umgedreht hat.

Wo der Besen hängt

Charakteristisch in vielen Weinbaugebieten sind die sogenannten Besenwirtschaften. Gesicherte Urkunden über diese Schankform liegen aus der Zeit Kaiser Karls des Großen vor. Im *Capitulare de villis* ordnete er an, daß auf jedem seiner Weingüter drei Schankstätten für das Volk einzurichten und durch ausgehängte Kränze aus Weinlaub und Trauben zu kennzeichnen seien. Im 18. und 19. Jahrhundert bekamen dann die Wirtshauszeichen einen neuen Sinn: Aus dem Symbol der Schankgerechtigkeit wurde ein bedeutungsvolles Zeichen der Werbung um den Gast. Jeder, der als Pilger oder Händler unterwegs war und als Fremder in eine Stadt kam, sollte auch als des Lesens Unkundiger mit Hilfe der Bildsprache in die Schänke finden.
Es ist wahrscheinlich, daß bei vielen Wirtshäusern das Zeichen und der Name nicht willkürlich gewählt wurden, sondern daß dahinter, wie bei fast allem, was im Mittelalter und der frühen Neuzeit gebaut, gemalt, geschnitzt und überhaupt geschaffen wurde, eine Idee mit Bezug auf das Leben und den Glauben der Menschen steckt. So ist die Krone ja ein wichtiges Requisit in der Bibel: „Fürchte dich nicht vor dem, was du zu leiden haben wirst ... sei getreu bis in den Tod, so will ich dir die Krone des Lebens geben" (Offb 2, 10). Auch nach den Symbolen der vier Evangelisten – geordnet in der biblischen Reihenfolge

Matthäus - Engel
Markus - Löwe
Lukas - Stier = Ochse und
Johannes - Adler

sind unzählige Gasthäuser benannt. Zu welchem Evangelisten gehört welches Symbol? Dazu eine Eselsbrücke, die mir in dankenswerter Weise Herr Klaus Jahn, Bad Herrenalb, überlassen hat: ELSA. Möglich ist natürlich, daß man mit dem christlichen Bezug beim Namen dem schlechten Ruf der Wirtshäuser als Erfindung des Teufels entgegenwirken wollte.
Besenwirtschaften, also Schankstätten, in denen der Winzer seinen eigenen Wein ausschenkt, haben, wie schon gesagt, Tradition seit Karl dem Großen. Lange Zeit dienten als Schankräume oft das Wohn- oder das Schlafzimmer der Weinbauern, die man

zu diesem Zweck einfach ausräumte. Heute werden in zunehmendem Maße von den Winzern eigene Räume, sei es im Keller, in der Scheune oder in der Kelter, dafür hergerichtet, dabei geht natürlich schon ein Stück des Urwüchsigen und Persönlichen verloren.

Der heute von den Weinbauern hinausgehängte Besen tut kund, daß der Winzer in seinem Haus den eigenen Faßwein, Vesper und Schlachtschüssel anbietet. Die Einkehr in einem solch einfachen Wirtschäftle ist nach wie vor äußerst beliebt. Im Führer „Durch Strauß- und Besenwirtschaften" schreibt der Autor Heinz-Ulrich Karl 1960: „Die Besenwirtschaft wird Ihnen aber alles das schenken, was auch das beste Restaurant nicht zu bieten vermag: Gemütlichkeit auf harten Bänken, Herzlichkeit mit arm und reich, groß und klein, eine Begegnung mit dem Schwaben auf Du und Du – und einen unvergleichlich sauberen Tropfen vom Faß."

Und auch Wilhelm Busch (1832 bis 1908) scheint den Rebensaft direkt beim Erzeuger geschätzt zu haben, denn er reimte:

Und wenn Du einen Onkel hast und der hat gute Weine,
so sorge, daß er Dich nicht haßt, sonst trinkt er sie alleine.

Missionar Rebmann und ein Stück Kolonialgeschichte

Im süddeutschen Raum spricht man von Rebe bzw. Weinrebe und in Nord- und Mitteldeutschland von Weinstock. Die Sippe der Rebmanns hat von der uralten Nutzpflanze ihren Namen abgeleitet. Einer der bekanntesten Sprosse dieses Geschlechts, Johannes Rebmann, wurde am 16.01.1820 in Gerlingen nordwestlich Stuttgart geboren. An seinem Elternhaus, in der Kirchstraße 18, befindet sich seit 1965 eine Gedenktafel. Der Abbruch des sogenannten Rebmannhauses, von dem zeitweilig die Rede ist, wäre ein Frevel an unserer Geschichte und dem baulichen Erbe sowie am Vermächtnis von Johannes Rebmann. Der Aufruf des Deutschen Nationalkomitees für Denkmalschutz von 1985 gilt auch in diesem Falle: „Jedes Kulturdenkmal, das heute zugrunde geht, ist für alle Zeit verloren. Was wir jetzt nicht retten, kann nie mehr gerettet werden, was wir jetzt versäumen, kann keine künftige Generation nachholen".

1846 ging Rebmann als pietistischer Missionar der Basler Mission in das Gebiet des späteren Deutsch-Ostafrika, dem heutigen Tansania. Dort arbeitete er mit dem aus Derendingen stammenden Dr. Johann Ludwig Krapf eng zusammen, der zwei Jahre vor ihm in dieses Gebiet kam.

Einheimische berichteten Rebmann von einem Zauberberg, der auf dem Gipfel Silber berge und die Hände der Zugreifenden verbrenne. Bringe man das Silber aber zu Tal, werde es alsbald zu Wasser. Der Grieche Herodot, ca. 490 bis 425 v. Chr., Vater der Geschichtsschreibung, hatte die alte Sage vom schneebedeckten Mondgebirge noch für Lüge erklärt. Rebmann sollte aber die Bestätigung dieser Geschichte noch selbst erfahren. Auf einem 280 km langen, in Mombasa begonnenen Fußmarsch, stieß er am 11. Mai 1848 als erster Europäer auf den 5892 m hohen schneebedeckten Kilimandscharo. Ein vom südwestlichen Kraterrand dieses Vulkanberges herunterfließender Gletscher wurde 1900 nach Johannes Rebmann benannt. Fast erblindet ist der 29 Jahre in Afrika wirkende Missionar und Afrikaforscher 1876 in Korntal verstorben.

Der Raum des heutigen Tansania wurde 1856 auf Betreiben von Dr. Karl Peters deutsche Kolonie – es war die größte – und ging als Deutsch-Ostafrika in die Geschichte ein. Die bereits eingeleitete Ausdehnung des dortigen deutschen Kolonialbesitzes durchkreuzte die britischen Pläne einer Landbrücke vom Kap bis Kairo. So kam es 1890 zum Helgoland-Sansibar-Vertrag: Deutschland verzichtete auf verschiedene ostafrikanische Hoheitsrechte, unter anderem der Insel Sansibar, und bekam dafür im Caprivi-Vertrag Helgoland mit der Auflage, die schon aus der dänischen Herrschaftszeit auf der Insel ruhende Zollfreiheit weiterhin zu garantieren. Daran hat sich bis heute nichts geändert.

Unser Foto zeigt die einzige deutsche Notmünze aus Gold, vor 75 Jahren in Deutsch-Ostafrika geprägt.

Vorder- und Rückseite des 1916 in der Kolonie Deutsch-Ostafrika in Gold geprägten „Notgeldes". Der Buchstabe T erinnert an den Prägeort Tabora. (Foto: WLM, Stuttgart)

Ein kurioses Kapitel deutscher Kolonialgeschichte, das uns eine der wertvollsten Notmünzen der Welt bescherte, sei in diesem Zusammenhang erwähnt: Deutsch-Ostafrika war im Ersten Weltkrieg von den Engländern und Belgiern eingeschlossen. Verteidigt wurde das Land durch General Paul von Lettow-Vorbeck, dem „Löwen von Afrika", mit seiner tapferen Askari-Truppe. Die Kolonie verfügte in Sekenke über Goldminen. Da eine Verbindung zum Deutschen Reich nicht mehr bestand, verwendete man das Gold, mit dem man sozusagen nichts mehr anfangen konnte, im Jahre 1916 zum Prägen von insgesamt 16 198 Goldmünzen im Wert von je 15 Rupien. Als Motiv wählte man den ostafrikanischen Elefanten mit erhobenem Rüssel vor dem Kilimandscharo. Der Buchstabe T erinnert an den Prägeort, Tabora. Die Vorderseite zeigt den Reichsadler mit der Inschrift Deutsch-Ostafrika. Dies war gleichzeitig die letzte deutsche Goldmünze der Kaiserzeit.

Die Gebirgskönigin

Zirbelkiefer, Zirbe, Zirme, Arve
Pinus cémbra L.
Familie Kieferngewächse

Die sehr langsam wachsende Zirbelkiefer gilt als Königin der Hochgebirge, da sie von allen Baumarten die dortigen großen Temperaturschwankungen am besten erträgt. „Sie ist ein Wunder an Trotzkraft gegen die zerstörenden Gewalten der Bergregion: den Sturm, den Schneedruck und die schneidende Kälte. Die Arve gilt uns deshalb als ein Sinnbild freiheitlichen Geistes, vergleichbar mit der gedrungenen und geballten Kraft des Berglers, der das schwere Leben im Alpengebiet gelassen erträgt und dem leichteren, aber beengten im Tale vorzieht" (Guggenbühl 1963, S. 109). Die Zirbelkiefer ist besonders in Graubünden häufig, aber auch in den Karpaten und in Sibirien bis hinein in die Mandschurei und Japan. In den Alpen bildet der auf 2500 m, in Einzelexemplaren bis 2750 m steigende, kraftvolle Baum häufig die Baumgrenze und nimmt oft eine malerisch-bizarre Gestalt an. Man spricht dann von sogenannten Wetterbäumen, die bis zu 1000 Jahre alt werden können und dort oben dazu beitragen, die Berghänge vor Lawinen und Erdrutschen zu sichern.

Der Baum hat 5 bis 10 cm lange Nadeln, und zwar als Kurztrieb in einem pinselartigen Büschel. Im Gegensatz zu unserer einheimischen Waldkiefer, die zwei Nadeln im Büschel aufweist, ist die Zirbelkiefer die einzige einheimische Art mit fünf (oder mehr) Nadeln pro Kurztrieb.

Unter den Kiefernarten gibt es mehrere, die wie die Zirbelkiefer auf den Samenschuppen der Zapfen länglich-ovale Samen erzeugen. Die von den harten Schalen befreiten, gelblich-weißen, 8 bis 12 mm großen Samenkerne, die sogenannten Zirbelnüsse, schmecken ganz vorzüglich. Sie enthalten ca. 70% Öl und 20% Eiweiß. Ausgesprochene Samenjahre gibt es allerdings nur etwa alle 6 bis 10 Jahre. Dann aber stürzen sich Eichhörnchen und Tannenhäher, dessen Kehlsack bis zu fünfzig Arvennüßchen faßt, auf die im zweiten und dritten Jahr reifenden Zapfen und

Die Zirbelkiefer, in den kontinentalen Zentralalpen beheimatet, übersteht extreme Klimabedingungen und kommt mit zwei bis zweieinhalb Monaten Vegetationszeit aus. (Foto: W. Gayler)

Gesteuerter Winterschlaf

Aufgrund ihrer dem Zirbelzapfen ähnlichen Form wird beim Menschen die einpaarige Ausstülpung des Zwischenhirndaches Zirbeldrüse genannt. Bei Vögeln und den meisten Säugern übernimmt die lichtempfindliche Zirbeldrüse Schrittmacherfunktion, indem sie als Reaktion auf Dunkelheit die Freisetzung des Hormons Melatonin auslöst. Das Krankheitsbild der Winterdepression beim Menschen steht in unmittelbarem Zusammenhang mit der Zahl der Tageslichtstunden, die auf einen 24-Stundentag entfallen. Die Ursache liegt zum Teil in dem Hormon Melatonin, das in der Zirbeldrüse gebildet wird. Melatonin ist ein natürliches Beruhigungsmittel, das den Körperrhythmus verlangsamt. Es macht schläfrig, wenn die Sonne untergeht. Bei Tieren, die Winterschlaf halten, sorgt es bei Einbruch der kalten Jahreszeit dafür, daß sie ihre Schlafstelle aufsuchen.

tragen durch gelegentliches Vergessen ihrer angelegten Wintervorräte im wesentlichen zur Verbreitung des Baumes bei. Das seidig glänzende Holz der Zirbe mit einem spezifischem Gewicht von 0,44 g/ccm hat charakteristische, gesunde, dunkle Äste, die im Brett nicht durchfallen und auch kaum reißen. Es ist für Möbel wie auch zum Auskleiden von Zimmern und Gaststuben sehr beliebt als ein unverwechselbares rustikales Element. Der ihm eigene angenehme Geruch bleibt fast dauernd erhalten. Eine etwas lästige Eigenschaft dieses schönen Holzes ist das Ausschwitzen von Harzen.

Das Wort Arve ist uralt, doch erst seit dem 16. Jahrhundert ist der Baum als Arbe oder Arve belegt. Nebenformen sind Zirbe oder Zirme. Schon 1587 findet sich in dem Kräuterbuch von A. Lonicer für die runden Zapfen dieses Nadelbaumes das Wort Zirbel, was etwa Wirbel oder auch Rausch bedeutet.

Kanadas Wappenbaum

Echter Zuckerahorn
Acer sáccharum MARSH.
Familie Ahorngewächse

Die Heimat dieses etwa 40 m hohen Baumes ist der Osten von Kanada und der Vereinigten Staaten. Das Wappen Kanadas zeigt das handförmig gelappte Blatt des Ahorns und damit die Bedeutung des Baumes für das Land. Dabei geht es vor allem um die Ahornzuckerproduktion. Diese beruht auch auf der Mobilisierung der im Stamm während der sommerlichen Vegetationsperiode gespeicherten Assimilate. Ab Februar des darauffolgenden Jahres setzt das Steigen des Saftes ein, wenn die gespeicherte Stärke in Zucker zurückverwandelt und über die Leitbahnen zu den anschwellenden Knospen transportiert wird.

Ausgewachsene Blätter verfügen über eine „Abschlußzone" zwischen dem Zweig und dem Blattstiel, die im Herbst allmählich dichtgemacht wird. Vorher zieht der Baum jedoch wichtige Stoffe aus den Blättern ab, um sie für das nächste Jahr zu speichern. Zu den Stoffen, die Bäume auf diese Weise bunkern, zählen vor allem stickstoffhaltige, wie etwa das Blattgrün (Chlorophyll). Ist dieses dominierende Grün weg, können die ebenfalls im Blatt vorhandenen gelben, braunen und roten Farbtöne zur Geltung kommen. Beim Zuckerahorn ist diese Herbstfärbung ein leuchtendes Orangerot und besonders attraktiv.

Der Saft wird gewonnen, indem man etwa in Brusthöhe über dem Boden

Stamm eines Zuckerahorns, der hier im zeitigen Frühjahr zur Saftgewinnung angezapft wurde. (Foto: J. Farges)

die Bäume an zwei oder drei Stellen fünf bis acht Zentimeter tief anbohrt und Röhrchen in die Bohrungen einführt, durch die der austretende Saft in aufgehängte Gefäße abtropft. Ein ausgewachsener Baum liefert von Mitte Februar bis Ende März, wenn die Knospen sich öffnen, etwa 50 bis 150 Liter. Das Sammelgut enthält 3 bis 8% Zucker und wird über Holzfeuer oder in modernen Anlagen bis auf 34% Wassergehalt eingedickt. Zum Vergleich: deutscher Bienenhonig enthält etwas unter 20%.

Zur Herstellung von Ahornzucker setzt man das Eindampfen bis zur Kristallisation fort.

Ein kanadischer Kollege, der mir vor einigen Jahren eine Flasche Ahornsirup mitbrachte, erzählte, daß in seiner Heimat mit Ahornsirup bestrichene Waffeln sehr beliebt sind. Im übrigen stehe in Kanada Ahornsirup neben Pfeffer und Salz auf jedem Eßtisch.

Die fünflappigen Blätter des echten Zucker-ahorns verfärben sich im Herbst leuchtend orange-rot.

Zuckerahornstämme mit besonders viel schlafenden Augen liefern das für Dekorationszwecke hochgeschätzte Vogelaugen-Ahornholz bzw. -furnier. Man arbeitet mit dem Schälfurnierverfahren, dabei werden die ausgesuchten Stämme rund geschält. Bei jeder Drehung des Stammes schneidet man immer wieder die von Wucherungen umgebenen vielen kleinen Stiftästchen der schlafenden Knospe an. Diese quergeschnittenen, etwas dunkler gefleckten Ästchen in dem hellen Holz mit maserigem Faserverlauf haben bei etwas Phantasie das Aussehen von Vogelaugen. International hat sich daher für diese schöne Spielart der Natur der Begriff Vogelaugen-Ahorntextur eingebürgert.

Als Ahornsirupkrankheit bezeichnen die Ärzte eine angeborene Stoffwechselerkrankung mit autosomal-rezessivem Vererbungsmodus, bei der durch einen Enzymdefekt die für ein normales Wachstum notwendige Proteinzufuhr nicht vertragen wird. Ein Charakteristikum der Krankheit ist der würzig-süßliche Geruch von Körperflüssigkeiten und Atemluft, er führte zur Assoziation mit Ahornsirup.

Mitteleuropäische Ahornarten

Hierzulande sind die folgenden drei Ahornarten beheimatet. Bergahorn (*Acer pseudoplatanus L.*), Spitzahorn (*Acer platonoises L.*), Feldahorn oder Maßholder (*Acer campestre L.*).

Das Wort Ahorn hat mit Horn nichts zu tun, es leitet sich vom Lateinischen *acerus* her. Interessant ist, daß in der deutschen Sprache nahezu alle Bäume weiblichen Geschlechts sind und der Ahorn eine Ausnahme bildet. Ein botanisch bemerkenswertes Phänomen innerhalb der Gattung Acer ist der Übergang von der Ein- zur Zweihäusigkeit sowie die Tendenz zur Ausbildung stark reduzierter Blüten im Zusammenhang mit der Entwicklung von der Insekten- zur sekundären Windbestäubung (Sebald/Seybold/Philippi 1992, Band 4, S. 136). Die weiblichen Blüten aller Ahornarten zeigen eine unterschiedlich stark ausgeprägte Neigung zur Fruchtentwicklung ohne Befruchtung (Patheonkarpie). Die mit Flügeln ausgestatteten Früchte sind Schraubenflieger und können durch den Wind über große Strecken verfrachtet werden. Als Kinder haben wir gerne die klebrige Samenhülle geteilt und den Flügel als Verlängerung der Nase aufgesetzt.

Der Bergahorn ist im europäischen und westasiatischen Raum verbreitet und erreicht Höhen bis zu 30 m. Die Rinde bleibt sehr lange glatt und bildet erst spät eine hellbräunliche, in flachen breiten Schuppen abblätternde Borke, ähnlich wie bei der Platane. Die Rinde ist sehr basenreich, was besonders im Bergwald auf der Wetterseite zu einem dichten Moos- und Flechtenbewuchs der Stämme mit teilweise anspruchsvollen Sorten führt. Das weiße und harte Holz des Bergahorn wird als Werkholz für Küchengeschirr und Möbel sehr geschätzt.

Die Blätter des Bergahorn mit ihren fünf großgesägten, spitzen Lappen sind im Gegensatz zum Spitzahorn durch spitze Buchten getrennt. Im Laufe meiner fast 40jährigen Dienstzeit hat die Verjüngungsfreudigkeit des Bergahorns stark zugenommen; vielleicht eine Folge des erhöhten Stickstoffeintrags der zurückliegenden Jahrzehnte.

Der Spitzahorn gehört zu den frühesten Waldbaumeinwanderern nach der letzten Eiszeit, ist aber mit seinem etwas gelblichen Holz von geringer forstlicher Bedeutung. Sein gelbgrüner Blütenstrauß, der zusammen mit der Laubentfaltung erscheint, ist wie die Kirsche ein herrlicher Frühlingskünder, auffallend besonders in den von der Ferne einsehbaren Berghängen. Die fein zugespitzten, gezähnten fünf Lappen der Blätter sind durch gerundete Buchten voneinander getrennt und enthalten Himbeeraromastoffe. Seine Rinde bildet bereits in jungen Jahren eine längsrissige, schwärzliche, nicht abblätternde Borke.

Der Feldahorn ist der trägwüchsigste unserer Ahornsorten, erreicht aber auf guten Böden doch 20 m Höhe. Ein gutes Unterscheidungsmerkmal zu den anderen Ahornen sind die stumpf-dreilappigen, unten weichhaarigen Blätter. Wie die des Spitzahorn führen die Blattstiele und die jungen Triebe Milchsaft. Als sehr ausschlagfreudiges Gehölz eignet er sich besonders für Nieder- und Mittelwaldnutzungen und wird auch oft für Schnitthecken verwendet. Junge Triebe sind zuweilen mit Korkleisten versehen. Das rötlich-weiße Holz ist schön gemasert und wird gerne für Drechselarbeiten und Möbel verwendet. Der noch gebräuchliche Namen Maßholder kommt vom mittelalterlichen *mazzolter her* und bedeutet eigentlich Eß- oder Speisebaum, denn man bereitete einst aus seinen Blättern eine Art Sauerkraut, indem man sie in Bottichen gären ließ.

Literatur

Albrecht, H.-J. (1997): Edel-Ebereschen. Deutsche Dendrologische Gesellschaft e.V., Trier, Kurzmitteilung Nr. 63 vom April 1997

Aumeier, P. (1998) Tips und Anregungen für November. „Bienenpflege" – die Zeitschrift für den Imker, Landesverband Württembergischer Imker, Reichenbach/Fils

Aumeier, P. (1999) Der Hohenheimer Tag 1999. „Bienenpflege" – die Zeitschrift für den Imker, Landesverband Württembergischer Imker, Reichenbach/Fils

Aßfalg, W. (1997): Wenn der „Wind" das „Schiff" ins „Paradies" treibt – Wirtshausnamen in Riedlingen mit biblischem Hintergrund. Schwäbische Heimat, 48. Jg., Heft 3

Bärtels, A. (1989): Europäische Sorbusarten. Gartenpraxis 6/89, Verlag Eugen Ulmer, Stuttgart

Bärtels, A. (1996): Dendrologische Notizen – Hummelsterben unter Silberlinden. Deutsche Dendrologische Gesellschaft e.V., Trier, Kurzmitteilung Nr. 60 vom April 1996

Bärtels, A. (1997): Neue Resista-Ulmen. Deutsche Dendrologische Gesellschaft, Nr. 65 vom Juli 1997

Bärtels, A. (1998) Samenbildung an Ginkgoblättern. Deutsche Dendrologische Gesellschaft e.V., Trier Kurzmitteilungen Nr. 71 vom Oktober 1998

Böhlmann, D. (1999) Bäume, die in den Himmel streben und mächtiger als Säulen sind. Mitteilungen der Deutschen Dendrologischen Gesellschaft, Verlag Eugen Ulmer, Stuttgart (Hohenheim)

Böhlmann, D. (1999) Ausformungsplastizität der Rotbuche. Allgemeine Forstzeitschrift, BLV-Verlagsgesellschaft, München

Boeser, K. (1994) Die Elexiere des Nostradamus. Rowohlt-Taschenbuch-Verlag GmbH, Reinbek b. Hamburg

Braun B. und Konold W. (1998) Kopfweiden, Kulturgeschichte und Bedeutung der Kopfweiden in Südwestdeutschland. Verlag Regionalkultur, Ubstadt-Weiher

Buff, W./von der Dunk K. (1988): Giftpflanzen in Natur und Garten. Paul-Parey-Verlag, Berlin und Hamburg

Dagenbach, H. (2001) Inzuchterscheinungen beim Speierling Corminaria. Zeitschrift der Baumarten Sorbus domestica und Sorbus torminalis, Mitteilungsblatt des Förderkreises Speierling. Herausgeber: Prof. Dr. W. Kausch-Blecken v. Schmeling, 37120 Bovenden, Liegnietzer Str. 17

Dagenbach, H. (2001) Kreuzung von Speierlingen an Pfropflingen im Gewächshaus Corminaria. Zeitschrift der Baumarten Sorbus domestica und Sorbus torminalis, Mitteilungsblatt des Förderkreises Speierling.

Herausgeber: Prof. Dr. W. Kausch-Blecken v. Schmeling, 37120 Bovenden, Liegnitzer Str. 17

Decker-Hauff, H. (1984): Die Anfänge des Hauses Wirtemberg – 900 Jahre Haus Württemberg, Leben und Leistung für Land und Volk. W. Kohlhammer, Stuttgart

Eberle, G. (1977): Rippelbuchen und Bodengestalt. Natur und Museum, Band 107 (2), Frankfurt/Main

Eckstein, H. (1977): Der Stuhl: Funktion – Konstruktion – Form. Von der Antike bis zur Gegenwart. Kayser'sche Verlagsbuchhandlung, München

Engel, F. M. (1968): Flora Magica, Geheimnis und Wesen der Pflanze. Kayser'sche Verlagsbuchhandlung, München

Falinski, J. (1986) Die Vegetationsdynamik in den ursprünglichen Niederungswäldern der gemäßigten Zone, Ökologische Untersuchungen im Wald von Bialowieza.
Dr. W. Junk Publishers, a member of the Kluwer Academie Publishers group, Dordrecht, Boston, Lancaster

Fitschen, J. (1987): Gehölzflora – ein Buch zum Bestimmen der in Mitteleuropa wildwachsenden und angepflanzten Bäume und Sträucher. Quelle & Meyer, Heidelberg-Wiesbaden, 8. Auflage

Franke, A. und Schuck, A. (1996): Eiben (Taxus baccata L.) im Höllental. Mitteilungen des Vereins für forstliche Standortskunde und Forstpflanzenzüchtung. Henkel-Druck, graph. Betrieb, Stuttgart

Gatter, W. (1972): Das Ringeln der Spechte. Journal für Ornithologie Nr. 113, Heft 2

Gatter, W. (1995): Eiben bei Oberlenningen, Forstbezirk Kirchheim/Teck – ein Beitrag zum Baum des Jahres 1994. Veröffentlichungen für Naturschutz- und Landschaftspflege in Baden-Württemberg, Band 70

Godet, J.-D. (1987): Bäume und Sträucher: Gehölzführer. Einheimische und eingeführte Bäume und Sträucher. Arboris Verlag, Hinterkappelen-Bern

Gößwald, K. (1985): Organisation und Leben der Ameisen. Wissenschaftliche Verlagsgesellschaft mbH, Stuttgart

Götz, G. und Silbereisen, R. (1989): Obstsortenatlas. Verlag Eugen Ulmer, Stuttgart

Graff, D. (1988): Weinheilige und Rebenpatrone. Saarbrücker Druckerei und Verlag

Grandjot, W. (1981): Reiseführer durch das Pflanzenreich der Mittelmeerländer. Kurt-Schroeder-Verlag, Lerchingen bei Köln

Griesmeier, W. (1991): Speierling in Agroforstsystem. Deutsche Dendrologische Gesellschaft e.V., Trier, Kurzmitteilungen Nr. 50 vom November 1991

Grimm, Jacob und Wilhelm (1873–1984); Deutsches Wörterbuch. Deutscher Taschenbuchverlag München

Gruber, H. (1996): Ulmensterben (Ceratocystis ulmi/Ophiostoma novo-ulmi). Zur Anfrage unseres DDG-Mitgliedes Jürgen Bouillon aus Karlsstadt. Deutsche Dendrologische Gesellschaft e.V., Kurzmitteilungen Nr. 61, Sept. 1966

Guggenbühl, P. (1963): Unsere einheimischen Nutzhölzer. Melsungen, Verlag J. Neumann-Neudamm

Halla, H. (1972): Wald und Jagd im Stromberg, Heimatkundliche Beiträge aus dem Kreis Vaihingen. Landkreis Vaihingen

Hartig, H. (1990): Jakob Friedrich Kammerer aus Ludwigsburg: Erfinder der Zündhölzer. Ludwigsburger Geschichtsblätter Heft 44, Historischer Verein für Stadt und Kreis Ludwigsburg e.V.

Hegi, G. (1957): Illustrierte Flora von Mitteleuropa. Carl Hanser Verlag, München

Hevers, J. (1992): Vom Riß zum Rohharz – das Ende einer forstlichen Nutzung in der ehemaligen DDR. Staatliches Naturhistorisches Museum Braunschweig

Hilf, R. (1938): Der Wald in Geschichte und Gegenwart. Akademische Verlagsgesellschaft Athenaion, Potsdam

Hilfreich, H. (1996): Mykorrhiza-Pilze, die das Baumwachstum fördern. Der Waldwirt 11/1996, Forstkammer Baden-Württemberg und Waldbesitzerverband für Baden-Württemberg, Stuttgart

Hockenjos, W. (1978): Begegnung mit Bäumen. DRW-Verlag Weinbrenner GmbH & Co., Stuttgart

Jablonski, E. (2001) Regionalexkursion zu den Gespensterbuchen in Nordfrankreich am 12. 03.2000. Ginkgoblätter Nr. 82 der Deutschen Dendrologischen Gesellschaft e.V.

Janchen, E. (1977): Flora von Wien, Niederösterreich und Nordburgenland. Verein für Landeskunde von Niederösterreich und Wien, Druck: Ferdinand Berger und Söhne oHG, A-3580 Horn

Jenisch, B. (1996): Eine frühe Glashütte im Hochschwarzwald. Denkmalpflege in Baden-Württemberg, Nachrichtenblatt des Landesdenkmalamtes

Kausch-Blecken von Schmeling (1992): Der Speierling Sorbus domestica L. – Arterhaltung durch Nachzucht. W. Kausch-Blecken von Schmeling, 37120

Klepser, H. H. und Lelke S. (1989): Geschützte Pflanzen im Alb-Donau-Kreis. Biberacher Verlagsdruckerei GmbH

Koch, W. (1982): Der Koniferengarten in Aalen. Aalener Jahrbuch

Kramer, W. G. (1993): Der Fall Berthold Schwarz – Werk, Schicksal und Tod. Druckerei Weber, Freiburg, ISBN 3-922675-62-X

Kuhbier, H. (1997): Misteln (Viscum album L.) in Nordwest-Deutschland. Osnabrücker Naturwissenschaftliche Mitteilungen, Band 23

Kustermann, P. (1991): Johannes Rebmann (1820 – 1876), Entdecker des Kilimandscharo. Gerlinger Heimatblätter Heft 7, Verein für Heimatpflege, Gerlingen

Lange, F. (1977): Notwendigkeit geschlossener Bestände für die Süntelbuche. Natur und Landschaft, 52. Jahrgang

Laudert, D. Mythos Baum. Was Bäume uns Menschen bedeuten – Geschichte, Brauchtum, 30 Baumporträts. BLV-Verlag, München, ISBN 3-405-15350-6

Linck, O. (1938): Der Sperberbaum in Württemberg. Veröffentlichungen der

Württembergischen Landesstelle für Naturschutz, Stuttgart

Marquardt, R. (2001) Ailanthus altissima – der Götterbaum erobert Berlin. Ginkgoblätter Nr. 82 der Deutschen Dendrologischen Gesellschaft e.V.

Müller, Kroehling, S. und Franz, C. (1999) Elsbeere und Speierling in Bayern. Bemühungen um ihren Erhalt, Anbau, Waldbau und Holzverwertung. Corminaria, Mitteilungsblatt des Förderkreises Speierling, Bovenden, Liegnitzer Str. 17, 11/1999

Otto, M. (1988): 650 Jahre kirchliche Kunst im Kreis Ludwigsburg. Ludwigsburger Geschichtsblätter Nr. 41

Paskova, M. (1990): Bewertung ausgewählter Baum- und Straucharten nach ihrem Staubfangvermögen. Mitteilungen der Deutschen Dendrologischen Gesellschaft, Nr. 79, Verlag Eugen Ulmer, Stuttgart

Raff, G. (1995): Hie gut Wirtemberg allewege – Das Haus Württemberg von Graf Ulrich dem Stifter bis Herzog Ludwig. Deutsche Verlag-Anstalt Stuttgart

Reader, J. (1985) Kilimanjaro. Elm Tree Books/Hamish Hamilton. Ltd. Garden House 57 – 59, Long Acre London, WC 2, E9, Jz.

Ringwald, W. (1977): Johannes Rebmann (1820 – 1876), Missionar, Entdecker, Sprachforscher. Ludwigsburger Geschichtsblätter, Historischer Verein Ludwigsburg, Kommissionsverlag I. Aigner, Ludwigsburg

Roloff, A. (1997): Baum des Jahres 1997: Die Eberesche oder Vogelbeere (Sorbus aucuparia L.). Deutsche Dendrologi-

sche Gesellschaft e.V., Waake, Kurzmitteilung Nr. 62 vom Januar 1997

Roloff, A. (2000) Baum des Jahres 2000: Die Sandbirke (Betula pendula ROTH). Ginkgoblätter, Januar 2000, Verlag: Deutsche Dendrologische Gesellschaft

Sartorius, K. (1994): „Damit's Kind g'sund bleibt" – Nachgeburtbestattung, Eppingen – rund um den Ottilienberg. Beiträge zur Geschichte der Stadt Eppingen und Umgebung, hrsg. von den „Heimatfreunden Eppingen" in Zusammenarbeit mit der Stadt Eppingen

Scheifele, M. (1996): Als die Wälder auf Reisen gingen: Wald, Holz, Flößerei in der Wirtschaftsgeschichte des Enz-Nagold-Gebiets. Hrsg. Ministerium für Ländlichen Raum, Ernährung, Landwirtschaft und Forsten Baden-Württemberg, Stuttgart

Schmid, H. und Helfer, W. (1995): Pilze. IHW-Verlag, Eching bei München

Schmidt, P. (1991): Beitrag zur Kenntnis der in Deutschland anbaufähigen Fichten. Mitteilungen der Deutschen Dendrologischen Gesellschaft, Nr. 80, Verlag Eugen Ulmer, Stuttgart

Schneebeli-Graf, R. (1991): Chinesische Zierpflanzen, botanische Berichte und Bilder aus China. Umschau-Verlag Breidenstein GmbH, Frankfurt/Main

Schoch, O. (1971): Die kriegsbedingte Harznutzung an Forche (Kiefer) und Fichte in den Staatswaldungen des württembergischen Schwarzwalds von 1915 – 1920. Selbstverlag der Landesforstverwaltung Baden-Württemberg

Schoch, O. (1994): Von verschwundenen Waldgewerben im Nordschwarzwald –

Beispiele aus dem Oberen Enztal. Druckhaus Müller, 75305 Neuenbürg

Schöbel, G. (1986): Tauchsondage in der spätbronzezeitlichen Siedlung Burg, Gemeinde Hagnau, Bodenseekreis. Archäologische Ausgrabungen in Baden-Württemberg 1986, Landesdenkmalamt Baden-Württemberg, Konrad Theiss Verlag

Schroeder, F. G. (1999) 50 Jahre Metasequoia glyptostroboides. Deutsche Dendrologische Gesellschaft e.V., Kurzmitteilungen Nr. 72 vom Januar 1999

Schwankner, R. (1978) Laseranwendungen in der Experimentalchemie. Ein Praktikum. Carl-Hanser-Verlag, München-Wien

Schumann, F. (1968): Die Verbreitung der Wildrebe am Oberrhein. Die Weinwissenschaft, Zeitschriftenverlag Dr. Bilz und Dr. Fraund KG, Wiesbaden

Schumann, F. (1985): Römischer Weinbau – von Rebsamen bis zum Mostkonzentrat. Deutsches Weinbaujahrbuch 1985, Waldkircher Verlagsgesellschaft i. B.

Sebald/Seybold/Philippi (1990): Die Farn- und Blütenpflanzen Baden-Württembergs. Band I. Eugen Ulmer Verlag, Stuttgart.

Sperber, G. (1994): Bäume in der Bibel – eine ökologische Unheilsgeschichte von Bäumen, Wald, Natur, deren Zerstörung und den gnadenlosen Folgen. Forstwissenschaftliches Centralblatt 113, Verlag Paul Parey, Hamburg und Berlin

Spindler, K. (1992): Der Mann aus dem Eis. Archäologie in Deutschland, 1992/1, Konrad Theiss Verlag, Stuttgart

Sponeck, Graf von C. F. (1824): Sammlung naturhistorischer und vorzüglicher Jägerbeobachtungen und Jagdanekdoten. Hrsg. vom Verfasser

Stephan, G. (1973): Die Gewinnung des Harzes der Kiefer (Pinus Silvestris). Ministerium für Land-, Forst-, und Nahrungsgüterwirtschaft der Deutschen Demokratischen Republik, Hauptabteilung Forstwirtschaft

Stoffler, H. D. (1996) Der Hortulus des Walahfrid Strabo. J. Thorbecke-Verlag, Sigmaringen

Stoffler, H. D. (1997) Der Hortulus des Walahfrid Strabo aus dem Kräuterbuch des Klosters Reichenau. J. Thorbecke Verlag, Sigmaringen

Vieth, H. (1995) Hamburger Bäume, Zeitzeugen der Stadtgeschichte. Selbstverlag Harald Vieth, Hamburg

Vollprecht, J. (1996) Der Einfluß von Ammonium und Nitrat auf das Wachstum mykorrhizierter Stieleichen am Beispiel des Pilzes Paxillus involutu. Diplomarbeit des Forstwissenschaftlichen Fachbereichs der Georg-August-Universität, Göttingen

Wagner, I., (1996): Zusammenstellung morphologischer Merkmale und ihrer Ausprägungen zur Unterscheidung von Wild- und Kulturformen des Apfel- (Malus) und des Birnbaumes (Pyrus). Mitteilungen der Deutschen Dendrologischen Gesellschaft, Nr. 82, Verlag Eugen Ulmer, Stuttgart

Walter, P./Kohnert, H./Janßen, A. (1998) Erhaltung und Vermehrung des Speierlings in Hessen. Corminaria, Mitteilungsblatt des Förderkreises Speierling, 11/1998

Wedeck, H. (1999) Zur Bedeutung des Baumnames „Rüster" (Ulmus L) aus standörtlicher Sicht. Mitteilungen der Deutschen Dendrologischen Gesellschaft Verlag Eugen Ulmer, Stuttgart (Hohenheim)

Wasner, U. (1990) Nochmals: Hummelsterben unter spätblühenden Linden, Fakten undHandlungsvorschläge aus der Sicht des Artenschutzes. LÖLF – Mitteilung der Landesanstalt für Ökologie, Landschaftsentwicklung und Forstplanung Nordrhein-Westfalen, Heft 3, 45659 Recklinghausen, Leibnitzstr. 10

Wawrik, H. (1990): Von weißen, roten und schwarzen Maulbeerbäumen. Gartenpraxis 11/1990, Verlag Eugen Ulmer, Stuttgart

Westrich, P. (1990): Die Wildbienen Baden-Württembergs. Verlag Eugen Ulmer, Stuttgart

Weyergraf, B. (1987) Waldungen – die Deutschen und ihr Wald. Akademie der Künste, Hanseatenweg 10, Berlin 21

Wieland, F. (1968): Münzen und Geld in Pforzheim. Hrsg. von der Volksbank Pforzheim

Zink, J. (1998) Waldfacetten, Begegnungen mit dem Wald. Deutscher Forstverein, DRW-Verlag Weinbrenner, Leinfelden-Echterdingen

Zohary, M. (1983): Pflanzen der Bibel. Calwer Verlag Stuttgart

Einige weitere Veröffentlichungen von Dr. Hans Halla

„Statistische Untersuchungen an Fichtenbeständen im Forstbezirk Blaubeuren". Dissertation 27.11.1947

„Felsspalten im Landschaftsschutzgebiet Bietigheimer Forst" – Veröffentlichungen der Landesstelle für Naturschutz und Landschaftspflege Baden-Württemberg, Heft 38/1970

„Wald und Jagd im Stromberg" – Abschnitt des Buches ‚Um Stromberg und mittlere Enz', Heimatkundliche Beiträge aus dem Kreis Vaihingen. Landkreis Vaihingen 1972

„Auch das Schwarzwild gehört dazu" – ‚Die Pirsch – der deutsche Jäger', 26. Jahrgang, 23.03.1974

„Der Herrgott läßt die Aspe zittern" – Geschichte, Geschichten und Botanik um 80 Pflanzen. Ein Buch zur Landesgartenschau 1989 in Bietigheim-Bissingen

„Streuobstwiesen am Ortsrand schützen die Menschen vor Staub" – Informationsdienst der Freien Wählervereinigung Baden-Württemberg e.V., April 1992

„100 Jahre Dachshundklub Württemberg und Hohenzollern" – Klubgeschichte 1895 – 1995